高等院校数字化课程创新教材

供高职护理、助产、临床医学、康复治疗技术、药学等医学相关专业及经营与管理、工商管理、空中乘务等专业使用

社交与职场礼仪

主 编 魏 红

编 者 (按姓氏汉语拼音排序)

高绍卿（山东药品食品职业学院）

高秀蕊（山东药品食品职业学院）

鞠晓昱（山东药品食品职业学院）

李 维（济南漱玉平民大药房有限公司）

刘 云（山东医学高等专科学校）

马 丽（上海东海职业技术学院）

商庆节（山东医学高等专科学校）

魏 红（山东医学高等专科学校）

袁 丰（山东省临沂卫生学校）

赵 伊（北京淏泽源国际文化发展有限公司）

秘 书 商庆节 高秀蕊

科 学 出 版 社

北 京

内 容 简 介

本书基于社交和实际工作过程，以任务驱动为主线设计了八个任务模块，涵盖校园、商务、政务、服务、护理、沟通、求职面试和涉外礼仪等内容。以案例导入引出学习任务和学习内容；正文穿插课堂活动和案例赏析，便于读者理解和掌握；知识拓展可开阔读者的视野和思路；思考题使读者进一步思考和巩固所学知识。配有工作淡妆和三种领带的打法的视频二维码，手机扫一扫轻松看视频。本书是山东省高等医学教育研究中心计划课题"基于工作过程的实用药学礼仪校企合作教材研究"成果的延伸。所选内容贴近社交场景和实际工作，力求做到与社会零距离。

本书可作为在校大学生通识教育的教材，也可作为企业（单位）人员培训、职场各类人员职业素养提升、拟出国人员了解涉外礼仪等不可缺少的参考书。

图书在版编目 (CIP) 数据

社交与职场礼仪 / 魏红主编 .—北京：科学出版社，2017.6
高等院校数字化课程创新教材
ISBN 978-7-03-053259-6

Ⅰ. 社… Ⅱ. 魏… Ⅲ. ①社交礼仪 - 高等职业教育 - 教材 ②心理交往 - 礼仪 - 高等职业教育 - 教材 Ⅳ. C912.1

中国版本图书馆 CIP 数据核字 (2017) 第 128546 号

责任编辑：张 茵 邱 波 / 责任校对：郑金红
责任印制：赵 博 / 封面设计：张佩战

版权所有，违者必究。未经本社许可，数字图书馆不得使用

科学出版社 出版
北京东黄城根北街 16 号
邮政编码：100717
http://www.sciencep.com
三河市骏杰印刷有限公司印刷
科学出版社发行 各地新华书店经销
*
2017 年 6 月第 一 版 开本：787 × 1092 1/16
2025 年 6 月第九次印刷 印张：12 1/2
字数：296 400
定价：39.80 元
（如有印装质量问题，我社负责调换）

前　言

党的二十大报告指出："培养造就大批德才兼备的高素质人才，是国家和民族长远发展大计。"教材是教学内容的重要载体，是教学的重要依据、培养人才的重要保障。本次教材编写旨在贯彻党的二十大报告精神和党的教育方针，落实立德树人根本任务，坚持为党育人、为国育才。

礼仪是反映人类文明和社会进步的重要标志。21世纪是一个团队合作的世纪，任何单打独斗的个体都不可能与集团军抗衡。一项对成功人士的调查发现，成功来自于25%的专业能力和75%的交际能力。专业能力是各类职场人员的基本能力，是立足之本；而交际能力，则是人可持续发展的能力。每一位在校大学生不仅要学好专业知识和技能，还应该努力去掌握人际交往的礼仪和沟通技巧，以便进入社会后，能尽快地适应社会、融入社会。

如何才能顺利地融入社会？如何才能结交优秀人士？如何才能取得事业上的可持续发展？

具有良好的职场和社交礼仪素养及良好的人际沟通能力，是融入社会、建立优秀人脉的基础。良好的职场和社交礼仪素养可以给他人留下良好的印象，赢得他人的信任，迅速拉近和他人的距离；良好的人际沟通能力可以帮助您与他人建立长久的合作关系，有助于事业走向成功。

"社交与职场礼仪"是每一位期待成功的人士必修的课程，是一门世界上仅有约3%的人知道并且重视的学问。世界上的成功人士就蕴藏在这3%之中。

本书是一本不一样的礼仪书，是集校园、商务、政务、服务、求职面试和涉外礼仪及沟通能力与技巧为一体的教科书。本书以学校、社交和职场实际场景为主线，设计了八个教学模块。模块一：校园文化篇；模块二：企业文化篇；模块三：气质形象修养篇（包括仪容、仪表和仪态礼仪）；模块四：职场应用礼仪篇（诠释会面礼仪、接待拜访礼仪、会议谈判礼仪、赠送礼仪和中西餐礼仪）；模块五：沟通礼仪篇（包括各种情况下，不同的沟通渠道应有的礼仪规范和技巧）；模块六：涉外礼仪篇（介绍国外常见的习俗、禁忌和礼仪）；模块七：求职面试与日常工作礼仪篇；模块八：特定行业礼仪篇（包括服务礼仪和护理礼仪）。以上八个模块可供在校大学生、职场人士或即将进入职场的各界人士选择学习。

为了方便读者学习和教师授课，本书备有教学视频二维码，扫一扫即可轻松看视频。

最后，致谢所有支持本书编写的领导、同事、家人和朋友；致谢为本书提供照片的山东医学高等专科学校的袁欣老师及夏婉秋、刘帅、李晓帆、张芳、闫文娜、任小雨、李志颖、王颖和齐鲁同学；感谢为本书提供照片的上海东海职业技术学院空中乘务专业的孟鑫、徐梦晴、万姗姗、唐晓彤和颜晓晴同学。感谢为视频录制做模特的山东医学高等专科学校的孔超、李志颖同学和化妆师梁应心同学；感谢国际认证协会（IPA）高级礼仪培训班的老师提供的部分文字素材。

由于时间和编写水平有限，本书难免存在不足之处，敬请广大读者批评指正。

编　者

2023 年 7 月于济南

目录

CONTENTS

第一章 礼仪概说

● 案例导入

刚踏入工作岗位的高等职业院校的毕业生小张，由于工作努力，又懂得为人处事之道，很快受到用人单位领导和同事的喜爱，工作环境的顺心使得小张工作非常出色；而同时入职的本科生小王，人很聪明、工作也很努力，但由于其性格孤傲、不善于交流，在工作中处处碰壁，造成工作环境的不顺心，导致工作效率低下。

想一想： 1. 产生这种结果的根源是什么？

2. 知识是否等于文化？知识是否等于教养？

当今社会，一个人的知识不完全等同于他的文化和教养，只有当知识转化为人格特征、良好的行为习惯和较强的人际沟通能力时，知识才能成为一个人的文化和教养。

21 世纪是一个团队合作的世纪，一项对成功人士的调查发现，成功来自于 25% 的专业能力和 75% 的交际能力。业务（专业）能力，是各类职场人员的基本能力，是立足之本；而交际能力，是人可持续发展的能力。礼仪素养是现代人工作和生活中必备的基本素养，有了这种素养，人们才能够和谐相处，工作效率才可能得以提高。

礼仪是各类人士通往成功之路的必修课程，是一门世界上仅有约 3% 的人知道并重视的学问。一个重视自身修养、重视文明礼仪和人际交往的人更容易实现自己的理想，成为社会的栋梁之才。

一 什么是"礼仪"？

（一）礼仪的由来

礼仪作为人际交往的行为规范，来源于人们长期的社会生活。了解礼仪的起源，有助于我们理解礼仪的本质，自觉地、不刻板地按照礼仪规范进行人际交往。礼仪的来源学说有很多种，归纳起来最主要的有三种。

1. 中国传统礼仪来源于古代的祭祀　东汉许慎的《说文解字》和郭沫若的《十批判书》中都说明了古汉语中的"禮儀"来源于古代的祭祀，说明世界礼仪之根源于华夏。

"禮"的左偏旁在古汉字中是"神"的意思，而右偏旁是"奉祀行礼之器"——装满了祭祀礼品（如丰收的粮食等）的器具（如祭祀台），表达了古代人对神灵的膜拜和尊重，通过祭祀祈求神灵给他们带来幸福。所以"礼"是"尊重"之意，正如孔子所说："礼者，敬人也。"尊重包括"尊重别人"和"尊重自己"。

"儀"由"人"和"义"组成，表示通过人的行为举止表达内心对神灵的尊重，所以"仪"是一种"表达"的形式。

在中国古代的文字记载中，"礼"主要有三层意思：一是政治制度，二是礼貌礼节，三是礼物。"仪"也有三层意思：一是指容貌和外表，二是指仪式和礼节，三是指准则和法度。

2. 礼仪起源于风俗习惯　在人类社会中，不同的个体在思想、行为和习惯上千差万别，然而人们的社会交往却还能有序地进行，这是因为每个社会在不同的时期都有一套特定的行为规范和准则，用来指导和约束人们的交往行为，逐渐成为人们约定俗成的交往行为习惯。

3. 西方礼仪来源于法庭的规定　"礼仪"一词是由法语"etiquette"演变而来，意思是法庭上用的一种"通行证"，上面记载着进入法庭的人们必须遵守的规矩和行为准则，后来逐渐演变成人际交往必须遵守的行为准则。

（二）礼仪的含义

由礼仪的来源可以看出，礼仪是人类在长期的社会生活实践中，为协调主客观矛盾的需要，在人与人的交往过程中产生的约定俗成的交往规范和技巧。

从民俗的角度来看，礼仪是人际交往中必须遵守的律己敬人的习惯形式。

从审美的角度来看，礼仪是一种形式美，它是人的心灵美的必然外化。

从传播的角度来看，礼仪是人际交往中进行沟通的技巧。

从道德的角度来看，礼仪是为人处世的行为规范。

"礼"是尊重，"仪"是对尊重的具体表现形式，是对内心"尊重"的外化。

礼仪：通过一定的言行举止来表达内心对他人的尊重，让他人知道并接受。

站在职场的角度，对于"礼仪"又作何理解呢？礼仪是各类职场（商务、政务、服务、社交、涉外等）活动中人们必须遵守的行为规范。

二　礼仪的黄金法则和基本态度

（一）礼仪的黄金法则

礼仪的黄金法则："待人如己与优待他人"，即像关爱自己那样去关心别人的需求和苦乐。

联合国大厦三楼走廊的一端，有一幅马赛克镶嵌画，它出自美国近代著名画家诺曼·洛克威尔。画中是不同肤色、不同民族的男女老少神色凝重的画像，壁画的主题为"黄金法则"，翻译成中文就是我国孔子的千年古训："己所不欲，勿施于人"，这种跨越千年、跨越国界、跨越种族的思想以这种方式交融了中西方文化，表达着一个普世认同的价值观——待人如己与优待他人。

（二）礼仪的基本态度

尊重、体谅和诚恳待人是礼仪的基本态度。

1. 尊重的态度　美国心理学家马斯洛的人类需求的五个层级：生理需要、安全需要、归属感和爱的需要、尊重的需要和自我价值实现的需要（图 1-1）。人们在获得了基本需求之后，渴望获得他人的尊重是人类心理上的共同需求。尊重包括自我尊重和尊重他人双重含义。

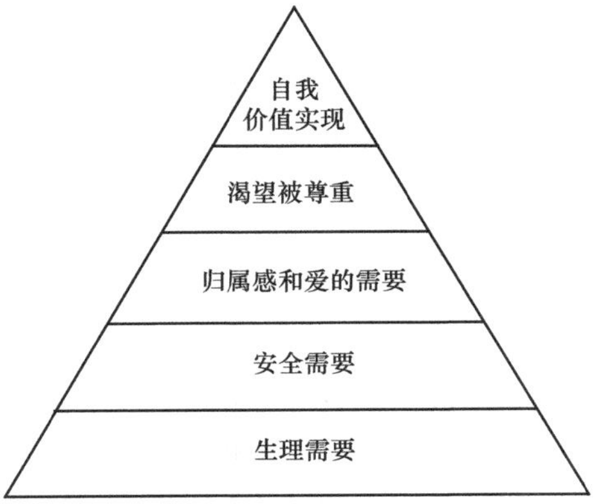

图 1-1　马斯洛的人类需求的五个层级

德国著名哲学家、文学家尼采说："高贵的灵魂，是自己尊敬自己"。

自尊：尊重自己的人格；尊重自己的职业；尊重自己的单位（或学校）等。

尊重他人：尊重领导是天职；尊重下属是美德；尊重同事（或同学）是公德；尊重客户是本职。

2. 体谅的态度　体谅是建立在同理心或换位思考之上的一种发自内心的态度。

同理心（empathy）是情商（emotional quotient，EQ）理论的专有名词。同理心又称"共情"，是指站在对方的立场上，正确了解对方的感受、情绪和内心世界，进而做到与对方"共情"，即理解对方、体谅对方、关心对方，做到与对方情感上的共融。

课堂活动

在老师指导下进行同理心训练。

1. 老师请同学用手搭一个"人"给"我"看。

2. 不愿意输液的儿童大哭大闹，怎样利用同理心进行疏导?

3. 诚恳的态度　用诚恳的态度对待交往对象，诚心诚意、表里如一、言行一致，容易博得对方的好感、信任和尊重。

三 现代礼仪的特征

现代礼仪有着明显的国际性、民族性、传承性和时代性。

1. 国际性　作为一种文化现象，它跨越了国家和地区的界线，为世界各国人民所共同拥有。

2. 民族性　作为约定俗成的行为规范，在拥有共性的同时，又表现出一种较为明显的民族、国别的差异性。

3. 传承性　是一个国家、一个民族传统文化的重要组成部分。

4. 时代性　作为一种文化范畴，具有浓厚的时代特色，是随着时代的变更而不断变化的，不是一成不变的。

四 世界上名人对礼仪的认识

（一）部分中国名言

1. 凡人之所以贵于禽兽者，以有礼也。——《晏子春秋》
2. 敬人者，人恒敬之；爱人者，人恒爱之。——孟子
3. 人有礼则安，无礼则危。——《礼记》
4. 博学于文，约之以礼。——孔子
5. 不学礼，无以立。——孔子
6. 礼者，人道之极也。——荀子
7. 人无礼则不生，事无礼则不成，国家无礼则不宁。——荀子
8. 勿以恶小而为之，勿以善小而不为。惟贤惟德，能服于人。——刘备
9. 礼义廉耻，国之四维，四维不张，国乃灭亡。——管子
10. 礼以行义，义以生利，利民，政之大节也。——《左传》
11. 礼，经国家，定社稷，序民人，利后嗣。——《左传》
12. 将不可骄，骄则失礼，失礼则人离，人离则众叛。——诸葛亮

（二）部分外国名言

1. 世界上最廉价，而且能得到最大收益的一项品质，就是礼节。——（美国）拿破仑·希尔
2. 礼仪是一种在全世界可以通行的签证，请你善用它。——（英国）丘吉尔
3. 举止是映照每个人自身形象的镜子。——（德国）歌德
4. 有两种和平的暴力，那就是法律和礼貌。——（德国）歌德
5. 礼貌是有教养的人的第二个太阳。——（古希腊国）赫拉克利特
6. 礼貌经常可以替代最高贵的情感。——（法国）梅里美
7. 讲礼貌不会失去什么，却能得到一切。——（英国）玛·沃·蒙塔古
8. 在宴席上最让人开胃的就是主人的礼节。——（英国）莎士比亚
9. 礼貌是人类共处的金钥匙。——（西班牙）松苏内吉
10. 礼貌是儿童与青年所应该特别小心地养成习惯的第一件大事。——（英国）约翰·洛克
11. 良心是由人的知识和全部生活方式来决定的。——（德国）马克思
12. 我深信只有有道德的公民才能向自己的祖国致以可被接受的敬礼。——（法国）卢梭

五 礼仪的分类

根据工作性质和交往范围的不同，礼仪可以分为职业礼仪和非职业礼仪。职业礼仪分为政务礼仪、商务礼仪和服务礼仪。非职业礼仪分为社交礼仪和国际礼仪等。

1. 政务礼仪（government affairs etiquette）　也称国家公务员礼仪。国家公务员在进行政务活动时，代表着国家机关的形象，应该遵守国家公务员的礼仪规范。

2. 商务礼仪（business etiquette） 是公司、企业的从业人员及其他从事经济活动的人士在工作过程中所共同遵守的礼仪规范。

3. 服务礼仪（service etiquette） 是各类服务行业的从业人员（如银行、酒店、汽车销售、房地产、飞机、高铁、医院等行业的服务人员）在从业过程中应该遵守的礼仪规范。

4. 社交礼仪（social etiquette） 又称交际礼仪，是指社会各界人士进行非正式或一般性的交际应酬中所共同遵守的约定俗成的礼仪规范。

5. 国际礼仪（foreign etiquette） 又称涉外礼仪，是人们在国际交往中，相互尊重各国的礼节、禁忌等而约定俗成的礼仪规范。

思考题

1. 简述您对“礼仪”含义的认识。
2. 简述礼仪的黄金法则和基本态度。
3. 根据工作性质和交往范围的不同，礼仪可以分为哪几类？

（魏　红）

模块一

校园文化篇

第二章 校园礼仪

● 案例导入

北宋大学问家杨时与好友游酢一起去向程颐求教，凑巧赶上程颐在屋中打盹儿。杨时便劝告游酢不要惊醒老师，于是两人静立门口，等老师醒来。一会儿下起了鹅毛大雪，越下越急，杨时和游酢却还立在雪中。程颐一觉醒来，才发现门外的两个“雪人”。

想一想： 以杨时与好友游酢的尊师爱师行为，对照一下自己在学校学习和生活中的为人处世是否符合礼仪规范？哪些方面还需要改进？

第一节 课堂和实习礼仪

大学校园本身就是社会的一部分，在大学校园中养成良好的礼仪规范，除了有助于塑造我们的良好形象，还有助于我们毕业后顺利融于社会。

大学校园是学生学习、生活和娱乐的公共场所，我们需要遵从相应的礼仪规范。大学生在校的主要任务是学习，跟学习相关的礼仪尤其重要，主要包括课堂礼仪、尊师礼仪及实习礼仪。

一 课堂礼仪

课堂教学是大学生获得知识和技能的主要渠道，因此遵守课堂纪律，不单单体现了大学生的修养，也有利于知识的获得，我们需要从以下几个方面注重遵守相应的课堂礼仪。

1. 课前准备　进入教室前需要穿戴整洁，整理好自己的东西，并准备好课本、文具、笔记等相关学习物品，提前来到教室，等候老师的到来。值日生提前擦干净黑板，并准备好多媒体等教学设备。

2. 上课礼仪　当老师步入教室时，应立即停止交头接耳和大声喧哗，端坐于桌前。老师宣布上课时，班长起身喊“起立”，带领全班同学起立，向老师致敬。在老师回应“请坐”之前，大家不能急不可耐地抢先坐下。起立和坐下期间，需整齐一致，尽量减少桌椅挪动的噪声。

在校期间大家需按时上、下课，禁止迟到、早退和旷课。若因故迟到，进教室前需报告，得到老师允许后脚步轻快地回到座位，课间可主动向老师说明迟到的原因。

老师讲课期间认真听讲，做好笔记，禁止吃东西或玩手机，禁止做与学习活动无关的事情。老师在日常考勤点名时，听到自己名字时需起立，立正站好，声音洪亮地回答“到”。若想回答老师课堂提问的问题时，需举手示意，得到老师允许后，站起来声音洪亮地回答问题。若被老师点名提问时，自己确实不懂，可以实事求是地向老师承认，得到老师的允许后再坐回原位。当有其他同学被叫起来回答问题时，不管回答的正确与否，都不应起哄。

当与老师的观点不尽相同或发现老师讲授的内容与实际情况有出入时，一般不要打断老师的正常授课过程，可在课间单独与老师讨论相关问题，有理有据地提出自己的观点或指出老师的错误，并给老师一定的时间核实相应的问题。

实践类的课堂要按规定着装，认真听讲，密切观察老师的示教过程，在老师宣布自己动手操作后再认真操作，操作期间自己不懂的地方及时请教老师，切忌自以为是、擅自操作，以防损坏仪器设备，影响实验进程。

3. 下课礼仪　下课铃响后，不要急忙站起来走出教室，而应在老师宣布下课以后，全班同学起立站好，先与老师道别，齐声说“老师再见！”。在离开教室时，让老师先行，不要在老师前面拥挤着走出教室。课间注意保持教室卫生，一天课程结束后值日生需及时打扫教室卫生。

二　尊师礼仪

自古以来我国就有尊师重教的习俗，在清代罗振玉整理的《鸣沙石室佚书·太公家教》中就提及“弟子事师，敬同于父，习其道也，学其言语……忠臣无境外之交，弟子有束修之好。一日为师，终身为父”。现在我们也常常把文中的“一日为师，终身为父”拿来强调学生应该尊重老师。大学生在日常学习生活中应做到以下几点。

1. 基本尊师礼仪　前面讲的课堂礼仪是对老师最基本的尊重。除了遵从基本的课堂礼仪外，我们平时还需虚心听取老师的教诲，自觉接受师长的教育。服从老师管理，不顶撞老师，指出老师的错误要有礼貌等。

当与老师谈话时，要谦虚、恭敬、有礼貌。充分信任老师，对老师诚实，讲真话，不欺瞒老师。

进出教室或上下楼梯期间要给老师让行，在校园与老师偶遇时，要面带微笑、主动问好。若在校园骑自行车时遇到老师，需先下车，将车停稳后再问候老师，当老师手中有重物时，可提议帮忙搬运。在道路狭窄的地方相对而行时应侧身静立，让老师先行等。

总之，我们平时应注重关心老师，体谅老师，积极配合和帮助老师完成日常的各项教学工作。

2. 进出办公室礼仪　进出老师办公室要注意办公室礼仪。办公室是老师办公、备课的场所，除了紧急的事情要直接到办公室找老师外，到办公室前需事先打电话预约，让老师安排会面的时间。

无论老师的办公室是紧闭的还是打开的，在进入办公室前都需轻轻敲门或喊“报告”，得到允许后，轻轻推开门进入办公室，并随手将门带上。进入后应与办公室内的老师们点头致意并问好。

如果老师临时有事暂时出去一会，自己在办公室需耐心等待，不要随便翻看老师的东西，可以找个空的座位靠边坐下等着老师回来，注意尽量不要占用其他老师的办公桌椅。

在办公室与老师会谈期间要彬彬有礼，诚恳接受老师的教导。与老师谈心结束或请教老师的问题得到解决后要道谢，若是老师有安排的任务，要向老师表达按时完成的态度。与老师会谈完毕后，要及时告别，走出办公室前，要将椅子放回原处；若老师送出办公室，要请老师留步。

三 实习礼仪

所谓实习，是学生在老师的指导下，独立从事社会实践工作的初步尝试，是对学生所学知识和技能进行系统化总结和深化的过程，是从理论学习到实际应用的一条纽带，可为大学生毕业后顺利走上工作岗位打下良好的基础。

因此，不管是在学校跟随老师实习还是走出校门到其他单位实习都要抓住机会认真实习，加深并巩固所学的专业知识，进一步提高认识问题、分析问题、解决问题的能力。实习期间每名学生要时刻牢记，自己在外实习时的一举一动都代表着学校，需要遵从一定的礼仪规范，避免自己的行为影响到学校的声誉。

1. 自觉遵守纪律　按规定的时间到实习单位报到，不能按时报到时，应及时通知实习单位，避免打乱实习单位的工作计划。

报到后按实习单位要求的时间进行实习，杜绝迟到、早退、旷工现象。进入实习科室，应主动整理、清洁科室卫生，主动为科室老师打开水。遇事多向同事请教或及时向领导汇报。领导安排的任务，要认真完成。不可利用办公电话办私事，更不应该利用办公电话“煲电话粥”。不要利用工作电脑做与工作无关的事情，如聊天、玩游戏、看电影等。不要将实习单位的文件、材料或物品带回，注意为实习单位的商业秘密保密。平时要团结同事，不要卷入实习单位内部的争斗。

2. 尊重带教老师　学生实习期间，学校或实习单位一般会安排一名老师作为自己的实习带教老师。临时有事需请假时，除向实习单位请假外，还需要向自己的带教老师说明，让老师掌握自己的行踪，以防有急事无法通知到自己。如果带教老师是实习单位人员，更要珍惜来之不易的实习机会，加强实践锻炼。对于带教老师传授的经验和知识，要虚心接受，切莫手高眼低、目中无人。

在实习期间遇到自己无法解决的难题时，要及时请教自己的实习带教老师，由带教老师来帮助解决。

第二节　校园生活礼仪

大学生活除了学习以外，还有多姿多彩的校园生活。我们要遵从校园公共场所和生活场所的礼仪规范及相关的规章制度。

一 交往礼仪

大学期间，建立一个和睦的同学关系，有助于自己的学习。同学之间朝夕相处，是亲密无间的伙伴，更是自己一生宝贵的财富。为此，我们需要珍惜自己身边的同学，大家和睦共处，使自己度过一段美好的大学时光，让自己不仅学到扎实的专业知识，更收获友谊的果实。

1. 相互尊重　同学之间相互尊重，尊重他人的信仰、尊重他人的学习生活习惯，尊重个人隐私。平时保持积极健康的心理状态，真诚地与同学交往，当同学遇到困难时，不应嘲笑、讽刺或歧视，而应热情相助。对同学的相貌、衣着不要评头论足，同学间开玩笑要掌握分寸，不能给同学起侮辱性的绰号，更不应与自己同学发生肢体冲突。

有事有求于同学时，要态度诚恳地使用“请您帮我……”“谢谢”“麻烦您”等礼貌用语，借用同学书籍、文具或其他用品时，应先征求对方同意，用后及时归还并致谢。

2. 宿舍和睦相处礼仪　宿舍生活占去了学生学校生活的大部分时间，这部分时间是学生成长的最为重要的一部分。宿舍生活对于学生性格的形成，学习态度、学习方法的掌握，适应集体生活，做人做事的方式与态度及独立性的养成都起到了重要的作用。

良好的宿舍秩序需从每一名成员做起，要求大家严格遵守作息制度，按时回宿舍，熄灯前完成睡前的洗漱活动，按时熄灯就寝，熄灯后不在宿舍、走廊大声喧哗。睡前有听音乐习惯的同学要使用耳机，早晨有早起习惯的同学起床时要轻，避免影响其他同学的休息。平时按值日表打扫好宿舍卫生，并保持整洁、干净，除了公共卫生外，更要做好个人卫生。爱护宿舍设施，不在宿舍私拉电线、使用大功率电器。不可随意留宿外来人员等。

宿舍生活过程中，要正确处理好个人与宿舍集体的关系，做到求同存异，杜绝在宿舍内拉帮结派、故意联手排挤同学，更不应恃强凌弱、欺侮同学。

良好的宿舍环境与秩序能让我们的学习生活找到“家”的感觉，使宿舍成为心灵栖息的场所和装载梦想和幸福的家园。因此，宿舍生活秩序必须引起每一名大学生的重视。

二 公共场所礼仪

进出图书馆、餐厅、体育场，观看电影或参加校内各类集体活动时，要遵守公共场所的各项有关规则，要服从管理，同学们要谦让有礼、相互帮助。活动期间，少数服从多数，不要单独行动。

1. 图书馆礼仪　进出图书馆应着装整洁大方，不穿背心、拖鞋或其他奇装异服入内，翻看书籍前先洗手，不在公共图书上乱涂乱画或有意损毁图书。

在图书馆内要保持安静，不要大声喧哗，走路、离座、翻书期间注意不要弄出声响。禁止在图书馆内占座、睡觉、吃东西等。

借阅图书期间正确使用代书板，离馆前将书刊放回原处，将桌椅整理干净，借阅的图书要按时归还回或及时续借。

2. 餐厅礼仪　进入餐厅自觉排队买饭、就餐，杜绝插队。进餐时细嚼慢咽，保持安静，不大声喧哗，爱惜公共餐具，不敲打餐具。餐后不随地倾倒剩菜剩饭，时刻牢记文明用餐，杜绝浪费。

3. 体育场礼仪　进入体育场活动时，除了要衣着舒适，也要整洁大方。在体育场活动时，不宜大声喧哗、追逐打闹，不要相互争夺场地，也不要霸占不放，同学之间要相互谦让，遵循相应的规则。

竞技比赛期间遵守比赛规则，尊重竞争对手，不能故意伤害对方，遇到有争议的问题，服从裁判判罚。

观看体育比赛时要提前入场，对号入座。观看期间听从指挥，不随意走动或站立观看。在比赛期间可为双方运动员加油助威，尊重双方运动员和裁判，遵从会场秩序，禁止吹口哨、起哄、喝倒彩甚至乱扔物品等不文明行为。退场时，听从指挥，有序退场，避免发生拥挤。退场前将垃圾清理干净，保持好体育场卫生。

4. 剧场礼仪　观看电影或其他演出时，要提前入场，对号入座。自觉遵守秩序，保持安静，不把脚蹬在前排座椅，不随地吐痰、乱扔垃圾。中途有事离座及返回期间，起立后要躬身而行，不要影响后排观众观看，并对起身让座的观众道谢。演出精彩之处，可适度鼓掌，演出结束后，报以热烈掌声。

思考题

1. 校园礼仪主要有哪几个方面?

2. 观察周围同学上课的礼仪，看看是否还有改进的地方?

3. 怎样才能处理好宿舍成员的关系?

4. 讨论一下公共场所应该注意的礼仪有哪些。

（商庆节）

模块二
企业文化篇

第三章 企业文化与职业素养

案例导入

新员工小李上班的第一周即发现了一个奇怪的现象：这里的员工们都有着相似的气质，相似的言谈和举止，甚至相似的价值观。这是为什么？原来这就是企业文化的影响，正所谓“一方水土养一方人”。

每一位新员工都应尽快了解单位文化，尽快融入其中，成为“本单位人”，才有助于今后的工作和个人的发展。

想一想：什么是企业（单位）文化？

企业（单位）文化是企业（单位）领导人倡导的、全体员工共同遵守的价值观和行为方式，它体现一个企业的价值观、经营理念和行为规范。在企业中，企业文化就像空气一样存在，领导人倡导的思想与观念，不一定要说出来、写下来，但领导人平时的一言一行、对是非的判断标准与倾向，都会对员工产生直接的影响，逐渐成为单位内部的基本法则——企业（单位）文化。

每一位新入职的员工，首先要学习企业（单位）文化，这对于了解一个单位、融入一个单位，是一种最好、最快的方法。新员工要给自己定好位，并且努力使自己具备胜任这个角色的素质和能力。

一 企业（单位）中的三类人员应具备的素质

（一）员工应具备的十项素质

基层员工对企业（单位）文化的认同度决定了他主观能动性的发挥。员工的态度与行为是企业（单位）文化的集中体现，也是直接反映企业（单位）文化效果的标准。因此，对新员工的培训不能省略的环节就是企业文化的培训。基层员工应具备以下十项基本素质。

1. 做一个忠诚的人，对企业的忠诚是员工的首要职业素质，是判断能否长久为企业工作的标准。

2. 做一个有责任心的人，不论处在什么岗位，对待工作都要认真负责，尽心尽力。永远记住：细节决定成败。

3. 团队合作精神，努力使自己成为团队的一员，互相帮助，互补不足，合作才能共赢，这更是企业强大而持久的力量之一。

4. 有责任感，敢于承担责任，不为错误找借口，找借口只会让自己与成功无缘；富有主动精神，做事日事日毕，日清日结。

5. 坚信老板是第一顾客，老板没有义务，也不应该以怜悯之心去给一个员工发工资。上级领导就是我们的首位顾客，做事就是为他们服务，得到他们肯定。

6. 尽最大的能力使自己变成学习型员工，在学校学到的只是基础知识，只有在工作中再学习，才能使自己的职业生涯更完美。时刻不忘学习业务知识，增强业务能力，自觉掌握过硬的岗位技能，使自己成为不可替代的人，才能创造出更大价值。

7. 关注工作本身，及时发现问题，提出合理解决的方法并给予总结。

8. 有自己的判断价值观，每个人都有适合自己的职业，不能人云亦云，贸然辞掉工作，到一个陌生的地方发展。对职业人士来说，保持稳定的人际关系才是正确的选择。

9. 摒弃原有观念，尽快融入单位文化。能否成为一个好员工，能否适应企业是一个关键的问题。因为每个企业都有自己的企业文化及核心价值观。

10. 善于沟通，掌握有效的沟通方法。

（二）中层管理者应具备的十项素质

对于中层干部而言，不仅要去感受、体味领导倡导的观念，更肩负着向下级传递的任务。中层的一言一行是传播企业（单位）文化最重要的载体，也是文化继承的关键。作为中层管理者应具备以下十项基本素质。

1. 执行力　中层管理者任务之一是做好上传下达工作，贯彻落实上级的指示精神，有较强的执行力。

2. 协调力　能够协商安排工作，少发号施令。

3. 处事冷静，但不优柔寡断　出色管理者都具有处事冷静的特点，他们善于考虑事情的多个方面或问题涉及的各个利害关系方，不易冲动行事。

4. 做事认真，但不事事求“完美”　出色管理者深知经商和科研不一样。科研追求的是严谨、精益求精；经商追求的是效益、投入产出比。

5. 关注细节，但不拘泥于小节　出色管理者善于关注事情的细节，善于留意观察身边的人和事。他们善于抓住问题的要害，善于将问题“扼杀”在萌芽状态。

6. 关爱下属，懂得惜才爱才。

7. 对人宽容，甘于忍让。

8. 严以律己，以行动服人。

9. 为人正直，表里如一。

10. 谦虚谨慎，不断学习、善于学习，不满足于现状，但不脱离现实。

（三）老板应有的十项素质

老板，即单位负责人，应该具有海纳百川的胸怀，“会当凌绝顶”的眼界，他的眼界、胸怀和智慧决定了单位的发展高度。老板应有以下十项基本素质。

1. 胸怀和眼界　具有“海纳百川”的胸怀和“会当凌绝顶”的眼界，善于学习，具备放眼世界的远见卓识，懂得如何在国际环境中开展业务。在未来的世界中，各国将相互依存，成为贸易伙伴，并以跨国经营、国际资本的流动形式，组成和谐的整体。

2. 头脑灵活　具有预见性和有果断的判断力，能够适应快速的、大规模的市场变化，能展望未来 5 ～ 10 年的形势，并以全新的指导方针领导企业。企业越大，在全球范围的业务量也就越多，所以老板还应该是一位优秀的全球战略家和杰出的政治家。

3. 领导者与教练　必须有双倍的胆略和超人的能力。他们应是非凡的领导者和优秀的教练，而不是指挥官，对下属要有足够的凝聚力，能说服大家风雨同舟、同甘共苦。

4. 坚韧的毅力和旺盛的精神　面对困难，有克服困难的决心、坚韧不拔的毅力和旺盛的进取精神、实践精神和创造精神。

5. 凝聚力和人情味　关心下属，有人情味，能考虑到别人的难处。把企业的收益与员工的生活福利联系在一起，使企业与全体职工形成一个不可分离的整体。在部下、同事、上司、关系单位及主顾之间经常营造出和谐的气氛，像磁铁一样有吸引力、有凝聚力。

6. 社会责任　自觉认清企业对社会应负的责任，并付之于行动。严守信誉，先公后私，在任何情况下不为自己谋私利。

7. 高尚的气节　对上级不阿谀奉承，不做面子工程，遇到困难不畏缩，集思广益，努力完成上级领导交给的任务。

8. 组织、决策和创新能力　抓住大事，将中、小事分配给各级下属，充分发挥下属的聪明才干，善于组织人力、物力、财力，依据事实进行决策，具有高瞻远瞩并对新事物、新环境、新观念有敏锐的感召能力。

9. 团队合作精神　愿与他人一起工作，能赢得他人的合作，尊重他人，重视采纳员工意见，不武断妄为，对员工不是压服而是说服。

10. 伯乐　能善于发现和培养下属的能力，了解下属的需要，善于对下属进行教育，以提高他们的工作水平和工作效率，调动其积极性。

二 老板与员工的关系

没有员工，单位不能壮大和发展；没有单位和老板、员工没有舞台施展才能；老板和员工的关系是合作关系，是鱼水关系。

老板和员工可以相互换位思考，换位思考可以使老板与员工之间更加信任，关系更加和谐；老板要关心员工的生活，员工要对企业忠诚。

（魏　红　李　维）

模块三
气质形象修养篇

商务活动中的公司代表，不是一个人在“战斗”，他代表着企业所有的员工、所有的管理制度、所有的精神状态和价值观……这一切通过他的仪容仪表和点滴个人行为，向周围的人表达着公司的信誉、产品及服务的质量——汇成四个字，即“企业形象”。一个手势、一句话、一个语气可能就决定了一个重要客户的去留。

● 案例导入

历史上最严重的一次“以貌取人”

1885年的一天，时任加利福尼亚州州长及参议员的铁路富豪利兰·斯坦福及他的妻子，没有事先预约就直接去拜访哈佛大学的校长。妻子身着一套褪色的条纹棉布衣服，丈夫身着布制的低价西装，经过向校长秘书的再三请求和等待……校长终于召见了这对夫妇。

妻子向校长说明了来意：“我们有一个儿子曾经在哈佛读过一年书，他非常喜欢哈佛，他在哈佛的生活很愉快。但是去年，他不幸离开了我们。我丈夫和我想在校园里为他留一纪念物。”

校长看了看这对“土老帽”夫妇，觉得可笑，大声地说：“夫人，我们不能为每一位曾读过哈佛而死亡的人建立塑像。否则，我们的校园看起来不和墓园一样了吗？”

妻子说：“我们不是要树立一座塑像，我们是想捐一栋大楼给哈佛。”

校长再次审视了一下“土老帽”身上的条纹棉布衣及粗布低价的西装，叹了口气说：“你们知不知道建一栋大楼要花多少钱？我们学校的建筑物每栋价值都超过750万美元的！”

妻子转向她的丈夫：“只要750万美元就可以建栋大楼？那我们为什么不建一座大学来纪念我们的儿子？”

就这样，斯坦福夫妇离开了哈佛，回到加利福尼亚州，用2000万美元的积蓄和他们在帕拉托的3561公顷土地创建了一所宏伟的大学——斯坦福大学（Standford University)以纪念他们的儿子小斯坦福。

哈佛大学时任校长的一次错误判断，使哈佛大学失去了一次难得的发展机遇，却造就了斯坦福大学。

想一想：这个案例说明了什么问题？

在短短的商务交往中，作为公司的代表如何让意向合作方看到企业的高尚文化和品牌实力？如何取得意向合作方的信任、肯定，并愿成为你合作的伙伴？

心理学上有一个“首因效应”，当陌生人见面时，最初3～10秒对人的第一印象就已形成，并且长期深深地印在脑海中，并决定着双方今后是否愿意继续交往。“首因效应”的组成遵循“55、38、7”规律：55%外表（仪容仪表），38%肢体语言（仪态），7%语气和内容。由此可见，一个人的仪容、仪表和仪态是构成第一印象的主要因素，会影响他人对你的社会地位、人格、价值取向、专业能力和任职资格的判断。

哈佛大学校长对斯坦福夫妇的以貌取人的实例告诉我们两条真理：

1. 要尊重身边的每一个人，藐视别人就是轻视自己。

2. 要打造好自己的仪表，留给他人第一印象的机会只有一次，不要让形象成为我们人际交往的绊脚石。

一个人的形象主要由仪容、仪表和仪态三部分组成。

第四章 仪容礼仪

仪容主要指人的容貌，即人体肩部以上的部位和其他外露的部位（如手部）。仪容在人际交往中往往是其身体上最受对方关注的部位。一个拥有良好社交形象的人的仪容应该是清洁、整齐、自然的，表情是温和而生动的。本章将仪容分为静态仪容和动态仪容。

静态仪容主要指人的容貌修饰，由人的发式、面部、颈部、手部等构成。动态仪容是指人的眼神和面部表情。

第一节 静态仪容礼仪

一 容貌修饰的基本要求

职场和社交场合仪容修饰的原则：洁净、整齐、自然、淡妆。

（一）头发

头发应洁净、整齐，不做奇异发型。职场要求：前发不遮眉、侧发不掩耳、后发不及领。女性长发要求束发、盘发或用发网固定头发，不用华丽的头饰。社交场合女士发型可根据具体情况表现出个性和时尚，或温婉，或高贵，或素雅，或华丽。

（二）眼睛

要求清洁，无眼屎，无睡意。眼镜端正、洁净明亮，职场不戴墨镜或有色眼镜。

（三）耳朵

要求内外洁净，无毛发外露；职场女性一般不戴耳环，可以戴耳钉（或遵守单位规定，有些岗位不允许戴耳钉）。

（四）鼻子

要求鼻孔洁净，毛发不外露。

（五）胡子

养成每天刮胡子的习惯，或将胡子修剪整齐，不留长胡子和八字胡。

（六）口部

注意口腔清洁，无异味，不嚼口香糖等。女性不用深色或艳丽口红。

（七）手部

手部要洁净，职场不留长指甲（从手心看去指甲离指肉不超过 1 毫米），职场不涂有色指甲油。一般只允许佩戴结婚或订婚戒指（或遵守单位规定不戴戒指）。

（八）面部

面部清新淡妆，化妆是一种礼貌，是尊重他人和尊重自己的一种表现形式。

二 工作淡妆

职业女性应“化妆上岗，淡妆上岗”，这是对自己和工作对象的尊重。

（一）化妆的原则

1. 自然原则　化妆的最高境界是自然，给人一种天生丽质的感觉，因此要掌握化淡妆的技巧。

2. “扬长避短”原则　根据自己的肤色、脸型和五官的立体程度，运用合适的底色、提亮色和阴影等技巧，使肤色变得自然靓丽，脸型得以修饰，五官更加立体和美观。

3. 协调原则　协调包括三个方面：第一，要与年龄、职业、场合和服饰协调；第二，化妆品最好是同一系列，因为不同品牌的化妆品往往香型、色泽都不同，易造成冲突，达不到理想的效果；第三，化妆的各个部位要协调，不同部位的颜色过渡要不留痕迹。

4. 不以残妆示人原则　在用餐和出汗之后要及时补妆。

5. “修饰避人”的原则　即不在公共场合化妆和补妆，化妆是一种隐私行为，应到无人之处（如洗手间等）化妆或补妆。

6. 专用原则　为保障个人卫生和健康、防止疾病的传染，不可随意使用他人的化妆品。

（二）颜色对视觉的影响

化妆中要巧用明、暗色来扬长避短、修饰脸型，提高面部的立体感。

暗色调：视觉上给人以凹、低和收缩的感觉。

明色调：视觉上给人以凸、高和扩张的感觉。

因此，巧用提亮色和阴影增加鼻梁的高度、眼眶的凹度，增加眼部神采，改善脸颊的形态。

（三）化妆的程序和技巧

1. 准备阶段

（1）束发：将长发扎好或盘起，短发用卡子夹好，以免影响施妆。

（2）修眉：用修眉刀修除杂乱的眉毛，并尽量修成一定的形状，如柳叶眉、一字眉、上挑眉和拱形眉等，为画眉打好基础。

（3）洁肤：化妆前应清洗面部及双手的油脂和污垢，有利于妆色的洁净和保持。

（4）护肤：①使用柔肤水或爽肤水给皮肤补充水分、软化角质，平衡 pH；②使用面霜或乳液可以进一步补充水分及营养，使皮肤柔润和光滑；③使用油性霜或隔离霜，隔离有色化妆品，并防止脱妆。

2. 施妆阶段

（1）基础底色：施粉底掩盖面部瑕疵，改善肤色，减少面部的油光。粉底的颜色要与皮肤的颜色相近、略浅。注意施粉底要均匀，不要让脸部和颈部有明显的分界线。

（2）提亮色：在鼻梁、额头眉骨和下巴部位涂一些提亮色，可以使鼻梁显得挺拔、额头饱满、下巴微翘。

（3）画阴影：在鼻梁两侧涂阴影，视觉上可以增加鼻梁的高度。在脸颊两侧涂阴影，可以让脸部起到收缩（瘦脸）的效果。

（4）定妆容：画好妆面后，可以均匀地扑上干粉来固定妆面。

（5）涂眼影：目的是修饰眼形、增加眼睛的立体感，要注意结合肤色、服装等选择眼影。先涂浅色眼影，再涂深色眼影。职场宜选择淡咖色眼影，给人自然、优雅和端庄的感觉；社交场合可以涂较深的眼影，衬托整个眼睛的轮廓，显得妩媚动人。

（6）画眼线：目的是使眼睛显得明亮有神。眼线沿着睫毛根部轻轻地画，上眼线从内向外画，外眼角稍微粗重和上挑一些；下眼角从外向内画，可以只画外 2/3，也可只画外 1/3 和内 1/3，中间不画。初学者使用眼线笔比使用眼线液更容易掌握。

（7）夹睫毛、涂睫毛膏：用睫毛夹卷睫毛，然后涂睫毛膏，常用黑色睫毛膏，注意睫毛膏不要涂得太厚重，不要晕染到下眼睑。涂睫毛膏的目的是使睫毛看起来更浓密，突出眼睛的神韵。

（8）画眉毛：画眉要自然，可根据脸型选择眉形，如柳叶眉、一字眉、上挑眉和拱形眉等。再根据眉形仔细地一根一根地画，最后用螺旋刷和眉刷刷眉头和整个眉毛，使其更加自然。

（9）涂腮红：使脸色红润。在颧骨位置沾一些腮红，用刷子向脸的后上方刷匀。

（10）涂唇膏：选择与肤色相近的唇线笔，确定唇峰，然后从嘴角开始向唇峰画。画好唇线后，先涂润唇膏，再涂唇膏；唇膏和唇线结合处，用唇刷轻刷使之融合，唇膏避免超出唇线边界。为了使唇膏自然、持久，可以轻含面巾纸，抿一下后迅速松开，粘去多余的唇膏。

视频 4-1 工作淡妆二维码

3. 检查阶段　检查妆面，观察是否有漏画，是否有残妆，查看整体效果。

4. 卸妆阶段　参加完活动或下班回家，要及时清理妆面，清洗时要使用卸妆油或洁面乳，温和而彻底地卸除面部的化妆品。卸妆的步骤：①局部重点卸妆；②整体卸妆；③净面护肤。

知识拓展

常见的四种眉形

1. 柳叶眉　被冠为东方女性最美、最标致的眉形，给人精致秀气的感觉，没有攻击性。柳叶眉几乎适合于所有脸型和所有年龄的女士。柳叶眉的特点：眉尾和眉头基本在同一条水平线上或眉尾稍高于眉头，眉峰在整条眉毛的外 1/3 处。

2. 拱形眉　可以打造出女性的婉约气质。比较适合菱形脸或者是三角形脸。拱形眉的特点：眉头和眉尾基本在一条水平线上，眉峰在整条眉毛的约 1/2 处或外 2/5 处。整个眉毛的形状弧度较大，成拱形。

3. 一字眉（又名平直眉）是国内年轻人中流行的一种眉形。一字眉给人一种青春、时尚、亲切、洒脱、干练之感。“V”形脸和长形脸适合画一字眉。一字眉的特点：眉尾与眉头基本在一条水平线上，眉峰在眉毛的外 1/4 处，呈刀形，眉宽不小于 0.5 厘米。

4. 上挑眉　给人一种朝气蓬勃的感觉。圆脸和椭圆脸较适合高挑眉。上挑眉的特点：眉头低，眉峰比眉头高一些，眉峰在整条眉毛的外 1/3 处或者外 1/4 处，眉尾上扬结尾处略高于眉头（图 4-1）。

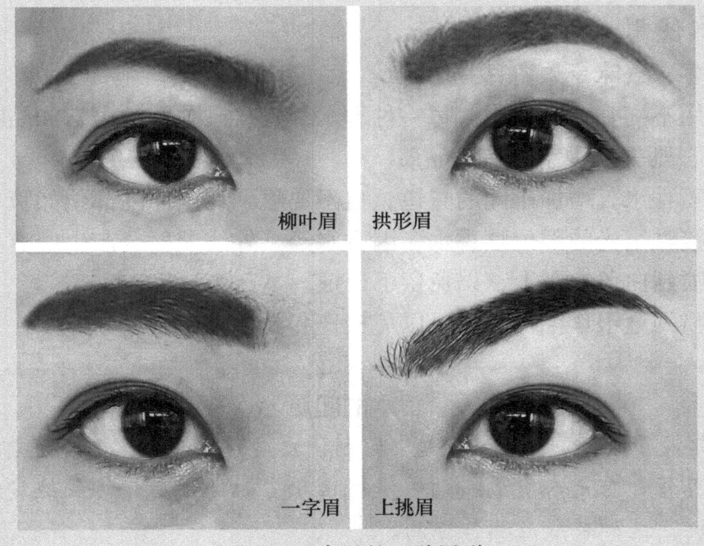

图 4-1　常见的四种眉形

三 香水的使用

香水被称为液态宝石，是女性最好的饰品。玛丽莲·梦露曾戏说：“我只穿香奈儿 5 号入睡”，由此，可以看出香水对一个女人的重要性。职场女性使用香水应以气味芬芳、清淡为好，香水使用恰当，可以起到“人去留香”的效果。

男士使用香水是时代进步的象征，职场男性应尽量使用男士专用香水或古龙香水，其香味较女性香水更为清淡。

（一）香水的正确使用方法

1. 走进雾里法　气味浓烈的香水，可以手握香水，手臂伸直将香水喷到空气中，低头走进雾里，停留 2 ～ 3 秒。低头是为了防止香水雾弄到脸上，避免太阳光直射时起斑。

2. 七点法　在晚上参加正式的宴会、舞会或者晚上的婚礼时，需要用七点法。先将香水喷到手腕，然后用中指和无名指蘸取后拍到以下七个部位。

（1）手腕：先喷 1 滴在双手腕，用中指和无名指揉搓均匀。

（2）耳后：中指和无名指蘸少许划过后颈。

（3）头发：蘸一点在手上，拍打头发。

（4）腰部：中指和无名指蘸少许拍到腰部两侧。

（5）大、小腿内侧：中指和无名指蘸少许拍到大、小腿内侧。

（6）膝盖窝：中指和无名指蘸少许拍到膝盖窝。

（7）脚踝内侧：中指和无名指蘸少许拍到脚踝内侧。

3. 简单法　白天不需要用七点法，可以在手腕、耳后或腰部三处涂抹。只有当晚上参加正式的宴会、舞会或者晚上的婚礼时，才需要用到七点法。

4. 过敏性皮肤用法　过敏性皮肤，可喷到衣领的内侧、衣角的内侧；还可以喷到一块布上，抖一抖，使香水的大颗粒抖掉，然后铺到衣服上，用熨斗熨一下，将香水渗到衣服上。

（二）香水使用六禁忌

1. 忌喷的太多，气味令人窒息。

2. 忌重叠使用不同香味的香水。每一种香水都有自己独特的语言和品味，若重叠使用不同香味的香水，则失去香水原有的品质。

3. 忌流汗时喷香水，增加难闻的味道，也不要喷到易出汗的部位如腋下。

4. 忌在直接接触阳光的部位喷香水，因香水经紫外线照射会产生瘢痕。

5. 忌把香水喷到白色衣服上，以免留下斑痕。

6. 忌把香水喷到金银珠宝饰品上，以免损伤和褪色。

知识拓展

香水的起源

香水最早起源于埃及、印度、罗马、希腊、波斯等文明古国。公元前3000年左右，埃及人发明的可菲神香是人类最早的香水，由于当时还没有精炼高纯度酒精的技术，所以准确地来说，这种香水应称作香油。

直到19世纪下半叶，法国的香水制造技术比较成熟，香水不再局限于天然香精，人工合成香料在法国诞生，这使香水工业得到迅速发展，法国很快就有了世界香水之都的称号。

思考题

1. 仪容有哪些基本要求？

2. 化妆的基本程序是什么？

3. 香水有几种使用方法？

第二节　动态仪容礼仪

动态仪容是指人的眼神和面部表情。灵动的目光、善良温和的面部表情，是每个人都乐于接纳的最好的仪容。

一　眼神

眼睛是人的心灵之窗，从一个人的眼神中可以看到他的内心世界。眼神是面部表情的核心，一个拥有良好交际形象的人，眼神应该是亲切、友善、坦然的。在人际交往中，我们要注意对人的注视，在不同场合、不同关系，注视的部位、注视的角度和注视的时间有着不同的含义和要求。

（一）注视的区域

1. 公务注视　在洽谈、磋商、谈判等严肃场合中，目光要严肃认真，注视对方的部位应在以两眼为底线、额中发际线为顶角所形成的三角区域内。

2. 社交注视　在各种社交场合，注视对方的位置应在以两眼为上线、唇心为下顶角所形成的倒三角区域内。

3. 亲密注视　在亲人之间、恋人之间、家庭成员之间，注视的位置应在对方双眼到胸部之间的区域（图 4-2）。

4. 远距离注视　远距离注视时，注视人的眉部以上就可以了，肩部以下或腰部以上是隐蔽区，总是注视这样的区域会给人厌烦或不自在的感觉。

谈判注视区域　　社交注视区域　　亲密注视区域

图 4-2　不同的注视区域

（二）注视的角度

注视的角度不同，表现出的含义也不同。

1. 仰视　体现出“崇拜、期待”或“自卑”。

2. 俯视　体现出“爱护、宽容”或“傲慢”。

3. 斜视　体现出“怀疑、轻蔑”或“不自信”。

4. 正视　体现出“公正、坦率”或“自信”。

（三）注视的时间

注视，是尊重对方的表现，在交谈过程中，注视的目光要柔和，目光注视的时间累计应达到整个谈话过程的 30% ～ 60%，尤其是听的一方更应该保障有足够的注视时间。一般每次注视对方眼睛 2 ～ 3 秒后可移到注视区域的其他地方，有时双方目光会出现对视，此时不要迅速躲闪，而应泰然自若地缓慢移开。

二　微笑

微笑，是人类最美的仪容和最好的面部表情。微笑是世界通用语言，被世界上各个国家的所有人所接受，没有人能够拒绝别人的微笑。人际交往中有三种神奇的力量：微笑、倾听和赞美。在国际交往中，外交家和企业家将微笑视为人际交往的第一语言和魔力开关。

（一）微笑的魔力

美国社会学家亚当斯说过：“在问题还没有发生之前，我就用微笑把它笑走，至少将大问题变成小问题。当你微笑的时候，别人会更喜欢你。而且，微笑会使你自己也感到快乐。它不会花掉你任何东西，还可以赚到任何股票都付不出的红利。”

● 案例赏析

“空姐的第十二次微笑”

飞机起飞前，一位乘客请求空姐给他倒一杯水吃药，空姐很有礼貌地说：“先生，为了您的安全，请稍等片刻，等飞机进入平稳飞行后，我会立刻把水给您送过来。”

15分钟后，飞机早已进入了平稳飞行状态，突然，乘客服务铃急促地响了起来，空姐猛然意识到：糟了，由于太忙，她忘记给那位乘客倒水了！她小心翼翼地把水送到那位乘客面前，面带微笑地说：“先生，实在对不起，由于我的疏忽，延误了您吃药的时间，我感到非常抱歉。”可无论她怎样解释，这位乘客都不肯原谅她的疏忽。

接下来的飞行途中，为了补偿自己的过失，每次去客舱给乘客服务时，空姐都会特意走到那位乘客面前，面带微笑地询问他是否需要帮助。这样的行为和问候一共重复了十一次，然而，那位乘客始终不肯原谅她。

临到目的地时，那位乘客要求空姐把留言本给他送过去，很显然，他要投诉这名空姐。此时，空姐心里虽然很委屈，但仍不失职业道德，彬彬有礼、面带微笑地说：“先生，请允许我再次向您表示真诚的歉意，无论您提出什么意见，我都会欣然接受！”那位乘客接过留言本，开始在本子上写了起来。

飞机安全降落。所有的乘客陆续离开后，空姐打开留言本，惊奇地发现了这样一段话：“在整个过程中，你表现出的真诚的歉意，特别是你的十二次微笑，深深地打动了我，使我最终决定将投诉信写成表扬信！你的服务质量很高，下次如果有机会，我还将乘坐你们的这趟航班！”

图4-3　空姐的微笑

微笑是一种力量，是一种伟大的爱，微笑可以将交往双方的心理距离拉近，使交往气氛融洽。

面对困难，微笑含着勇敢；面对误解，微笑显出宽容；面对挫折，微笑与自信同在；面对冷漠，微笑洋溢着热情。如果没有微笑，生活就会黯淡无光。

当赞美别人时，微笑会使你的赞美词更有分量；当拜托别人时，微笑会使对方无法拒绝你的请求；交际中出现僵局时，微笑能够缓解气氛；萍水相逢时，微笑能够使对方觉得你像老朋友一样亲切；微笑能使对方觉得自己是值得信赖并能友好相处的人，从而为双方的沟通扫清障碍（图4-3）。

（二）微笑的训练

不是每一个人天生就会微笑，微笑需要训练。当我们精神疲惫、心情受挫、内心经受痛苦折磨时，我们一旦在公众场合出现，就要立刻处在当下的场合，与当下的场合融为一体，保持微笑，这是需要学习和训练才能具有的能力。有人说：“控制心情是一种能力，控制表情是一种技巧。”如果我们没有能力控制自己的心情，就让我们控制好自己的表情吧！

微笑要发自内心、自然大方、真挚热忱，显示出自己的亲切与慈祥。微笑要与眼神、眉毛、嘴巴、表情等方面的动作协调配合来完成。生硬、虚伪、情不由衷的微笑不可取。

1. 情绪回忆法　将自己过去那些令人愉快、喜悦的情景，从记忆中唤醒，使这种情绪重新袭上心头，重现那惬意的微笑。

2. 习惯性佯笑　假装微笑，假笑的次数多了，你的心情就会改变，笑容也将越来越真实。

3. 口型对照法　对着镜子，找到自己最自然、最美观的微笑表情，把精彩的“镜头”封存在记忆中，时时想起并模仿。

4. 含箸法（咬筷子法）　这是日式训练法。道具是圆柱形的筷子，横放于嘴中，用牙轻轻咬住（含住），以观察微笑状态。空姐和动妹的微笑训练常常采用此法。

5. 用手辅助法　手指放在两个嘴角并向脸的上方轻轻上提，同时充满笑意。

（三）微笑应做到的“三个结合”

微笑不是孤立的表情，微笑应与眼睛、语言和仪态适宜的结合才更加真实和自然。

1. 与眼睛结合　在微笑的时候，眼睛也要笑，只有这样才能让人感到真诚，否则，只是“皮笑肉不笑”。灵动的目光、柔美的眼神和轻扬的嘴角才能展现出最美的微笑。

2. 与语言结合　微笑时配上适宜的语言，如“您好”“欢迎光临”等礼貌用语，才更加生动。

3. 与身体结合　微笑与身体语言相结合，如一个轻轻地点头、身体一个微微的前倾等，才能给人最好的印象。

（四）微笑眼神要有“三度”

1. 光泽度　精神饱满、神采奕奕、充满自信的目光，加上和蔼的微笑，给人“如沐春风”的良好感受。

2. 交流度　迎着对方的目光，通过微笑的眼神，将你的尊重和热情传递给对方，拉近彼此的距离，同时通过目光的交流，探知对方内心的需求。

3. 集中度　与人交谈时，目光不要闪烁不定，也不要紧盯对方的双眼，应在正确的注视区域内注视对方。

课堂活动

两人一组，进行微笑的训练。

思考题

1. 在不同的场合，不同的人际关系，相互注视的区域有何不同？

2. 结合案例谈谈“微笑”的作用。

3. 怎样的微笑才能打动人心？

（魏　红）

第五章 仪表礼仪

案例导入

美国行为学家迈克尔·阿盖尔做过一项实验：当他以不同的仪表装扮出现在同一个地点时，遇到的情况却完全不同。当他身着西装以绅士的身份出现时，向他问路或是打听事情的陌生人都会彬彬有礼，显得颇有教养；而当他装扮成流浪汉时，接近他的人以无业的游民居多。由此可见，在人际交往中服装是最好的名片，它可以彰显出一个人的社会阶层、价值取向和教养等。

案例点评：这个案例又一次证明了吸引法则——“同类相聚”的正确性。

另一项调查发现：世界著名的300名金融公司决策人认为形象是成功的关键；2500名律师认为个人形象影响收入；印象管理学家认为个人形象就是公司形象。职业形象通过外表、沟通、礼仪留给客户的印象，反映了公司的信誉、产品及服务的质量。

《弟子规》中讲：“衣贵洁，不贵华，上循分，下称家”。着装的第一要素是整洁得体，整洁得体的服饰可以折射出一个人积极向上的心态和良好的修养等多方面的信息。

下面请跟我们一起学习着装礼仪，首先从色彩开始学习。

第一节 色彩的基本知识和职场着装原则

一 色彩的基本知识

色彩是服装对人们视觉的第一冲击，被称为“服装第一可视物”。

（一）色彩的感觉

当人们看到红色和橙色时会产生温暖、兴奋和扩张的感觉，我们称之为暖色；而看到绿色、蓝色、紫色和黑色时会产生寒冷、沉静和收缩的感觉，我们称之为冷色。

（二）色彩的象征

不同色彩的服饰在不同的场合所产生的效果是不同的，为此，我们需要对色彩的象征性有一定的了解。

红色（暖）：象征着热情、奔放、喜庆、福禄、爱情。

橙色（暖）：象征着活泼、兴奋、温情、充实、友爱。

黄色（中）：象征着智慧、光明、稳重、忠诚、权威。

白色（中）：象征着神圣、纯洁、明亮、高尚、坦荡。

灰色（中）：象征着中立、大方、文雅、谦逊、失意。

绿色（冷）：象征着生命、和平、青春、宁静、温柔。

蓝色（较冷）：象征着纯洁、自信、宁静、深远、梦幻。

紫色（较冷）：象征着高贵、优雅、端庄、温婉、不安。

黑色（冷）：象征着神秘、庄重、严肃、压力、气势。

（三）色彩的搭配

色彩的搭配方法主要有对比法、统一法和呼应法。

1. 对比法　是指运用冷暖、深浅、明暗两种特性完全相反的色彩进行组合的方法。

2. 统一法　是指使用同一色系中各种明度不同的色彩，按照深浅不同进行搭配，营造出和谐的美感。如西服按照统一法可以选择这样的搭配：如果采用灰色系，搭配的衣服及饰物可以由外向内逐渐变浅，可以组合成“深灰色西服+浅灰底花纹的领带+白色衬衫”。这种着装配饰方法非常适用于工作场合或庄重的社交场合。

3. 呼应法　是指某些关键部位采用同一色彩，使其遥相呼应，产生统一的美感。例如，在正式场合男士穿西服讲究“三一定律”，即公文包、腰带、皮鞋的色彩应相同，这就是呼应法的运用。

二 职场着装的原则

（一）国际通用的 TPO 原则

TPO 原则最早是由日本男装协会于 1963 年提出的。TPO 是 time、place、occasion 三个英语单词的首字母组合。T 代表时间、季节、时代，P 代表地点，O 代表场合、时机。着装的 TPO 原则是世界通行的服装穿着打扮的最基本原则，它要求人们的服饰应尽力追求协调。

1. T（time，时间、季节、时代）　白天是工作时间，着装要根据自己工作性质的特点，总体上以庄重大方为原则（如庄重大方的职业装）。如果安排有社交活动或公关活动，则应以典雅端庄为基本着装格调（如典雅的礼服）。

晚间如有宴请、听音乐和赴舞会等社交活动，由于空间的缩小和人们的心理作用，人们往往对晚间活动服饰给予更多的关注与重视，礼仪要求也较严格。晚间着装以晚礼服为宜，以形成典雅大方的形象。

春夏秋冬的季节变化，对人们心理和生理的影响，可以用不同的着装来平衡。着装时要做到冬暖夏凉、春秋适宜。冬天要穿保暖、御寒的冬装，颜色相对深一些，深色对日光的吸收更充分；夏天要穿通气、吸汗、凉爽的夏装，颜色相对浅一些，因浅色对日光的反射较强。

此外，服饰还应顺应时代的潮流和节奏，过分落伍或过分新奇都会令人轻视。

2. P（place，地点） 不同的环境、不同的场合，需要与之相协调的服饰，以获得视觉与心理上的和谐感。从地点上讲，置身在室内或室外，驻足于闹市或乡村，停留在国内或国外，身处于单位或家中，着装的款式应当有所不同。

3. O（occasion，场合、时机）

（1）公务场合：即工作场合。着装应重点突出庄重保守的原则，以单一中性色为主。单位如有统一的制服，可以提高着装者的自豪感、自觉性和约束力，并成为一个单位的象征；单位若无统一的制服，西装（套装、套裙）则为广大政务和商务人员的正装，男士最好穿西服套装，女士最好穿西服套裙或连衣裙，要求整齐、端庄、大方，以单一中性颜色为主，不突出性别的线条。

（2）社交场合：即工作之余的交往应酬所处的场合。着装应重点突出时尚个性的风格，要与交往目的和交往对象相适应。与外宾、少数民族人们相处时，更要尊重他们的习俗禁忌。一般情况下礼服和民族服装是较好的选择，男士西式礼服或黑色中山套装，女士单色旗袍或下摆过膝盖的连衣裙等都是不错的选择。避免穿制服或便服。

在一些比较特殊的场合，有一些专门的着装要求。例如，在喜庆场合不宜穿得太素雅、古板，在庄重的场合不能穿得太随便、宽松，在悲伤场合不能穿得太艳丽等。

（3）休闲场合：工作和社交之外的个人活动场合。着装应舒适自然，着装不要过于正式，以休闲装和便装为主，营造轻松、愉悦和温馨的氛围。

（二）符合身份、扬长避短和遵守常规的原则

1. 着装与年龄身份协调 不同年龄有不同的着装要求，不同的职业也有不同的着装要求。

（1）年轻人：着装应充分体现出年轻人的朝气和蓬勃向上的青春之美。中、老年人的着装则要注意庄重、整洁、雅致，充分体现出中老年人的成熟与稳重，这样才能体现出不同年龄段的独特美。

（2）不同的职业：教师和机关工作人员衣着要端庄、大方；医生衣着要稳重、不宜过于时髦，否则给患者轻浮的感觉，不利于患者的配合治疗。学生穿着要朴实、整洁、大方，不要过于成人化等。

2. 着装与体型相协调 并非每个人的体型都十分理想，如果能根据自己的体型挑选合适的服装，扬长避短，则能实现服装美和人体美的和谐统一。

（1）身材较矮的人：最好选择浅色的套装，上衣要稍短一点，拉长腿在全身所占的比例，服装款式上以简单直线为宜，上下颜色应保持一致。不适合穿大花图案或宽格条纹的服装。

（2）身材较胖的人：应选择小花纹、直条纹的服装，最好是冷色调，冷色有“收缩”的效果。在款式上，要力求简洁，中腰略收，衣领以“V”形领为佳。

（3）身材较瘦的人：应选择色彩鲜明、大花图案及方格、横格的衣料，给人以宽阔、健壮的视觉效果。在款式上，应当选择尺寸宽大、上下分割，花纹有变化的、较复杂的、质地不太软的衣服，切忌穿紧身衣裤和深色的衣服。

（4）身材较高的人：若想使自己在视觉上略显矮，可以选择上衣略长，颜色略深、纯色或柔和色，配以低圆领或宽大而蓬松的袖子，宽大的裙、裤、衬衣等。

另外，肤色较深的人，穿浅色服装，会获得健美的色彩效果；肤色较白的人穿深色服装，更能显出皮肤的光洁柔嫩。

知识拓展

一、标准体型的身体比例

标准体型的身体比例符合“黄金分割”，也就是肚脐为界，上半身 / 下半身 =0.618（1 ∶ 1.618），或肚脐到脚底的距离 / 头顶到脚底的距离 =0.618，即下半身比上半身长。

二、体重指数

近几年流行以体重指数来衡量人体的标准或胖瘦。

体重指数（BMI）= 体重（千克）/ 身高 ^{2}（米 ^{2}）

例：一个身高 1.62 米，体重 51 千克的人，体重指数（BMI）=51/（1.62）^{2}=19.43

BMI 正常范围是 18.5 ～ 24；＜ 18，体重过轻；24 ～ 27，过重；27 ～ 30，轻度肥胖；30 ～ 35，中度肥胖；＞ 35，重度肥胖。

另外，标准身材，女性的腰围≤ 80 厘米，男性腰围≤ 90 厘米。

第二节　男士着装礼仪

一　男士职业正装

在正式的商务和政务场合，男士以西装为正装。西装起源于 17 世纪的欧洲，目前已成为全球范围内男士在各种商务、政务场合的通用服装。西装之所以长盛不衰，不仅是因为其穿着效果能体现简洁大方、端庄、工艺精致感，而且穿着者年龄跨度大，适宜老、中、青年人。

能否选择一套适合于自己的西装并将衬衣、领带、皮鞋、袜子和腕表完美地结合起来，避免正式场合细节出错，决定了男士着装的成败。男士选择西装时应注意以下几点。

1. 西装的选择　男士的西装选择要考虑款式、颜色和尺寸等因素。

（1）西装有三件套（有马甲）和两件套之分，在政务和商务正式场合两件套西装最为常见。

（2）西装有单排扣和双排扣之分，在政务和商务正式场合单排扣西装最为流行，又有三扣和两扣之分。

（3）西装颜色以藏青、深蓝色为好，其次是灰色，正式晚宴也可以穿黑色西装。

（4）西装的面料要高档挺脱，正式礼服最好是全毛面料；日常工作装，则纯毛和混纺均可。

（5）西装尺寸，以系好上衣扣子，胸围应能放入一拳为宜。肩膀、袖子应合适，将手臂抬起、放下，弯手肘不应有紧绷感。西服的袖长，是以手臂下垂后，袖子的下端边缘离拇指 10 厘米为宜，袖子长度一般比衬衫短 1 厘米即可。上衣一般有 1 ～ 2 寸（1 寸 =3.33 厘米）的修改余地，所以，上衣如果长的不多，是可以修改的。

裤子的长度应该是在轻微屈腿时，以裤脚刚好落在脚踝的位置为宜。

2. 衬衣的选择　长袖衬衣是搭配西装的唯一选择，颜色应与西装的颜色相协调，但不能是同色。正式场合选择白色衬衣最为安全，白色衬衣是国际上公认的最正统、最正式的衬衣，面料不要太薄。领口尺寸以系好领口扣子，领口恰好能放入 1 指（示指），且能自由转动为宜。

3. 领带的选择　领带是西装的点睛之笔。正式工作场合和社交场合，穿西装必须打领带。领带的面料以真丝为好；领带的颜色和花纹要与衬衣相适合，颜色不要浅于衬衣，尤其不要黑衬衣白领带；不要戴怪异的领带（如皮的、珍珠的）。

领带的长度最好在 56 英寸（1 英寸 =2.54 厘米）左右。如果是一位比较高的男士，60 英寸较好。领带系好后，领带下端尖头应在腰带扣上下边缘之间。

4. 领带夹的作用　一般情况下，领带打好之后，不需要领带夹。但是在某些场合，为了减少行走时领带任意飘动，或座谈、工作时领带的自由摆动带来的不便，可以使用领带夹固定领带。使用领带夹的正确位置：七扣衬衣从上向下数第四、五颗纽扣之间，五扣衬衣从上向下数第三、四颗纽扣之间。

领带夹的基本作用是固定领带，其次是装饰。最好选择纯色金属材料的领带夹。

5. 鞋袜的选择　当选藏青、深蓝色西装时，黑色系带皮鞋是最正式和最好的搭配。藏青、深蓝色棉质袜子是最好的选择。

6. 穿西装的 3 个三原则　正式场合穿西装应遵循下列 3 个“三原则”。

（1）三色原则：男士在正规场合穿西装时，全身的颜色（色系）不得超过 3 种。

（2）三一定律：即鞋子、腰带、公文包这三个地方的颜色应该一致；最好是黑色的。

（3）三大禁忌：西装左边袖子上的商标不能不摘；在正规场合，尼龙袜和白色袜子不能穿；在正式场合，不能穿夹克衫或短袖衫打领带。

7. 穿西装注意事项

（1）西装要笔挺，以藏青、深蓝色为主，正式晚宴可穿黑色西装。

（2）两扣西装，只系上面一颗扣；三扣西装只系中间或上面两颗扣。西装下面的一颗扣永远不能系（图 5-1）；上面的 1 ～ 2 颗扣，坐下时可解开，站起后应随手将其扣上。

（3）西装上、下口袋不能装东西。

（4）穿西装要露“三白”：即衬衫袖口和领口应露出西装外 1 ～ 2 厘米（图 5-2）。

图 5-1　男士西装扣子系法（下面的纽扣不扣）

图 5-2　穿西装要露“三白”

知识拓展

领带的起源

17世纪中叶，法国有一位大臣上朝，在脖子上系了一条白色围巾，还在前面打了一个漂亮的领结，路易十四国王见了大加赞赏，当众宣布以领结为高贵的标志，并下令上流人士都要如此打扮。由此可见，领带起源于欧洲。领带作为一种古老的传统产品，一直是尊贵地位的象征。

领带的打法

领带的打法，有平结、双环结（亚伯特王子结）、交叉结、双交叉结、温莎结、简式结（马车夫结）、浪漫结、半温莎结（十字结）、四手结等。在这里仅介绍社交和职场最常用的平结、双环结（亚伯特王子结）和温莎结的特点和打法（图5-3～图5-5）。

1. 平结　为男士最多选用的领带打法之一，几乎适用于各种材质的领带。完成后领带成斜三角形，适合窄领衬衣。要领：领结下方所形成的凹洞（男人的酒窝）需让两边均匀且对称。

2. 双环结（亚伯特王子结）　一条质地细致的领带，搭配上双环结颇能营造时尚感，适合年轻上班族选用。该领结完成后的特色就是第一圈会稍露出于第二圈之外，不要刻意给盖住。

3. 温莎结　是以温莎公爵而命名的领带结，是最正统的领带打法。完成后领带呈正三角形，饱满有力，适合于宽领形的衬衫。该领结的特色是往横向发展，所以应避免材质过厚的领带，领结也勿打得过大。

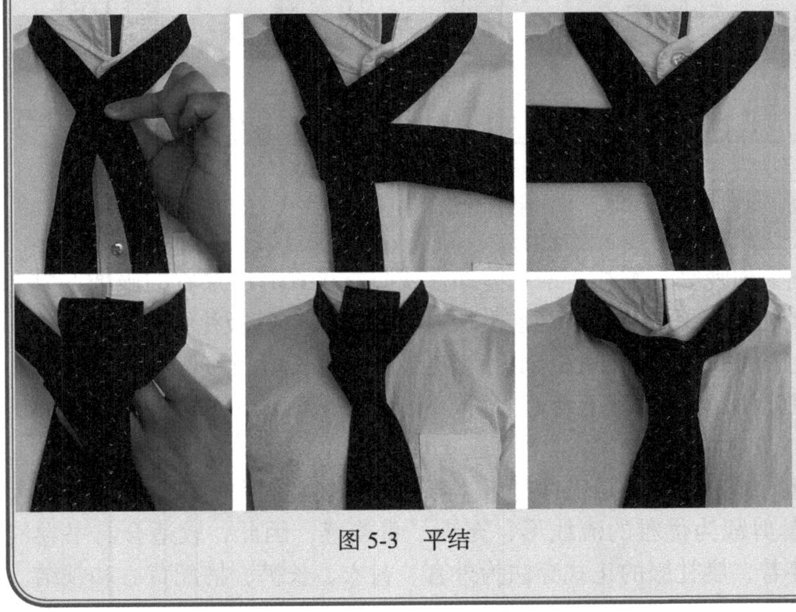

图5-3　平结

视频5-1　领带的打法（平结）二维码

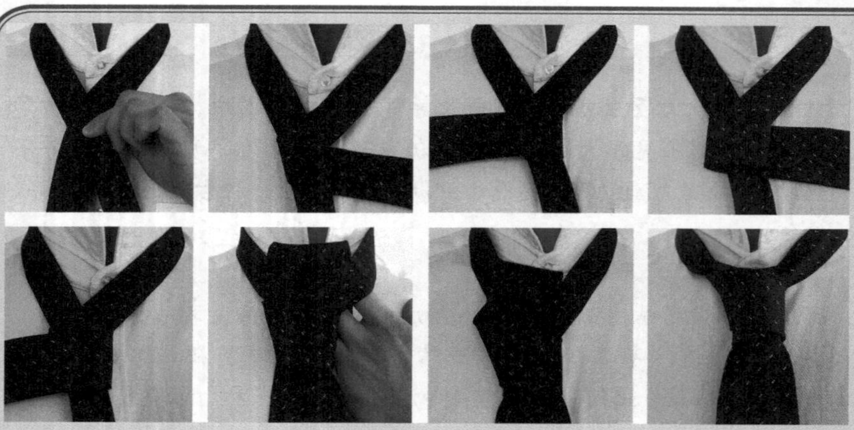

图 5-4　双环结（亚伯特王子结）

视频 5-2　领带的打法（双环结）二维码

图 5-5　温莎结

视频 5-3　领带的打法（温莎结）二维码

二　男士礼服

礼服也称社交服，是参加晚宴、婚礼、祭礼等郑重或隆重仪式时所穿着的服饰。男士礼服的种类有燕尾服、晨礼服、平口礼服、西装礼服、英乔礼服、韩版礼服等。

1. 燕尾服　是正式礼服的一种，在晚间6点以后穿着。后摆拉长，可显现出修长的双腿，并有收缩腰身的效果。燕尾服除了要配上背心以外，也可以搭配胸巾和领巾，以增加正式感和华丽感。

2. 晨礼服　又称为英国绅士礼服，是三种礼服（燕尾服、晨礼服和平口礼服）中最为正式的一种，特色是外套剪裁为优雅的流线形，充满了贵族感，因此，较适合有书卷气或整体气质不错的男士穿着，晨礼服的正式穿法为外套、衬衣、长裤，搭配背心和领结。

3. 平口礼服　又称王子式礼服，有单排扣和双排扣之分，它不及燕尾服和晨礼服那样正式，可用于宴会派对或婚宴派对上穿着，平口式礼服的特点是裁剪设计类似于西装，适合较为瘦高的男士穿着，平口礼服的正式穿法是外套、衬衣、长裤，搭配领结和腰封。

4. 西装礼服　是一种现代的改良礼服，普通西装并不能应用于正式而隆重的场合，尤其是在自己的婚礼上，穿礼服才够隆重。如果将西服的戗驳领用缎面制成，成为西装礼服，再配领结和腰封（或者背心），选择胸前打褶皱的礼服衬衣，也是可以出席隆重场合。西装礼服的正式穿法为外套、衬衣、长裤，搭配背心、领结。

5. 韩版礼服　是专为亚洲人所设计的一种礼服，因亚洲人比欧洲人体型瘦小，因此韩版礼服在胸、腰、袖、裤上做了一点收身。韩版礼服的正式穿法为外套、衬衣、长裤、背心、领结。

知识拓展

怎样选择礼服?

1. 西装和礼服的区别　由于西装与礼服都是来自于西方国家，对于不太习惯的东方人，很容易将两者混淆。一般而言，礼服比西装更正式，西方男性在出席正式的宴会时，多被规定必须穿着礼服。至于西装，则是一种城市装，比较轻便，一般的商务会议或是饭局可以穿着西装。因此，在婚礼、婚宴或是结婚仪式上，穿着正式的礼服是公认的礼仪。有些新郎会以西装来代替礼服，其实并不合礼仪，而且与新娘华丽的白纱礼服也不搭配。

2. 衬衣搭配　正式的礼服衬衣胸前有褶皱设计，领子为倒三角的款式。背心和腰封选择其一，即穿背心就不戴腰封，戴腰封就不穿背心。

3. 礼服的选择　不论是参加宴会，还是公司年会，一般人大都只会注意到女生是否漂亮、化妆是否精致，很少有人会注意到男生的衣着如何，但男士礼服是否与女士的服装搭配也是很重要的，挑选男士礼服要注意下列几点。

（1）身材高大型：此型的男士适合穿任何型式的礼服，尤其以双排扣和燕尾服最为出众。

（2）身材矮小型：最适合简单款式的礼服，单襟或尖领向上的礼服都很适合，尽量避免燕尾服、双排扣或开双襟的礼服，因为这些礼服的比例会让腿看起来更短。

（3）身材清瘦型：建议穿着剪裁有些圆身，能来遮掩消瘦身型的礼服。

（4）身材肥胖型：不妨利用能广纳各种体型的平口礼服，但应避开较圆的新月领，西装领和有棱角的剑领比较适合丰润的脸型。礼服颜色尽量选择深色系，避免浅色燕尾服及开双襟的礼服。

（5）成熟型：新月领形状像两片月眉，因为它的圆顺感，是年轻人偏爱的外套领形；带有些霸气的剑领和保守的西装领，是年纪稍大者喜爱选择的款式。

（6）啤酒肚型：适合款式简单、深色的单襟礼服，这种款式在视觉上可把身形稍为拉长。切忌穿双排扣、燕尾礼服，因为这种类型的礼服目光焦点很容易放在肚子的位置。

购买礼服时，一定要注意两看：一看做工，做工主要检查线迹、手工和夹面，一定要注意查看礼服口袋两条开线条是否一致，上袖处有无褶皱。二看质感与颜色，礼服不同于西装，需要一定的光泽度，比西装更需要笔挺，在颜色上，最稳重的颜色多为藏青或是灰黑色。

皮鞋的款式，应选择漆皮尖头系带的款式，这种款式属于正式的礼鞋。

三 男士便装

休闲场合，男士的便装选择没有西装和礼服那么严格，选择的原则是轻松、随意和舒适。常见的男士便装有夹克衫、冲锋服、T恤衫、牛仔装、运动装、西裤等，其选择可以根据不同的场合而定。男士在不穿西装上衣，只穿衬衣和西裤时，可以不系领带，此时衬衣的第一颗纽扣要松开，这样显得比较自然。

四 手表的选择

手表是男士最经典的佩饰，俗话说："男士看表，女士看包。"手表对现代男士来说，不仅是时间的象征，而且它优雅的款式、大气的线条可以衬托出男性独特的魅力，在举手间不经意地闪烁着男士的优雅。在西方国家，手表与钢笔、打火机曾一度被称为成年男子的"三件宝"。

依据价格不同，手表可分为豪华表、高档表、中档表、低档表四类。选择手表时，首先要量力而行，同时要顾及个人的职业、出现的场合、交往的对象及佩戴者的服饰等一系列相关因素。

正式场合，手表不论是指针式、跳字式还是报时式，都应当精确到分，能精确到秒更好，只能精确到时的手表，不符合职场要求。

温馨提示：国家公务员佩戴的手表应符合身份，不要太奢华，价格最好在2万元人民币以内。

知识拓展

世界名表赏析——雕刻出来的时光

世界上最好的手表均产于瑞士，随着年代的更迭，手表的排名顺序也随之改变，排在前12位的世界名表大致如下。①江诗丹顿（瑞士，时间的代名词，贵族的艺术品），英文标识 Vacheron Constantin。②芝柏（瑞士，钟表中的蒙娜丽莎，尽显尊贵），英文标识 Girard-Perregaux，GP。③浪琴（瑞士，优雅到老），英文标识 Longines。④百达翡丽（瑞士，手表中的蓝血贵族），英文标识 Patek Philippe。⑤欧米茄（瑞士，贵族的非凡品质），英文标识 Ω。⑥泰格豪雅（瑞士，运动与时尚的完美结合），英文标识 TAG Heuer。⑦万国（瑞士，男人的时间标记），英文标识 IWC。⑧伯爵（瑞士，珠宝计时器，至尊之宝），英文标识 PIAGET。⑨劳力士（瑞士，与时间永恒，手表中的霸主），英文标识 ROLEX。⑩爱彼（坚持百年传统），英文标识 Audemars Piguet，AP。⑪豪爵（瑞士，景点美学的现代展现），英文标识 Roger Dubuis。⑫斯沃琪（瑞士，激情四射的完美象征），英文标识 Swatch。

第三节　女士着装礼仪

与男士着装一样，服装是女士最好的通行证。服装可以彰显女士的气质、性格、爱好、价值取向和教养等。女士服装分为职业正装、礼服及休闲装。职业正装适合于政务和商务场合，一般是西式套裙；礼服适合于正式的社交场合，配有首饰和适当的容妆；休闲服则是日常生活和休闲场所的服装。

一 女士职业正装

女士职业正装为西服套裙或西装套裤（图 5-6）。

1. 西装要求　单色面料（尽量选用高档面料），上衣与裙子要同一质地，同一色彩；常见的颜色：藏蓝色、黑色、宝石蓝色、灰色及紫红色等，上衣要平整贴身，长短适宜。

2. 裙装要求　正式场合裙装以窄裙（又称一步裙）为主，长度在膝盖上下3厘米。天

图 5-6 女士职业套裙

气冷时，可以配长裙或长裤。

3. 衬衣要求 以素色为主，白色是最基本的颜色。领形有方领、尖领和圆领。衬衣要扎入裙腰。

4. 鞋袜要求 女士正式场合如果选择了藏蓝色或黑色西装，则一定要穿肉色或茶色长筒袜配黑色船形皮鞋，鞋跟以 4 厘米为宜。

5. 女士裙装最不应出现的几个错误

（1）绝对不能穿黑色皮裙，黑色皮裙是风月女子的穿着，这是国际社会不成文法的惯例。

（2）正规场合不能光腿，要穿丝袜。

（3）不要穿残破的袜子。

（4）不要穿露脚后跟的鞋。

（5）杜绝“三节腿”，即杜绝在裙子和袜子之间露出一节腿；高筒袜的上端应被裙子盖住。宜短裙配穿长袜，长裙配穿短袜。

（6）袜子的质地、颜色要与裙子、鞋的颜色相配。最好穿肉色、茶色或黑色袜子。

6. 女士职场着装的“六不能” 不能过分杂乱；不能过分短小；不能过分鲜艳；不能过分暴露；不能穿透视装；不能过分紧身。

二 女士礼服

在正式的社交场合，女士要穿礼服或民族服装。礼服有中式和西式礼服之分。女士礼服的选择要根据所陪同的男士的着装来决定。

1. 中式女礼服 最常见的中式礼服为旗袍，旗袍是中华民族服装的典型代表。在一些涉外场合穿旗袍不仅可以彰显女性的婉约之美，更重要的是可以代表民族风格。作为礼服的旗袍最好是单一颜色，一般常在绸缎面料上刺绣或饰物。紧扣的高领、贴身、衣长过膝、两旁开衩、斜式开襟，这些都是旗袍的特点。在正式场合穿着的旗袍，开衩不宜太高，以到膝关节上方 1 ～ 2 寸为宜，旗袍的长度最好至脚面。穿旗袍应配以高跟或半高跟皮鞋，或高级面料、制作考究的布鞋或绣花鞋。

旗袍要根据个人的体型来选择。脖子细长的女士以立领为美。粗而短的脖子，应选择无领形的旗袍，如果领形开得略为深一些，微微袒胸，可以对圆而胖的脸型起到引长的作用，既可以避免立领妨碍脖子的活动，又可以于端庄之中表现出几分浪漫的气息。

2. 西式女礼服　分为常礼服（晨礼服）、小礼服（小晚礼服）、大礼服（大晚礼服）等。

（1）常礼服也称晨礼服，主要在白天穿着，通常由质地、面料、颜色相同的上衣和裙子搭配而成，也可以是单件连衣裙。一般以长袖居多，为避免领口开得过大或臂膀过于裸露，可佩戴手套和帽子。常礼服适用于游园会、会见、引见、拜谒、结婚典礼、正式访问、午宴及欢迎外宾所举行的仪式等场合。

（2）小礼服也称小晚礼服，为长至脚面而不拖地的露背式单色连衣裙，其衣袖可长可短，着装者可根据衣袖的长短选配长短适当的手套，通常不戴帽子或面纱。小礼服适合于参加晚上 6 点钟以后举行的宴会、音乐会或观看歌舞剧时穿着。

（3）大礼服也称大晚礼服，为袒胸露背的、单色拖地或不拖地的、无袖的连衣裙，并佩戴相同颜色的帽子和长纱手套，以及各种饰物。近来，其款式、面料及颜色等正向着自由化发展。大礼服是一种最正式的礼服，主要适用于在晚间举行的较为正式的各种活动，如官方举行的正式宴会、酒会、观看首场演出、大型正式的交际舞会等。

三　女士便装

在工作和社交之余的休闲场合，女士可以着便装或休闲装。

女士便装的选择范围比较宽泛。便装由衬衫、针织衫、特色的外套、长裤、筒裙、“A”字裙、连衣裙、便鞋、凉鞋及不同款式的手包及其他饰物等组成，如果将这些单品进行适当的搭配，可以显出女性不同的风格。

衬衫配长裤能够体现女士知性的味道和清爽利落的形象；衬衫配直筒裙或“A”字裙能够体现女士特有的干练气质；针织衫配长裤能够体现女士柔美的气质和端庄素雅的风格；针织衫配直筒裙或“A”字裙能够彰显女士的优雅气息；连衣裙既可单独穿着，也可与外套搭配，让女装丰富且更有特色。

四　女士配饰

1. 皮包　俗话说“男士看表，女士看包”，皮包是女性的第二张名片，可以彰显出女性的气质、爱好和性格。职场中，皮包以肩背式方形包为佳，颜色、款式和面料要与佩戴者服装的颜色、款式、面料及佩戴者的体型和年龄相协调。

2. 首饰　佩戴首饰的基本要求：简洁、大方、高雅，同质同色，符合习俗，宜少宜精，同时佩戴不超过三种。色彩和款式要与佩戴者的肤色、年龄和脸型相协调。一般可以是单一品种戒指，或者是将戒指与项链、戒指与胸针、戒指与耳钉两两组合在一起使用。

职场和社交场合，不戴首饰不为失礼。职场首饰讲究“三不戴”原则：有碍于工作的首饰不戴；炫耀自己财力的首饰不戴；突出个人性别的首饰不戴。

下面主要介绍戒指、项链和耳饰。

（1）戒指：是一种男女皆宜的饰品。在工作场合只允许佩戴结婚或订婚戒指，但是某些特定的工作场合，为了方便工作，规定不允许佩戴戒指。

戒指的材料有多种（金属、木、骨或宝石等）。按照风俗，结婚戒指不能用合金制造，必须用纯金、铂金或白银制成，表示爱情的纯洁性。

按照习俗，戒指戴在不同手指上的含义不同，佩戴者要了解其含义，以免闹出笑话。戒指戴在无名指上，表示已结婚或订婚；戴在中指上，表示已有意中人，正在恋爱；戴在示指上，表示未婚、求婚；戴在小指上，表示已离婚或独身主义；大拇指上一般不戴戒指，若戴在大拇指上，像帮派老大。

（2）项链：是女性最爱的饰品之一，尤其是在社交场合，佩戴一条适合自己的项链，会给人增色不少。项链的质地不同，表现出的效果也不同，珍珠项链代表着高贵和典雅，金银项链显得厚重和富贵，钻石项链给人以雍容华贵的感觉，骨质项链则表现出复古和典雅，木质项链代表简单和朴素。

佩戴项链时要注意扬长避短。偏矮且圆脸型的人宜选择长项链，这样在视觉上可以得以改善；瘦高且长颈的人，一般不受项链形状的限制，若过于瘦长，也可以选择较短粗的项链在视觉上得以改善。

佩戴项链也要和服装相呼应。身着柔软、飘逸的丝绸服装时，宜佩戴精致、细小的项链，显得妩媚动人。身穿素色或单色服装时，佩戴色泽鲜明的项链，在项链的点缀下，整体上可显得活跃、丰富。

项链与衣领搭配也有一定的技巧。圆领和一字领的衣服可以搭配一条稍长的项链，让项链吊坠垂在衣领的下面，增加活泼感。小翻领或“V”字领适合佩戴比较时尚、现代的项链，吊坠垂于脖颈和领口中间的位置，使项链显得格外醒目。穿高领时，可以在领子的外面加上圆形的珍珠项链，显得高贵典雅，线条协调。

温馨提示：某些特殊岗位，女性不允许佩戴项链，要遵守规定。

（3）耳饰：有耳钉、耳环和耳坠之分，在公务场合，一般女性只允许佩戴耳钉。在社交场合，耳环和耳坠更能彰显出女性的妩媚和优雅。

佩戴耳饰要注意耳饰与脸型、体型、肤色、服装的协调，以达到最好的效果。

耳饰的佩戴与脸型的协调。方形脸的人适宜戴圆形、长圆形的耳环或耳坠，这样可以缓冲脸型的棱角。圆形脸的人适合戴稍长的耳坠或叶片形的耳坠，能造成一种修长感，使人显得秀气。瘦长形脸的人戴上纽扣形耳环可使脸部显得较宽。椭圆形脸或鹅蛋形脸的人戴耳环的视觉效果是最好的，可随心所欲地戴任何形状的耳饰。

耳饰颜色与肤色的协调。皮肤白皙的女性适合戴红色、深紫色、咖啡色或翡翠绿色的耳饰。肤色偏暗的女性适合佩戴颜色浅淡、明快一些的耳饰，如乳白色、奶油色、淡绿色或浅紫色的耳饰。肤色较黄的女性以佩戴各种银耳饰、白金耳饰较好。金色和珍珠色泽的耳饰适合于各种肤色。

另外，耳饰的佩戴还要和场合、年龄等适应。

3. 丝巾　某些特定岗位，丝巾可作为工作装的一部分。例如，银行职员、空姐和动妹等的工作装往往有丝巾搭配。

商务和政务场合，着装以稳重色为主色调，若搭配一条多彩的丝巾可以给女士平添几分活泼轻松的气氛。装扮高手总是能利用丝巾起到画龙点睛的作用，营造出自己独特的女性特质。

丝巾的选择，配色是关键。商务、政务场合，穿着套装的颜色一般是纯色，并且全身不超过三种色系，此时可以挑选色彩较丰富的丝巾，丝巾里要有一种颜色与外套或衬衫的颜色一致，搭配起来才显得协调。社交场合，服装的穿戴要比商务和政务场合轻松和时尚，丝巾的颜色要注重对服装颜色的衬托，一般选用服装的对比色，即采用冷色与暖色、深色与浅色的搭配。丝巾的面料有多种，如真丝、羊毛、棉织、混纺等，选择时应考虑个人的爱好、肤色、年龄及服装的面料等。

知识拓展

世界名包

世界名包排行榜随着时代的变迁而变化，每一年的排名略有不同。一般排在前15名的是：Louis Vuitton（路易威登）；Chanel（香奈尔）；Fendi（芬迪）；Gucci（古驰）；Christian Dior（迪奥）；Prada（普拉达）；Dunhill（登喜路）；Burberry（巴宝莉）；Coach（蔻驰）；Hermes（爱马仕）；Valentino（瓦伦蒂诺）；Armani（阿玛尼）；Chloe（珂洛艾伊）；Lacoste（鳄鱼）；Marc Jacobs（马克雅各布）。

思考题

1. 怎样运用着装的TPO原则？

2. 什么是男士正装的3个三原则？男士穿西装应该注意什么礼仪？

3. 女士的套装如何搭配？女士的配饰选择有何原则和礼仪？

（魏　红）

第六章　仪态礼仪

心理学家研究表明，在“首因效应”的55%、38%和7%规律里，除了55%仪容、仪表之外，38%的仪态也是给对方创造良好第一印象的关键。

优美的仪态在商务、政务和社交活动中，代表着个人和单位的形象、文化和实力，可以给交往对象留下美好的印象，增加顾客对公司或个人整体实力的信任度，从而可以在众多实力相近或相同的公司中脱颖而出，有助于商务合同或协议的顺利达成。

仪态是指人的姿态和风度。姿态主要是指人的站姿、坐姿、蹲姿、走姿、行礼、躬身、就座、手势等。风度是人的内在气质的外化。

第一节　站姿礼仪

在各类场合，优美、得体的站姿可以体现出一个人的精神风貌和良好的修养。

各类礼仪对男女站姿基本要求：一正、二平、三挺、四收，即头正、视线平、肩平、挺胸、挺颈、挺腰、收下颌、收腹、收臀、收腿。站姿的训练可采用九点靠墙训练法和顶书训练法（见本节后面的“知识拓展”）。

一　女士站姿

职场女士优美的站姿，可以表现其特有的职业素养，增加可信赖度。社交场合女士优美的站姿，可以彰显女性特有的魅力。

（一）站姿要求

在一正、二平、三挺、四收的基础上，双腿并拢，脚呈“V”字步或“丁”字步，面带微笑。

（二）三种站姿的手姿要求

在商务、政务和社交活动中，站姿主要分为自然式、迎宾式和交谈式站姿三种。

1. 自然式站姿　在站姿基本要求基础上，双手自然放于双腿两侧，中指贴裤线。这种站姿主要用于比较庄严的场合，如奏国际歌、升国旗或葬礼等仪式上。

2. 迎宾式站姿　右手在上、双手交叉相握放于脐部（脐式）。这种站姿适合于商务、政务活动迎宾仪式中的迎宾人员的站立，如会议迎宾、接待迎宾、酒店迎宾、空姐迎接乘客、护士站的护士迎接患者或面对患者家属的咨询时的站姿等（图 6-1）。

3. 交谈式站姿　双手交叉相握，右手在上自然垂放于腹部（腹式）。这种站姿一般适用于商务、政务、服务和社交场合双方站立交谈时采用（图 6-2）。

图 6-1　女士脐式（迎宾式）站姿

图 6-2　女士腹式（交谈式）站姿

二 男士站姿

（一）基本要求

在一正、二平、三挺、四收的基础上，面带微笑。

（二）男士的三种站姿

1. 自然式　两腿并拢，双手自然放于双腿两侧，中指贴裤线。男士自然式站姿的应用场合同女士自然式站姿的应用场合。

2. 交谈式　两脚自然分开与肩同宽，右手握住左手手腕部，自然下垂放于小腹部。这种站姿适合于一般的商务、政务交谈和社交谈话时的站立（图 6-3）。

3. 迎宾式　两脚自然分开与肩同宽，两手相握放于背后（形同军队跨列式）。这种站姿适合于迎宾仪式中的迎宾人员（图 6-4）。

图 6-3　男士交谈式站姿

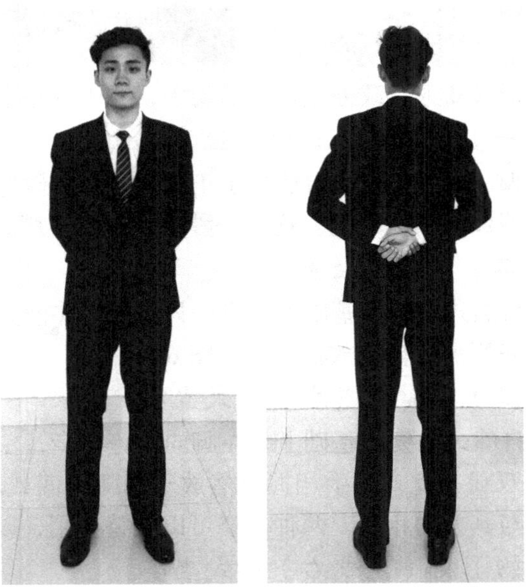

图 6-4　男士迎宾式站姿

知识拓展

站姿的训练方法

1. 九点靠墙训练法

（1）后脑勺、双肩、双臀、双腿肚、双脚后跟紧贴墙壁。

（2）头正、肩平、视线平、挺胸、挺颈、挺腰、收下颌、收腹、收臀、收腿，面带微笑。

2. 顶书法　头部顶书，挺胸、挺颈、挺腰、收下领、收腹、收臀、收腿，掌握平衡不让书掉下来。

第二节　坐姿礼仪

在商务、政务会见、会谈或一般性的社交座谈时，拥有优雅的坐姿，对于男士和女士在职场和社交场合中形象的体现尤为重要。

一　男女坐姿的基本要求

1. 与他人一起就座时，出于礼貌，应首先请对方入座，自己再入座，或请对方与自己一同入座，不要自己抢先入座。

2. 自座椅左侧轻轻迈步到座椅的前方，右腿后撤一点，感知一下座椅的位置，整理衣裙，轻轻坐下，坐满椅子的 2/3，后背不靠椅背，胸部挺起，两肩放松、脖子挺直，下颌微收，身体微向前倾，面带微笑。

3. 离座时，要缓缓起身，采用基本站姿站稳后，从左侧离开。

二 女士坐姿

在正式商务、政务或社交活动中，女士的基本坐姿主要有以下几种。

（一）自然式（正坐）坐姿

双脚、双腿并拢，自然放于正前方，双脚微微向身体方向收回，两手相握自然放在两腿中间或放于一侧腿上。这是一种最基本最常用的坐姿，适合于各种场合（图 6-5）。

（二）前后式坐姿

在自然式坐姿的基础上，将一只脚向身体前方微伸，形成前后式。当自然式坐姿坐累了，可采用前后坐姿放松一下（图 6-6）。

（三）斜（左或右）放式坐姿

在自然式坐姿的基础上，左脚向左跨半步，左膝盖向右倾斜，右脚立刻向左跟半步，双脚、双腿并拢，两手相握自然放于两腿中间或放于一侧腿上，形成左斜式坐姿。右斜式坐姿与其方向相反。两种坐姿可以交替使用，以减轻用力（图 6-7）。

（四）斜（左或右）搭式坐姿

在自然式坐姿基础上，左腿向左跨半步，左膝盖向右倾斜，右腿搭在左腿上，两腿并合，两手相握自然放于两腿中间或放于一侧腿上，形成左斜搭式坐姿。右斜搭式坐姿与其方向相反。两种坐姿可以交替使用，以减轻用力（图 6-8）。

（五）斜（左或右）挂式坐姿

在自然式坐姿基础上，左腿向左跨半步，左膝盖向右倾斜，右腿斜挂于左腿内侧，两手相握自然放于两腿中间或放于一侧腿上，形成左挂式坐姿。右挂式坐姿与其方向相反。两种坐姿可以交替使用，以减轻用力（图 6-9）。

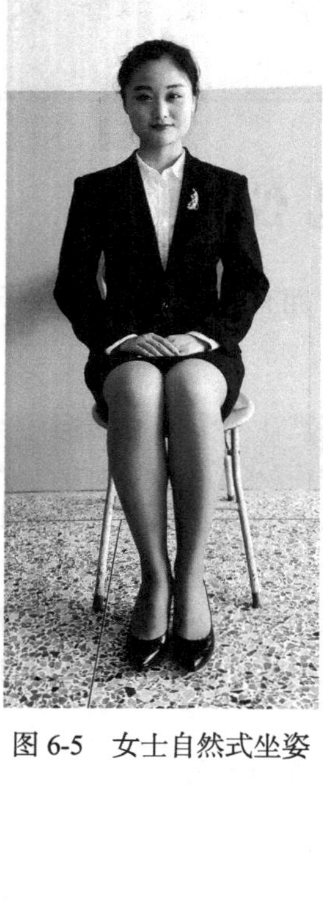
图 6-5　女士自然式坐姿

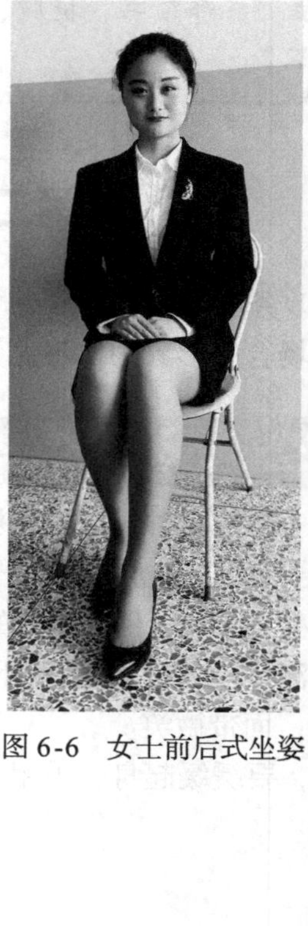
图 6-6　女士前后式坐姿

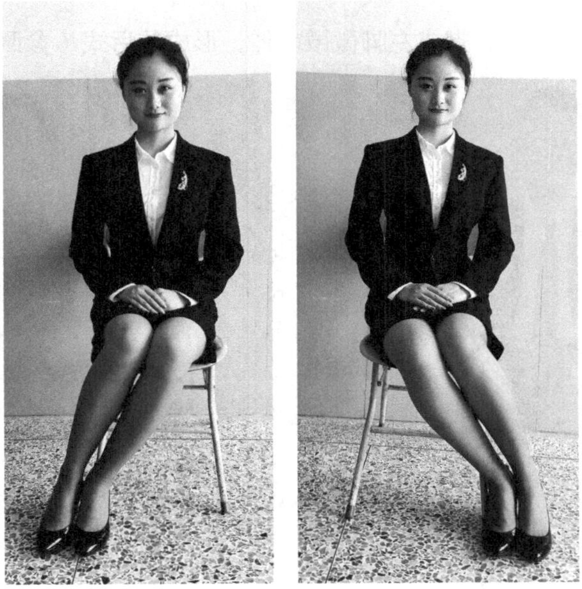

图 6-7　女士左（右）斜放式坐姿

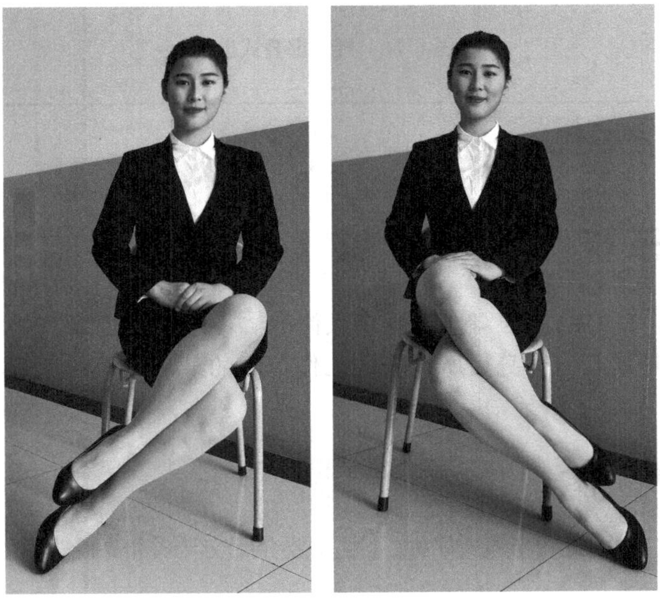

图 6-8　女士左（右）斜搭式坐姿

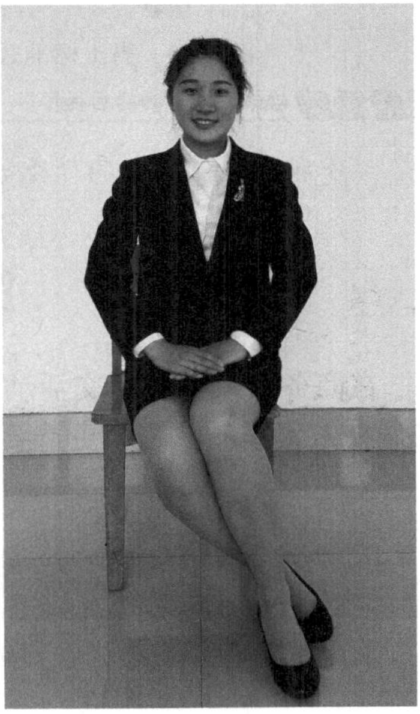

图 6-9　女士斜挂式坐姿

三 男士坐姿

在正式商务、政务或社交活动中，男士的基本坐姿主要有以下几种。

（一）标准式坐姿

两脚分开、不超肩宽、两脚平行并与地面垂直，两手自然分放在双膝上（图 6-10）。

（二）重叠式坐姿

左腿搭右腿或右腿搭左腿，注意两腿的膝盖处要重叠，否则会成二郎腿（图 6-11）。

（三）前后式坐姿

在标准坐姿的基础上，右脚或左脚微微前伸，形成前后式（参照女士前后式坐姿）。

图 6-10　男士标准式坐姿

图 6-11　男士重叠式坐姿

课堂活动

分别请 2 位男女同学上台，分别进行男女坐姿的训练。

第三节　蹲姿礼仪

在商务、政务和社交活动中，良好的蹲姿可以体现个人修养。不雅的蹲姿暴露的不仅是个人素养的缺陷，更重要的是暴露出你身后所代表的工作单位的某一方面的训练不足。

一　女士蹲姿

女士蹲姿主要有交叉式、高低式、半蹲式和半跪式四种。下面主要介绍交叉式和高低式蹲姿。

（一）交叉式蹲姿

用途：集体合影时，或多人参观时，为了不挡住后排人员，前排需要下蹲的女士可采用交叉式蹲姿。

要领：左腿由后面伸向右腿右侧，双腿交叉，稳稳蹲下，右脚着地，左脚跟抬起，左脚掌着地，臀部向下，上身微微前倾，双手相叠放在上面一只腿上压住裙边（图 6-12）。

（二）高低式蹲姿

用途：①捡起地上的东西；②给坐在沙发上的人递文件或茶水；③集体合影前排女士需要下蹲时；④与小朋友交谈时。

要领：下蹲时左脚在前，全脚着地；右脚在后，脚掌着地，后脚跟抬起；右膝低于左膝，两腿并拢，臀部向下，身体基本由右腿支撑。左右脚可以交换。若穿裙装，下蹲后，一手应压住裙边，保护隐私（图 6-13）。

图 6-12 女士交叉式蹲姿

图 6-13 女士高低式蹲姿

注意：女士无论采用哪一种蹲姿，下蹲时都要求迅速、美观、大方。且应将两腿靠紧，臀部向下，脊背挺直，手压住裙边，内衣“不可以露”。不可突然下蹲而失去重心。

二 男士蹲姿

基本要求：稳稳下蹲，掌握好重心，避免滑倒，下蹲后，上身要挺直。

要领：男士蹲姿一般采用高低式，与女士的高低式蹲姿基本相同。不同的是，双腿可以适当分开，双手要分别放于两腿上（图 6-14）。

男女不雅的蹲姿：①弯腰捡拾物品时，两腿叉开，臀部向后撅起，是不雅观的姿态。②两腿展开平行下蹲，其姿态也不优雅。

图 6-14 男士蹲姿

课堂活动

分别请 2 位男女同学上台，分别进行男女蹲姿的训练。

第四节 行姿礼仪

行姿是站姿的延续，是一种动态的美。在日常生活、商务政务活动和社交活动中，行姿最能表现一个人的精神面貌、青春活力及良好的修养。

一 女士行姿

基本要求：自然、庄重、文雅、轻盈、有节奏感，两脚内侧着地的轨迹应在一条直线上。

行走时，上身和双肩保持平稳，挺胸收腹，目光平视前方，下颌微收，面带微笑；手臂自然下垂，以肩关节为轴，前后自然摆动，前后摆幅不超过30°；大腿带动小腿向前迈步，步幅不要太大（通常为1～1.5个鞋长），脚跟先触地，再将身体重心落到前脚掌上，前脚落地和后脚离地时，膝盖须伸直，两脚内侧着地的轨迹应在一条直线上，速度要均匀，一般来说服务人员每分钟走60～100步（图6-15）。

二 男士行姿

基本要求：自然、稳健、大方、有节奏感，两脚内侧着地的轨迹不在一条直线上，而是在两条平行线上。

行走时，上身和双肩保持平稳，挺胸收腹，目光平视前方，下颌微收，面带微笑；手臂伸直放松，以肩关节为轴，前后自然摆动，前后摆幅不超过30°；大腿带动小腿向前迈步，步幅不要太大（通常为1～1.5个鞋长），脚跟先触地，再将身体重心落到前脚掌上，前脚落地和后脚离地时，膝盖须伸直，两脚内侧着地的轨迹不在一条直线上，而是在两条平行线上，速度要均匀，一般来说服务人员每分钟走60～100步（图6-16）。

图6-15　女士行姿

图6-16　男士行姿

课堂活动

分别请2位男女同学上台，分别进行男女行姿的训练。

第五节 赞美、引导、挥手和鞠躬礼仪

在各类职场和社交活动中，正确地运用手姿（手势）和头姿不仅可以体现出一个人的修养和风度，更重要的是可以使双方交往更加愉快和顺利。

一 手姿的运用

手姿，即手势，是运用上肢（包括手指、手掌、拳头和手臂）的动作变化表达思想情感的肢体语言。美国心理学家詹姆斯认为，在身体的各个部位中，手的表达能力仅次于脸。在人际交往中，生动形象的语言配合准确的手势，会使谈话更富有感染力和说服力。

（一）运用手势的基本原则

1. 手势是配合语言、发自内心的自然流露，应协调运用。

2. 商务、政务和社交场合，手势不宜过多，避免给人以不稳重、不靠谱的感觉。

（二）几种常用的手势

1. 表示友好、感谢、称赞和喝彩的手势

（1）鼓掌：表示欢迎、喝彩、友好等。为使鼓掌更加隆重有力，正确的方法是双手五指并拢，手心呈凹陷状，击掌时，两掌呈垂直状，放于胸前，手心交合，拍打。

（2）合十（或抱拳）：双手合起（或抱拳），放于胸前，表示深深的谢意、承让等。

（3）赞美：是一剂良药，被赞美的人会感到春风荡漾。赞美别人时，要伸出右手，翘起拇指。

2. 指引性“请”的手势　在商务、政务和社交活动中，商务人员、政府工作人员、服务人员经常需要用“请”的手势。一个优雅的指引性手势会为您的服务增色许多。

这类手势的基本要领：一般用右手，手心向上略向前转（与地面约成45°），女士五指并拢（男士拇指自然分开），指向目标方向，上身稍向前倾，面带微笑，眼睛看着被指示的人。根据指示的目标不同要求也不同。

（1）“里面请，这边请”：以肘关节为轴，大小臂弯曲140°左右，手掌与地面基本上成45°，指向目标，眼睛看着客人的眼睛（图6-17、图6-18）。

（2）“楼上请”：肘关节伸展的角度较大，手臂抬高指向楼梯上方，眼睛先看目标方向，然后迅速转向客人的眼睛（图6-19）。

（3）“请坐”“请注意台阶”“请注意脚下”：肘关节基本伸直，手臂向下指向目标，眼睛先看目标方向，然后迅速转向客人的眼睛（图6-20）。

图 6-17　里面请，这边请（双手）

图 6-18　里面请，这边请（单手）

图 6-19　楼上请

图 6-20　请坐 / 请注意脚下

课堂活动

请男女同学上台，进行各种“请”手势的练习，并配合语言练习。

3. 引领（引路）员手势　在接待来宾或组织人员进行参观等活动时，需要引领员引领大家行走的方向，此时引领员应在被引领人员的左前方 1 米左右，左手五指并拢指引方向。引导员步幅应与被引领人员的步幅相协调，不应太快或太慢（图 6-21）。

图 6-21　引导员手势

课堂活动

引领员手势的练习，并配合语言练习。

4. 挥手道别　在送别客人时，要用到挥手道别的手势，一般右手大臂抬至与肩同高或略低于肩，小臂与地面约成 90° 角，五指并拢，手心向着对方，左右轻轻挥动。当客人走远时，可伸直手臂，高举过头，左右摆动的幅度也可加大。

二 点头和鞠躬礼仪

（一）点头致意礼和挥手致意礼

在社交场合，点头致意和挥手致意是常用的礼节，它显示出一个人的风度、修养和礼数。

1. 点头礼和挥手礼的应用场合　点头礼和挥手礼两者可用于的场合基本相同，但一般不同时应用。

（1）用于相识的人之间在各种场合打招呼：如左邻右舍，早晚相见，路上行走或在公共场合与熟人相遇时，可以点头致意或挥手致意表示友好。

（2）遇到交往不深者：忘记对方姓名或只觉得对方面熟时、与交往不深的人见面时、遇到陌生人又不想主动接触时，可以点头致意或挥手致意，表示友好和礼貌，同时又可以避免一些不必要的交往。

（3）遇到领导或长辈时：在一些公共场合遇到领导、长辈，一般不宜主动伸手握手。合适的做法是点头致意，这样既不失礼，又可以避免尴尬。

（4）比较随意的场合：一些随意的场合，如在会前或会间的休息室、在上下班的班车上、在办公室的走廊上等，是不必握手致意甚至鞠躬的，只需轻轻点头致意或挥手致意。

（5）不宜说话的场合：如会议室、餐厅等场合。如会议的迟到者，就不适宜与其他与会人员握手、打招呼。与落座较远的熟人，无法握手致意，只能点头致意或挥手致意。

2. 点头礼和挥手礼的注意事项

（1）点头礼：正确姿势应该是屈颈、收颏，上身可以微微前倾，要面带微笑，看着对方的眼睛，微微地点头，这是对人的尊重。

（2）挥手礼：将右臂伸出，五指并拢，掌心朝向对方，轻轻摆一下即可。举手的高度与对方相距的远近有关，距离较近时，手指一般不超过头顶；较远时，可伸直手臂高举过头。

（二）鞠躬礼

鞠躬礼是我国、日本、朝鲜和韩国等国的传统礼节。主要运用的场合：商场、银行、医院、酒店、列车、飞机上的服务人员为顾客行鞠躬礼；领奖、谢幕时向领导、观众行鞠躬礼；婚礼、追悼会等多种场合下的鞠躬礼。

鞠躬礼的要点：立正姿态，脱帽，女士双手下垂搭放于腹前，男士双手分别贴放于两侧裤线处，面带微笑（葬礼要严肃），以腰部为轴，头部与背部在一个平面上随上身向前倾斜。鞠躬的角度有 15°、30°、45° 和 90° 四种，运用于不同的场合（图 6-22）。

（1）15°：服务人员对客人说“您好！”“再见、慢走”等。

（2）30°：服务人员对客人说“欢迎光临！”“谢谢！”或“再见、慢走”等。

（3）45°：服务人员对客人说“非常抱歉！”或领奖时、谢幕时的鞠躬。

（4）90°：主要用于婚礼或葬礼。

一般来说，鞠躬的角度越大，表示尊重的程度越高。

温馨提示：一定要注意，喜庆场合，不能连着鞠躬三次，三鞠躬一般用于葬礼。

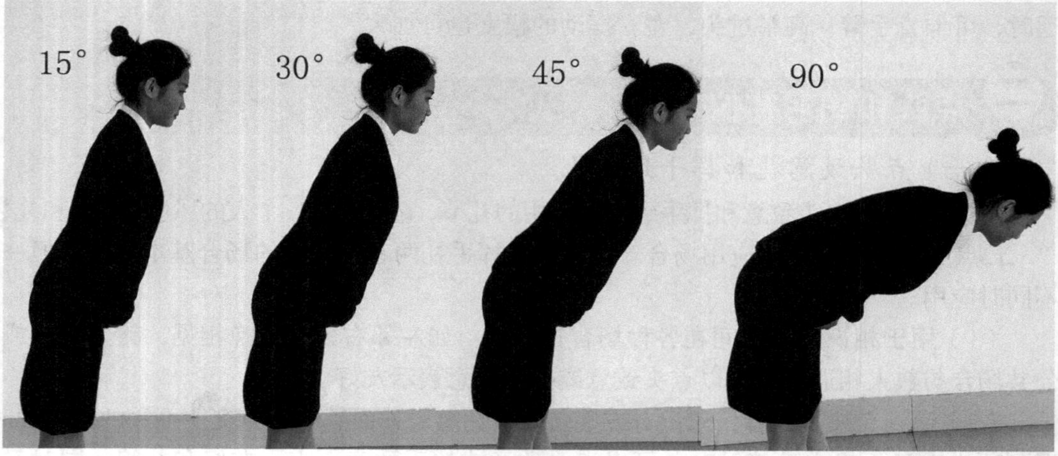

图 6-22 不同角度的鞠躬礼

课堂活动

各种角度的鞠躬礼练习，并配合语言练习。

思考题

1. 请说出各种“请”的手势的要点。

2. 引领员在引领客人前行时应该注意什么?

3. 谈一谈鞠躬礼仪的应用。

(魏　红)

模块四

职场应用礼仪篇

第七章 会面礼仪

在商务、政务和社交活动中，会面礼仪是人们交往必不可少的礼仪。掌握会面时的礼仪规范可以有助于彼此之间的交往，建立和谐、积极的人际关系，获得更多的支持与合作。

会面的程序：问候→介绍→握手→交换名片→交谈。与人见面时，首先要热情大方、面带微笑，同时问候对方，如“您好！见到您很高兴！”“您好！欢迎您的到来！”等。接下来相互介绍让彼此留下第一印象，然后通过握手来传递感情、增加互信，通过交换名片建立联系，通过交谈传递信息、增进了解。

第一节 介绍礼仪

● 案例导入

周末的一天，王娜和妈妈正在超市选购商品，遇到了她的老师丁教授。王娜很热情地跟老师打招呼，并且介绍说：“妈妈，这位是我的老师丁教授。”“丁教授，这是我的妈妈。”

想一想：王娜介绍的顺序是否合适？介绍礼仪中介绍的顺序应该遵循什么原则？

介绍是社交活动中最常见也是最重要的礼节之一。介绍是双方初次见面开始交往的起点，也是人与人之间交流的桥梁与纽带，通过介绍可以缩短人与人之间的距离，为进一步交往开一个好头。双方或多方初次见面时，介绍人应该先介绍谁？如何进行介绍？这关系到被介绍人被重视的程度。

在商务、政务和社交活动中，常见的介绍方式主要有第三方介绍和自我介绍等。

一 第三方介绍

第三方介绍又称他人介绍，是经第三方为彼此不相识的双方引见、介绍。

（一）介绍人的选定

第三方介绍时，谁来当介绍人，代表着对客人的重视程度和待遇的不同。一般来说，①重要领导或重要客人来访时，东道主一方职务最高者做介绍人；②一般公务活动，可安排专业人士、对口人员做介绍人；③社交场合，按照国际惯例，女主人做介绍人；④社交场合，按照国内习惯，主人（男或女）或认识双方的人员，要对互不相识的人做介绍人。

（二）介绍的顺序

在介绍中一般遵循“尊者有优先知情权”的原则，就是受到尊重的一方有了解对方的优先权，即先把年龄、身份、地位较低的一方介绍给年龄、身份、地位较高的一方，以表示对尊者的敬重之意。在口头表达上可以先称呼受到尊敬的一方，再将被介绍者介绍出来。具体的先后顺序：①先将年轻者介绍给年长者；②先将职位低者介绍给职位高者；③先将年龄和职务相当的男士介绍给女士；④先将未婚者介绍给已婚者；⑤先将家庭成员介绍给对方；⑥先将个人介绍给团体；⑦先将晚到者介绍给早到者；⑧特别提醒的是，在职场中首先考虑的是职位，当年龄和职务相当时，再考虑女士为尊的原则；⑨当被介绍的双方是同性别或年龄相仿或一时难以辨别其身份、地位时，可以先把与自己关系较熟的一方介绍给较为生疏的一方。

图 7-1　第三方介绍

（三）介绍的姿态

在介绍中，一般都应站立。特殊情况时，年长者和女士可除外。介绍时，正确姿势应该是抬起右前臂，五指并拢，手掌向上倾斜，自然伸向被介绍者，手的高度应该在胸肩位，即手不能高过肩，不能低于胸（图 7-1）。

注意：①介绍人不能用手拍被介绍人的肩、背等部位，更不能用示指或拇指指向被介绍的任何一方；②介绍时，语言应简洁、清楚、明确。陈述时间宜短不宜长，内容宜简不宜繁，同时避免给任何一方有厚此薄彼的感觉；③被介绍的双方应面带微笑点头示意或握手致意，目光相视时应轻柔，做到表情悦人、举止优雅、仪态自然大方，并且彼此问候对方，可以说“您好”“幸会”“久仰大名”“认识您非常高兴”等。

二　自我介绍

若没有第三方在场或在场的人互不相识时，需要大家做自我介绍。在一些社交场合或求职应聘中把自己恰当地介绍给其他人或考官，可使对方认识自己、赏识自己。自我介绍应注意以下几个方面。

（一）自我介绍的场合和时机

应当何时何地如何自我介绍？这是非常关键而往往被人忽视的问题。

1. 自我介绍的场合　在下面的几种场合，有必要进行适当的自我介绍。

（1）应聘求职、应试求学时。

（2）工作场合与不相识者业务联系时。

（3）社交场合和聚会场合与不相识者相处时。

（4）想了解对方情况时。

（5）想向别人说明自己情况时。

（6）有求于人，而对方对自己不甚了解或一无所知时。

（7）利用大众传媒向社会公众进行自我推荐、自我宣传时。

2. 自我介绍的时机　在进行自我介绍时还应注意选择适当的时机。适当的时机进行自我介绍既不会打扰到对方，又容易让对方记住你。

（1）对方比较专注的时间。

（2）没有外人在场的时间。

（3）周围环境比较幽静时。

（4）在较为正式的场合（如会客室）。

注意：在商务场合自我介绍时，应该先递名片，再做自我介绍。初次见面介绍不宜超过2分钟。

（二）自我介绍的顺序

自我介绍的顺序也同样遵循“尊者有优先知情权”的原则。①职位低者先行；②年少者先行；③资历浅者先行；④男士先行；⑤求人者先行；⑥初次见面时应先介绍自己，再让对方介绍。

（三）自我介绍的形式和内容

在公务和社交活动中，由于自我介绍的目的不同，所以表达方式和内容也有所不同。确定自我介绍的具体内容，应兼顾实际需要、所处场景，并应具有鲜明的针对性，切不可“千人一面”。依照自我介绍时表述的内容和目的不同，自我介绍可以分为以下两种形式。

1. 应酬式　应酬式的自我介绍，适用于某些公共场合和一般性的社交场合，如宴会中、旅途中、通电话时。它的对象主要是进行一般接触的交往对象。对介绍者而言，对方属于泛泛之交或者早已熟悉，进行自我介绍只不过是为了确认身份而已，故此种自我介绍的内容要少而精。应酬式的自我介绍内容最为简洁，往往只包括姓名一项即可。例如：“您好！我的名字叫××。”“你好，我是××。”

2. 工作式　工作式的自我介绍，主要适用于工作场合。它是以工作为自我介绍的中心，是公务式的自我介绍。工作式自我介绍的内容，应当包括本人姓名、供职的单位及其部门、担任的职务或从事的具体工作等，通常这几个方面缺一不可。例如：“您好，我叫××，是××饭店的客房部经理。”“我叫××，在××学校××专业读书。”等。

第二节　握手礼仪

案例导入

某公司李经理，有一天被邀请参加一场晚宴。此次晚宴规模巨大，聚集了职场上的成功人士。在宴会上，李经理被朋友介绍给一位赵经理（女士），为了表示友好，李经理先把手伸向了赵女士，赵女士用诧异的目光看了看他，迟疑地缓缓地伸出了手，淡淡地与他握了握手，这一幕在场人都看在了眼里。

想一想： 赵女士为什么用诧异的目光看了看李经理？为什么迟疑地缓缓地伸出了手？难道赵女士不情愿与李经理握手，只是出于礼貌才伸出了手？

握手礼是在现代交际活动中最常用的见面礼仪。握手是人们沟通思想、交流情感、建立友谊的一种简便而又重要的方式。握手礼的顺序、方式和时间，在公务和社交场合中都有约定俗成的规则。

一 握手的顺序

在公务和社交活动中，交往双方握手时谁先伸手，由双方的社会地位、年龄、性别等来确定，应遵循“尊者有优先决定权”的原则，也就是身份较尊贵者先伸手，这是约定俗成的礼仪规则。一般顺序如下。

1. 年长者与年幼者握手，应由年长者先伸手，年幼者迎握。
2. 长辈与晚辈握手，应由长辈先伸手，晚辈迎握。
3. 职位、身份高者与职位、身份低者握手，应由职位、身份高者先伸手，后者迎握。
4. 社交场合女士与男士握手，应由女士先伸手，男士迎握。
5. 已婚者与未婚者握手，应由已婚者先伸手，未婚者迎握。
6. 主人与客人握手，迎客时应主人先伸手，客人迎握；客人告辞时，应客人先伸手，主人迎握。

特别提醒：在商务和政务场合，不区分性别，只按照职位高低来区分尊卑。

二 握手的时机

在公务和社交活动中，交往双方何时握手才能产生预期的良好效果？握手的时机涉及场景的情况、双方的关系、现场的气氛及当事人的心理因素等。文雅而得体的一握，往往蕴含着令人愉悦、信任、接受和成功的契机。因此，把握好握手的时机和场合，是非常重要的。

1. 介绍相识时　当你被介绍与他人相识时，应马上向对方伸手并趋前相握，以表示很高兴认识他（她），并表示今后愿意建立联系或商谈工作等。

2. 久别重逢时　与自己久别重逢的老朋友或多日不见的同事相见时，应该主动热情握手，以示自己的问候、关切和高兴之情。

3. 恭喜祝贺时　当你获知他人有喜事，如晋升职衔、喜结良缘、比赛获奖等，与之见面时应主动握手，以表示祝贺。当他人向自己祝贺赠礼，如有人向自己颁发奖品、赠送礼品、表示祝贺时，应与其握手以表示感谢。

4. 安慰问候时　对他人表示理解、支持、肯定时，可以通过握手以表达真心问候。当友人、同事遇到烦恼挫折时，可以与其握手以示安慰。如参加追悼会，应与主要亲属握手，表示安抚和安慰节哀之意。

5. 公务应酬时　在办公室等工作场合迎接或送别来访者时，应同他们握手以示欢迎或欢送。拜访辞别时应握手，以示希望再见之意。

有一些情况不适宜握手。对方手部负伤；对方手中忙于他事，如打电话、用餐、喝饮料、主持会议、与他人交谈等；对方与自己距离较远；对方所处环境不适合握手等。所以要把握好握手的时机，否则就是失礼的。

三 握手的规则

握手的基本规则：当双方相距约 1 米时，双腿立正，上身稍向前倾，双目注视对方，微笑致意，伸出右手，四指自然并拢，拇指张开，掌心向左，握住对方手掌，上下晃动 2 ～ 3 下，时间 3 秒左右为宜，并且适当用力。同时，根据场合使用适当的握手语，如“您好”“认识您很高兴”“欢迎”等。

图 7-2　男士与男士的握手

具体双方握手的位置、力度和持续的时间，应根据场合、双方的关系、性别等因素决定。

1. 男士与男士握手　双方虎口对虎口相握，握手的力度也较大。一般持续 3 秒，若双方关系密切，又是久别重逢，则可以尽兴握手（图 7-2）。

2. 男士与女士握手　在社交场合，男士与女士握手，男士应握在女士的手指部位，轻轻地上下晃动 2 ～ 3 下即可（图 7-3）。在公务场合，可以采取社交礼仪握手的方式，也可以采用商务和政务礼仪的握手方式（职场不以性别划分）。

3. 女士与女士握手　在社交场合，女士与女士握手，双方应握在对方的手指部位，轻轻地上下晃动 2 ～ 3 下即可（图 7-4）。在公务场合，可以采取社交礼仪握手的方式，也可以采用商务和政务礼仪的握手方式（职场不区分性别）。

图 7-3　男士与女士的握手

图 7-4　女士与女士的握手

四 握手的禁忌

在人际交往中，握手虽然司空见惯，看似寻常，但是由于它可被用来传递多种信息，因此在行握手礼时应努力做到合乎规范，并且注意避免违反以下失礼的禁忌。

1. 不要用左手与他人握手。

2. 不要在握手时戴着手套或墨镜，社交场合女士佩戴的薄纱礼仪手套及特殊场合中军人的礼仪手套除外。

3. 不要在握手时将另外一只手插在衣袋里或拿着东西。

4. 不宜交叉握手，不要直接跨过正在握手的两人中间去握住另外一个人的手。

5. 不要在握手时面无表情、缄默不言或长篇大论、点头哈腰、过分客套。

6. 不要在握手时把对方的手拉过来、推过去，或者上下左右抖个没完。握手时为表示亲切，两手可上下摇摆，切勿左右摇摆。

7. 不要拒绝和别人握手，即使有手疾、汗湿或脏了，也要和对方说明一下“对不起，我的手现在不方便”，以免造成不必要的误会。

8. 不要坐着与他人握手，应采取站立姿势，老年人、患者等特殊情况除外。

以上是握手礼仪的基本要点，握手看似一件简单的动作，但是在一定程度上决定着以后交往的各个环节的成败，因此我们要用好握手礼仪，让您的手握出经济效益和社会效益。

知识拓展

握手礼起源一

握手礼起源于“刀耕火种”的原始社会。那时人们用来防身的武器是棍棒和石头，如果两人在路上相遇，双方都没有恶意，就放下手中的武器，让对方摸自己的手心，表示友善。延续下来就成为今天的握手礼。

握手礼起源二

握手礼源于中世纪，当时打仗的骑兵都披挂盔甲，全身除了两只眼睛外都包裹在盔甲中，如果想表示友好，互相接近时就脱去右手的甲胄，伸出右手表示没有武器，消除对方的戒心，互相握一下右手，即为和平的象征。沿袭下来到今天，便演变成了握手礼。

第三节　名片礼仪

案例导入

某公司王经理约见一个重要的客户李经理。见面之后客户将名片递上，王经理看完名片后就放到了桌子上，两人继续交谈。过了一会儿，服务人员将茶水端上桌，王经理喝了一口之后将茶杯顺手放在了名片上，客户李经理见此皱了皱眉头。

想一想： 王经理有何失礼之处？接收名片时我们应如何注重细节？

名片是人的“第二身份证”，是社会交往中一种自我介绍的媒介，也是私人交往的联谊卡，还有人说：“名片是人的一张脸。”所以在递交名片时，应该尊重别人的名片，选择恰当的时机，注重递出和接受名片，并注意方法和礼仪。

一 递交名片

名片应事先放在自己易取的地方，以便及时取出。递交名片的时间应当根据具体情况而定，在适当的时机得体地交给对方。如果是事先有约，一般可在告辞时再递上名片。如果双方是偶然相遇，则可在相互问候得知对方有与你交往的意向时，再递交名片。

1. 递交名片的顺序

（1）发名片的顺序，一般由尊到卑，由近到远，顺时针发送。

（2）与多人交换名片时，名片一定要准备充足，要注意递出的先后次序。一般，由尊而卑地双手递出，若尊者在后面的位置，此时不应跳过前面的人先递给后面的尊者，应该按照顺序由近而远地递送，切勿采取“跳跃式”。

2. 递交名片的姿势　递交名片应双手递交，用拇指和示指捏住名片上端的两角，送到对方胸前，名片的文字要正向对方，以便对方观看。同时可以报上自己的姓名和所在单位，并使用敬语“请多指教”“认识您很高兴”“请多多关照”“今后保持联系”等。递交名片时动作要洒脱、大方，态度要从容、自然，表情要亲切、谦恭。

二 接受名片

接受名片时，应起身用双手捧接，并表示感谢（图 7-5）。接受名片后应当首先认真地阅读名片上所印的内容，然后抬眼注视对方，说出对方的名字和职位，如“您是王经理，认识您很高兴！”等，表示对赠送名片者的尊重，然后把名片细心地收好。接过名片后，如有不认识或读不准的字要虚心请教。千万不要在接过名片之后，漫不经心地用眼睛瞄一下、丢在一旁。

图 7-5　递接名片

三 存放名片

在参加交际活动前，要提前准备好名片并进行必要的检查。随身所带的名片最好放在专用的名片夹里，也可放在上衣口袋里，但衣服口袋不要因为放置名片而鼓起来。不要把名片放在裤袋、裙兜儿、钱夹里，那样既不正式，又显得杂乱无章。在自己的公文包及办公桌抽屉里，也应经常备有名片以便随时使用。

接受了他人名片之后，应把名片细心地放进名片夹、笔记本或上衣口袋里收好。如同时收到多张名片，应将名片依次叠放在桌上，名片顶端冲着相应的人，字冲着自己，方便对陌生人的复习认识。离开时，及时收起。

在参加交际活动后，应立即对所收到的他人名片进行整理收藏、分类管理，以方便今后联系。存放名片的分类方式有很多，如按姓名的字母顺序分类、按专业或部门分类、按地域分类等。我们也可以定期对名片进行清理，可以根据重要与次要的关系来处理这些名片，这样就会方便管理很多。

四 索取名片

在日常工作和交往过程中，一般不要随便向别人索取名片。若有必要，可以采用以下方法。

1. 交易法　先把自己的名片递给对方，再向对方提议交换名片。

2. 明示法　当向某个您心目中非常尊敬的领导、教授等讨要名片时，可采用明示法："××领导、教授见到您很高兴，听了您的讲话（讲座）受益匪浅，能交换一下名片吗？"

3. 谦恭法　如向尊长索要名片时可以说："请问今后如何向您请教？"，如果他想给你名片，这时会很高兴地给你。

4. 联络法　对于平辈或晚辈可以用联络法，如"今后不知怎样与你联系比较方便？"

当别人向你索取名片而不想给对方时，不宜直截了当，而应以委婉的方法表达。例如，"对不起，我忘了带名片"或者"实在抱歉，我的名片用完了"。如果自己的名片真的没有带或是用完了，可以加一句"改日一定补上"，并且一定要言出必行。

课堂活动

会面礼仪练习

三人一组，练习介绍、握手、递接名片。

知识拓展

递接名片时外行的表现

1. 无意识地玩弄对方的名片。
2. 把对方名片放入裤兜里。
3. 当场在对方名片上写备忘录。
4. 先于上司向客人递交名片。

思　考　题

1. 第三方介绍的顺序是怎样的？
2. 标准的握手姿势是怎样的？
3. 递接名片时应注意哪些细节？

（袁　丰）

第八章　称谓礼仪和位次礼仪

在商务或政务接待、拜访、会议或谈判时，主人和客人的相互称谓及安排的位次都会直接影响到主、客双方的心情，进而影响到接待、拜访、会议或谈判的结果。所以，称谓礼仪和位次礼仪在商务和政务谈判、接待和拜访中十分重要。

第一节　称谓礼仪

● 案例导入

“一杯酒喝丢 1 亿元投资”

广州交易会上中方某家企业与外商谈成了一笔1亿元的生意，在最后签约之前，中方邀请外方共进晚宴，在邀请函上注明“携同夫人共进晚宴”。双方代表如约出现在宴会厅内，中方向外方介绍中方的“夫人”们时，说：“这位是董事长的爱人（lover），这位是总经理的爱人……”，然而翻译成英文就是“情人”“小三”的意思。这下老外生气了，我们都携同正式夫人参加晚宴，你们却带来了“情人”，这是对我方的极大不敬！无论中方如何解释，老外都不接受，最终这笔生意泡汤了。

案例点评：此案例中，问题出在“称谓”运用不规范上，加之中西方文化的差异，导致了较大的误会，最终使生意泡汤。

称谓，在中国的古代属于道德范畴。恰当地运用称谓，是人际交往中不可缺少的礼仪要素。称谓要表现出尊敬、亲切和文雅，使双方心灵沟通，感情融洽，缩短彼此间的距离。

一　称谓的分类

（一）姓名称谓

1. 全姓名称谓　即直呼其姓和名，如“李大伟”“刘建华”等。全姓名称谓有一种庄严感、严肃感，一般用于学校、部队或其他郑重场合。一般来说，在人们的日常交往中，指名道姓地称呼对方是不礼貌的。

2. 名字称谓　即省去姓氏，只呼其名字，如“大伟”“建华”等，这样称呼显得既礼貌又亲切，运用场合比较广泛。

3. 姓氏加修饰称谓　即在姓之前加一修饰字，如“老李”“小刘”“大陈”等，这种称呼亲切、真挚。一般用于共同工作和生活中相互比较熟悉的同志和邻里之间。

（二）亲属称谓

亲属称谓是对有亲缘关系的人的称呼，中国古人在亲属称谓上尤为讲究，对长辈、平辈决不称呼姓名、字号，而按与自己的关系称呼，如祖父、父亲、母亲、胞兄、胞妹等。

（三）职务称谓

职务称谓就是用所担任的职务作称呼。表示对对方的尊敬和礼貌。主要有三种形式。

1. 行政职务　如“李局长”“张科长”“刘经理”“赵院长”“李书记”等。

2. 技术职称　如“李教授”“张工程师”“刘医师”“张工”“刘总”等。

3. 行业职称　即用其从事的职业工作当作称谓，如“李老师”“赵大夫”“刘会计”“王律师”“孙警官”等，有些行业可以用“师傅”相称。

（四）性别称呼

一般约定俗成地按性别的不同分别称呼为“小姐”“女士”“先生”等。其中，“小姐”“女士”二者的区别在于：未婚者称“小姐”，不明确婚否者则可称“女士”。

（五）年龄称谓

当称呼年长者时，务必要恭敬，不应直呼其名，也不可以直接呼“老张”“老王”等，尤其是年龄相差较大或隔代人之间，可以将“老”字与其姓相倒置，如“张老”“王老”，或“王老先生”等，要有尊敬长者之意。

当称呼同辈人时，可称呼其姓名，有时甚至可以去姓称名，但要态度诚恳、表情自然，体现出真诚；当称呼年轻人时，可在其姓前加“小”字相称，如“小张”“小李”，或直呼其姓名，但要注意谦和、慈爱，表达出对年轻人的喜爱和关心。

二 商务、政务和社交场合常用的称谓

商务、政务和社交场合常用的称谓为职务称谓（行政职务、技术职称和行业职称）和性别称谓。

1. 职务称谓　正副职同时在场时，副职前要加副（如李副主任），尤其在军界，正副职一定要分清。除军界外，当正职不在场时，称呼副职可以就高不就低（如李副主任可以称李主任，副教授可以称教授等）。当介绍一个上面来的人，又不知道其确切身份时，用“主任”这个称呼既可满足虚荣心，又表现出下属对上面来人的尊重。领导，现泛指股级以上的公务员，不是随便级别的都能够称为领导。

2. 性别称谓　一般用于社交场合和国际交往中（如女士、先生等），在正式的公务场合一般不采用性别称谓。

三 国际交往称谓

国际交往中常用的称谓有职务称谓（行政职务、技术职称和行业职称）和性别称谓。

1. 官方人士的称呼　对高级官员，称为“阁下”，也可称职衔或“先生”；对有地位

的女士可称为“夫人”，对有高级官衔的女士，也可称“阁下”；对其他官员，可称职衔或“先生”“女士”等。

2. 皇家贵族的称呼　对君主制或君主立宪制国家的国王、皇后，可称为“陛下”；王子、公主、亲王等可称为“殿下”；对有公、侯、伯、子、男等爵位的人士既可称其爵位，亦可称“阁下”，或称“先生”。

3. 技术人员的称呼　对医生、教授、法官、律师及有博士等职称、学位的人士，可称为“医生”“教授”“法官”“律师”“博士”等，也可加上姓氏或“先生”。

4. 军人的称呼　一般称军衔，或军衔加“先生”，知道其姓名的可冠以姓与名。有的国家对将军、元帅等高级将领称“阁下”。

5. 服务人员的称呼　一般情况下称“服务员”，如果知道其姓名的可单独称呼其名字，但现在越来越多的国家称服务员为“先生”“夫人”“小姐”。

6. 教会人员的称呼　教会的神职人员，一般可称教会的职称或姓名加职称，也可以职称加“先生”，有时主教以上的神职人员也可称“阁下”。

7. 普通男女的称呼　对男子不管其婚否都称为“先生”（Mister）；对于女士，已婚的称为“夫人”（Mistress），未婚的称“小姐”（Miss）；婚姻状况不明的，也可称为“Miss”。在外事交往中，为了表示对女性的尊重，也可将其称为“女士”（Madam）。

四　称谓的注意事项

1. 注意称谓次序　一般情况下，同时与多人打招呼，应遵循先长后幼、先上后下、先近后远、先女后男、先疏后亲的原则，避免失敬于人。

2. 避免粗心大意　避免用心不专而使用错误的称呼。如念错姓名，或对年纪、辈分、婚否及与其他人的关系做出错误判断等，产生误会。

3. 避免使用的称呼

（1）少用简称，避免产生歧义。如前些年广州人才流动办公室，简称“人流办”引起异议等。

（2）“夫人”，不能称“爱人”。国际上“爱人”一般翻译为“情人”。“丈夫”不能称“老公”，这是以前对太监的称呼。

（3）不用替代性称呼及简称，如“任处长”，不要称“任处”等。

（4）不能用不通行地方称呼，如“伙计”“小鬼”等。

（5）不使用庸俗低级的称呼，如“死党”“铁哥们儿”等。

（6）不使用绰号作为称呼，不随便拿别人的姓名乱开玩笑。

五　称谓的变化

随着时代的变迁，称谓也发生着变化。下列一些称谓不适合正规场合使用。

（1）美女、资深美女：虽能满足所有女士的虚荣心，但不适合在正式场合使用。

（2）老公：这是以前对太监的称呼，现在女士称呼自己的男人为老公，不能用于正式场合。

（3）同志：曾经是中国大陆同事、朋友或陌生人之间相互尊敬的称呼，现在是男性同性恋的代名词。

（4）小姐：以前是对大家闺秀的称呼，现在称呼特殊行业工作的女性。

（5）老板：在学术圈，商人和教授画上了等号，都称老板，不能用于正式场合。

（6）大师：一般不对人这样称呼，因为现在“大师”就是“大仙”，是不尊重人的称呼。

第二节　行路位次礼仪

在社交和职场中，人们在一起行走的机会很多，良好的行路礼仪也能反映出一个人的礼貌和修养。

一　两人行路礼仪

两人在马路上行走时，应把客人、上级、女士、长辈让在右侧（靠马路边的一侧），一方面是考虑安全因素，另一方面是为防止汽车溅起的泥浆溅到客人身上。

社交场合，带女伴参加正式宴会时，应让女士挎着男士的胳膊，有风度的男士从不抓着女性的胳膊或用手拥着对方行走，只有在协助女士上车或爬楼梯时，才用手托住对方的肘部。拥挤的场合，男士可以拉着女士的手，走在前面开道。

进门时，如门开着，男士应让女士先进；如门关着，男士应把门推开先进去，然后用手拉住门让女子进来。进旋转门时，当旋转门正在转动时，应让女子先进；如门未转动，男子应先进入旋转门内，使门慢慢转动，让女伴步入其后的隔间里。

出门时，任何一个懂礼貌的人，无论男女，都会为紧随其后的人拉住门，让其先行，除非后边的人离他较远。

夫妻同行时，妻子走在丈夫的前面，但在不平坦的路上，应男士先行；上车时，男士应为女士打开车门；下车时，男子先下，为女士拉开车门，男士随时给予女士以必要的帮助。

二　多人行路位次礼仪

三人并行时，中间为上，自己走在左侧。若多人排成一列行走，在认识路的前提下，女士、长辈和领导在前，若不认识路，由男士或引领员在前引路。几个人一起行走时，应尽量同步行走，如队伍中有男有女，男士更应注意适当调整步幅，与女士步调一致。

三　注意事项

在医院、办公室、会议室、实验室这些特殊场合，走路要控制脚步的轻重，尽量不发出声音，以维护这些场合肃静的气氛和安静的环境，不影响患者休息和其他人员的工作。切忌穿钉有铁掌的鞋子在这种场合行走。上下楼道或夜深人静时，也要注意脚步不能太重。

第三节　乘车位次礼仪

在公务接待或公务拜访中，乘车的位次也可以影响客人的心情，以致影响接待或拜访的成败。良好而正确的乘车礼仪体现出单位的专业实力和个人的良好修养。

一 轿车座次礼仪

在公务接待中，当有专职司机开车时，后排右侧为首位，左侧次之，中间再次，前排司机右侧为末位（随行座）。这和我国交通规则有关，当靠马路右边停车时，后排右侧最方便上下车，而且上下车最安全（图 8-1）。

私人接待，当小轿车由主人开车时，前排司机右侧是第一位，后排右侧是第二位，司机后面是第三位，后排中间是第四位（图 8-2）。

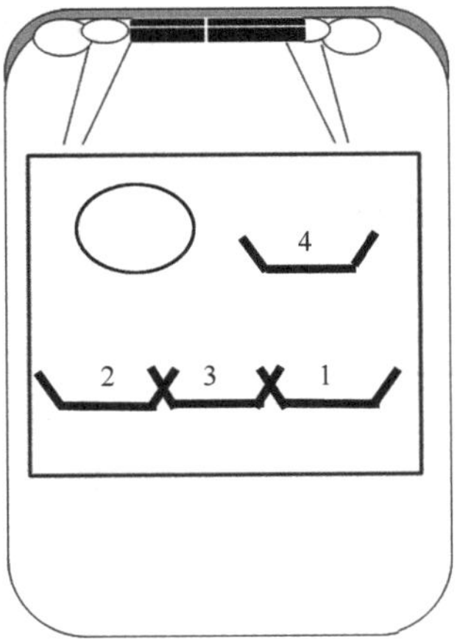

图 8-1　小轿车专职司机开车位次

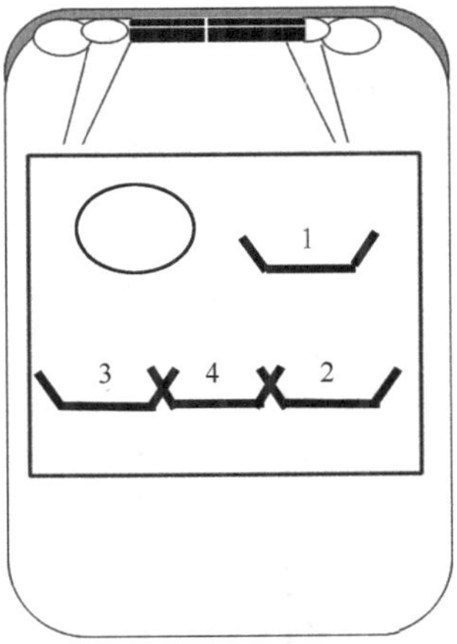

图 8-2　小轿车主人开车位次

安排乘车时需灵活掌握，接送知名公众人物时，此时就需要考虑乘坐人员的安全性和隐私性，一般安排在司机后方位置，通常也被称为 VIP 位置；如有晕车客人可安排靠前就座，降低晕车客人乘车不适感；在高速公路上行驶时，领导有时喜欢坐在司机后面，因这里最安全，领导坐哪里哪里就是尊位，没必要再挪座位。

女士乘轿车要注意上下车礼仪，女士进出车门，要遵循背入正出的原则。进车门时，先让臀部坐在汽车座位上，再双腿并拢移入车内，同时用手按住领口，管理好身体的隐私部位。下车时，双腿并拢同时移出车门，双脚落地，再将头和身体移出车门（图 8-3、图 8-4）。

图 8-3　上车礼仪

图 8-4　下车礼仪

二 吉普车位次

当接站车辆为吉普车时，前排右座（副驾驶座）是第一位，这与吉普车的安全系数高有关系。副驾驶后面是第二位，司机后面是第三位（图 8-5）。

三 商务面包车和旅游车位次

当接站车辆为商务面包车（7 座或 9 座）时，一般考虑乘客的乘坐舒适性和上下车的便利性，第二排，右侧座为第一位，左侧为第二位，中间为第三位；第三排，右侧为第四位，左侧为第五位，中间为第六位；第一排，中间为第七位，右侧为第八位（图 8-6）。

接站车辆为旅行车时，以司机驾驶座后第一排为尊，后排依次为小，每排依右侧往左侧递减。

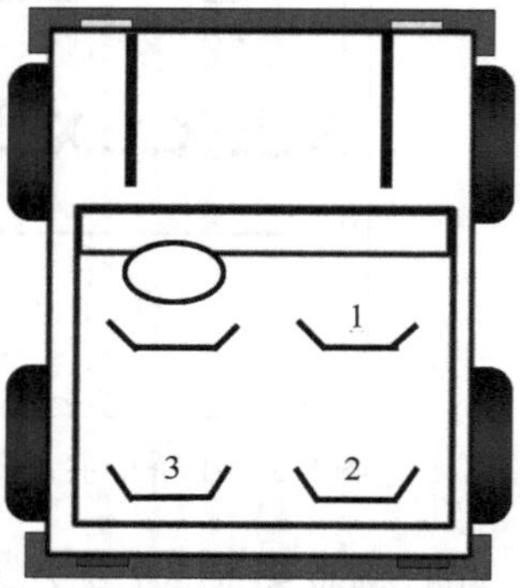

图 8-5　吉普车位次

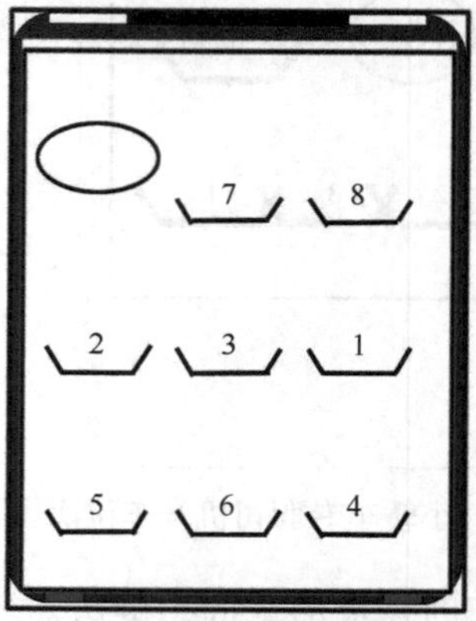

图 8-6　商务面包车位次

四 火车位次

火车和动车，以远离走道为尊位。普通列车靠窗并面向列车前进方向为第一位次，第一位次对面为第二位次；第一位次左侧是第三位次，第二位次右侧是第四位次。动车和高铁的位次远离走道为上位（图 8-7、图 8-8）。

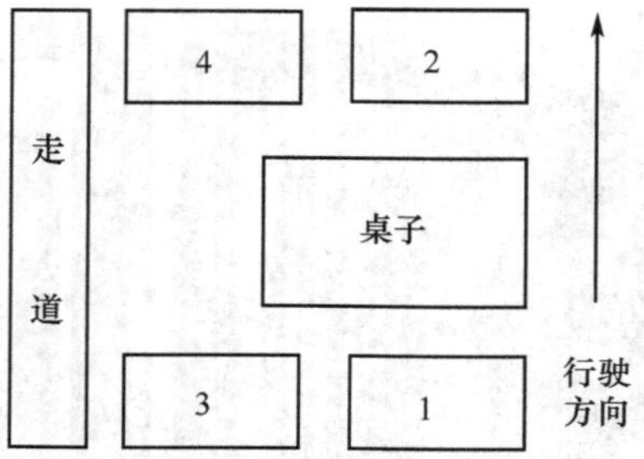

图 8-7　普通列车位次

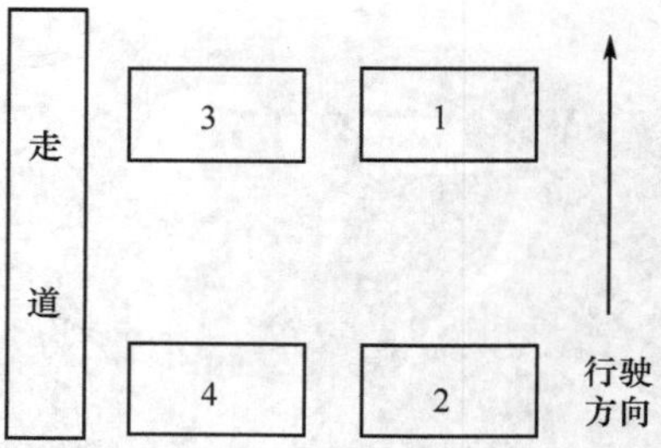

图 8-8　动车和高铁位次

五 乘坐飞机的座次

（一）飞机座次

目前，世界各国所使用的客机多为喷气式飞机，其体积越大安全系数就越高，相对也越舒适。舱位越靠前，乘坐者的舒适度相对越高，所以头等舱设在最前段，商务舱居中，经济舱设在后段。一般来说，在同一架飞机上，座位越靠前乘机者越不易晕机。在同一档次的舱位安排时，可根据个人爱好安排，如喜欢在飞机上欣赏窗外景色者，可以安排在靠近舷窗的位置；喜欢活动者可安排在通道两侧或靠近应急出口的位置。

（二）乘机礼仪

1. 提前到达，文明候机　国家民航局规定，乘坐国内航班应提前 90 分钟到达机场，乘坐国际航班应提前 120 分钟到达，以便办理登机手续。办理手续时，耐心等待，听从工作人员指导。候机时，不能在候机室高声交谈、抽烟、乱扔果皮等。

2. 行李符合规定　携带的行李在体积和重量上应符合规定。

（1）手提物品：一般航空公司规定不超过 5 千克（如书籍、相机、雨伞、笔记本电脑等）。

（2）行李箱：每件随身携带的行李箱长、宽、高，不超过 55 厘米、40 厘米、20 厘米。超过其规格的行李箱应托运，随机托运的行李箱头等舱不超过 30 千克，二等舱不超过 20 千克，超过部分付超重费。

3. 乘机礼仪　登机前、登机后和离开飞机时都应注意公共礼仪。

（1）登机前：自觉排队检票。进入机舱时，当空姐或机长礼貌迎客时，应友好地回应。

（2）登机后：①应遵守乘客规则，配合乘务员的指导，留意服务人员对机内救生设备的示范；②飞机从起飞到平稳落地前禁止使用手机、手提电脑等一切干扰无线信号的物品；③座椅后面的餐桌，仅就餐时使用，不宜久放；④需要放低座椅后背时，应礼貌地询问后面的乘客是否方便；⑤飞机上的洗手间是公用的，不宜逗留太久；⑥使用毛毯和阅读书籍时，应爱惜和保持清洁；⑦氧气罩和救生衣是供紧急情况下使用的，不要随意摆弄；⑧吸烟要到飞机尾部的吸烟区。当飞机亮出“请勿吸烟”的信号时，应立刻将烟熄灭；⑨晕机的乘客可请乘务人员提供镇静剂、打开空气调节孔，同时拿出呕吐袋备用。

（3）下飞机时：不要拥挤，按顺序走出飞机，并与乘务人员礼貌地再见。

第四节　楼梯及电梯礼仪

在接待工作和服务工作中，常常遇到带领客人上下楼梯、上下电梯，此时又应该注意什么礼仪呢？

一 上下楼梯礼仪

上下楼梯时，首先考虑的是客人的安全。上楼梯时，应请客人走在前面，接待人员走在后面；下楼梯时，接待人员走在前面，客人走在后面。

无论何时上下楼梯，都应靠右行驶，留下一边给需要快速行走的人。

二 电梯礼仪

（一）上下自动扶梯礼仪

乘上下自动扶梯的礼仪，首先强调的是“左行右立”，即上下自动扶梯需靠右站立，留出左边的通道让有急事的人先行。引导人员上楼时在客人的后面，下楼时在客人的前面。

（二）直行电梯的引导礼仪

电梯有专职管理人员时，电梯开门后，请客人先进，引导人员后进；到达时，引导人员先出，客人后出，引导人员在前面引导。

电梯无专职管理人员时，接待人员先进入电梯，按住“开门”键，等客人进入后，按下到达楼层号，关闭电梯门；到达时，接待人员按“开门”键，请客人先走出电梯，自己立即步出电梯，在前面引导方向。

社交场合中乘电梯时，若男士站在门口，到达时不必躲向一旁让女士先走出，如女伴站在里面，男士应先在电梯外等候；当电梯不拥挤时，女士进入电梯，男士应脱帽致意，这是国际通用礼仪；如在拥挤的电梯中，不管有无女士，男子都不应脱帽，因为帽子拿在手上会占地方。在我国进入电梯的人们无论男女，都应该点头微笑致意。

三 乘电梯的注意事项

1. 搭乘上下自动扶梯前，要系紧鞋带，留心松散、拖曳的服饰（如长裙、礼服等），以防被梯级边缘、梳齿板、围裙板或内盖板挂拽。

2. 若因故障扶手带与梯级运行不同步时，要注意随时调整手的位置。

3. 离开时，要顺梯级运动之势抬脚迅速迈出，跨过梳齿板落脚于前沿板上，以防被绊倒或鞋子被夹住。不要在扶梯或人行道出口处逗留，以免影响其他乘客和避免造成挤推。

4. 不要将拐杖、雨伞尖端或者高跟鞋尖等尖利硬物插入梯级边缘的缝隙中或者梯级踏板的凹槽中，以免发生危险。

5. 在自动扶梯缓缓上升中，随身携带的箱包、手提袋等不要放在梯级踏板上或手扶带上，以防忘记提携时东西滚落；也不要蹲坐在梯级踏板上。

第五节 会议、谈判和合影位次礼仪

会务礼仪主要指主办会议或参加洽谈会、展览会、订货会等常见的商务和政务会议的礼仪规范。在正式的会议、会晤和谈判中，宾主之间都十分重视座次排列，这关乎被尊重的程度、正常的工作级别和人际关系。

安排位次的基本原则，商务礼仪和国际礼仪讲究“面门而上”“居中为上”“以右为尊”“前排高于后排”等。国内政务礼仪在会议的座次和合影留念的站位方面讲究以“面门而上”“居中为上”“以左为尊”“前排高于后排”。

一 小型会议、会晤和谈判

小型会议宾主双方常采用相对式排座，单方会议有时采取主席式排座。

（一）相对式排座

相对式排座，指宾主面对面就座。这样宾主双方可以保持适当距离，多适用于政务和商务会晤或商务谈判。相对式排座又分为横桌排列和竖桌排列（又称迎宾式）两种。

1. 横桌排列　多适用于政务、商务双边会谈或商务谈判等。

双方在桌子两边相对而坐，主方人员背门而坐，客方人员面门而坐。主客双方的位次排列，在商务谈判、双边会谈和国际会晤中，“居中为尊”“以右为尊”（图 8-9）。国内政务礼仪中，“居中为尊”“以左为尊”（图 8-10）。

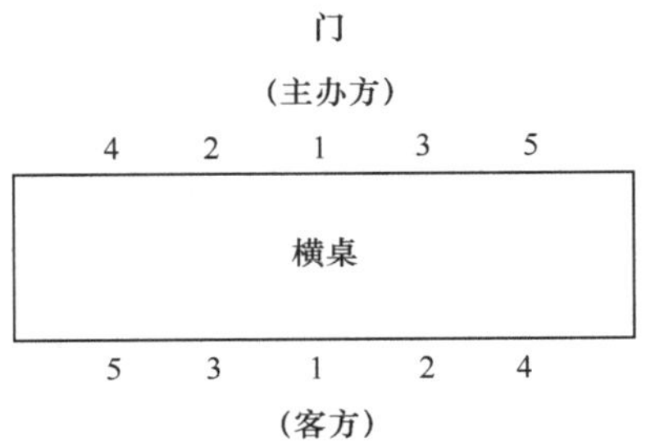

图 8-9　商务会议和国际会议

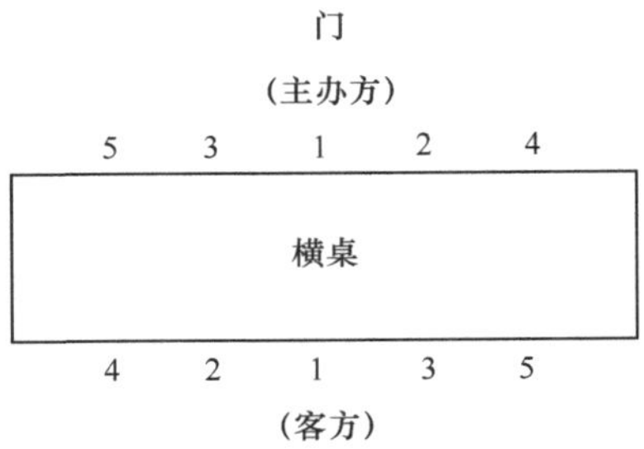

图 8-10　国内政务会议

2. 竖桌排列　又称迎宾式排列。接待国际来访、下级向上级领导汇报工作、商务洽谈、求职面试时，常采用迎宾式排列。

双方在竖桌两侧相对就座，面对主墙壁（背景墙）站立时，右侧为尊，客方（或上级领导）在右，主方（或下级）在左（图 8-11，图 8-12）。

商务谈判时，面对主墙壁（背景墙）站立时，主人坐在会议桌的左侧，客人坐在会议桌的右侧。双边的谈判人员座位以中间为尊，翻译人员坐于主谈人员的右边位置，其余人员根据职位的高低向两边排座。商务谈判三个基本问题：①着装；②谈判策略（略）；③谈判座次（面门为上、居中为上、以右为上）。

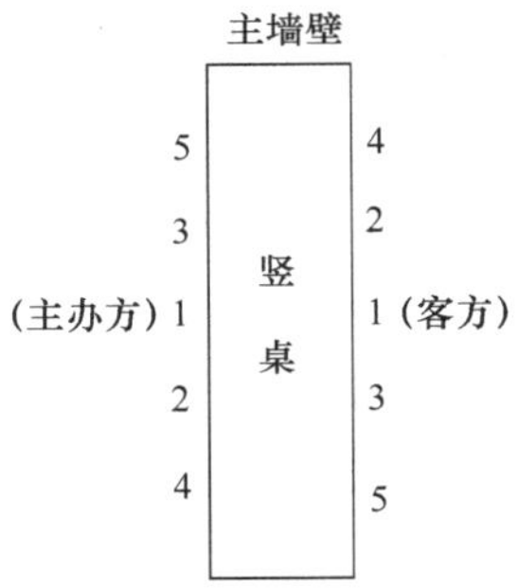

图 8-11　商务和国际会议迎宾式座次

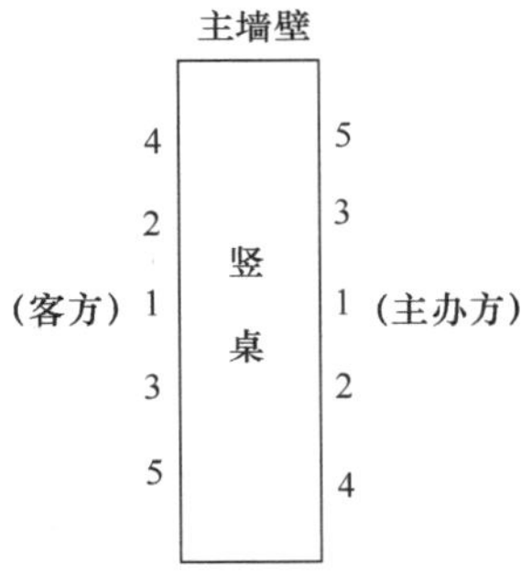

图 8-12　国内政务会见迎宾式座次

（二）主席式排座

单方小型会议一般不专门设立主席台，会议主席之位一般设在面门之处，以里为尊，居中为尊。如果采用长方形会议桌，则主席位置一般设在长方形桌子的短边（图 8-13）。

（三）环绕式排列

单方小型会议有时采用环绕式。特点是不设主席台，会议所用的座椅、沙发摆放在会场的四周，不明确座次的具体尊卑，与会者在入场后自由就座。

（四）会见礼仪

国际上，身份高者会见身份低者，一般称为接见或召见；而身份低者会见身份高者，一般称为拜会或拜见。在我国一般统称会见。

目前，国内外会见的座位安排通常安排面对正门的两排座位。主人坐在左侧，主宾坐在右侧，即“以右为尊”，其他人员分别在主人和主宾一侧按顺序就座。如图 8-14 所示。

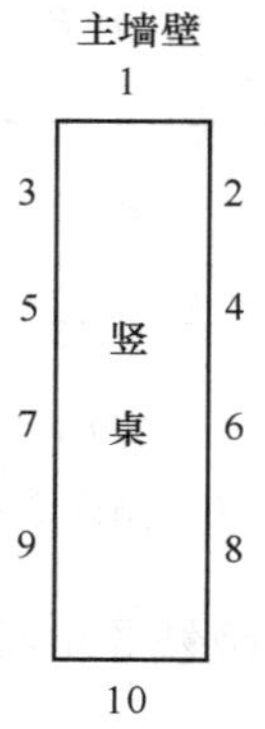

图 8-13　国内政务会议主席式座次

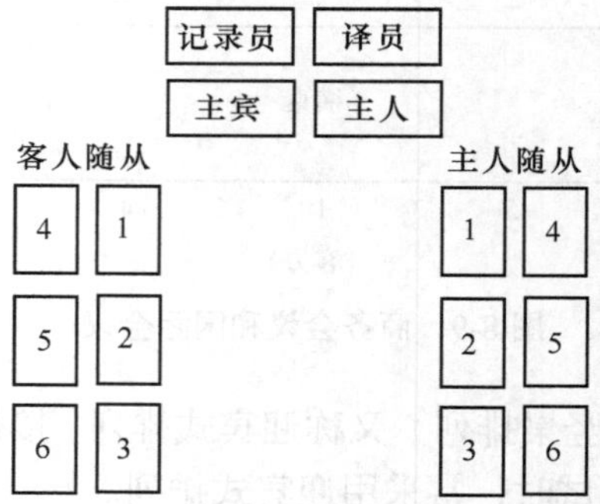

图 8-14　国内外会见的座位

（五）小型会客室位次

客人走入小型会客室，接待人员用手指示，请客人坐下，客人坐下后，接待人员行点头礼后离开。如客人错坐下座，应请客人改坐上座。小型会客室位次，一般遵循以右为上，以远（离门）为上的原则，如图 8-15 所示。

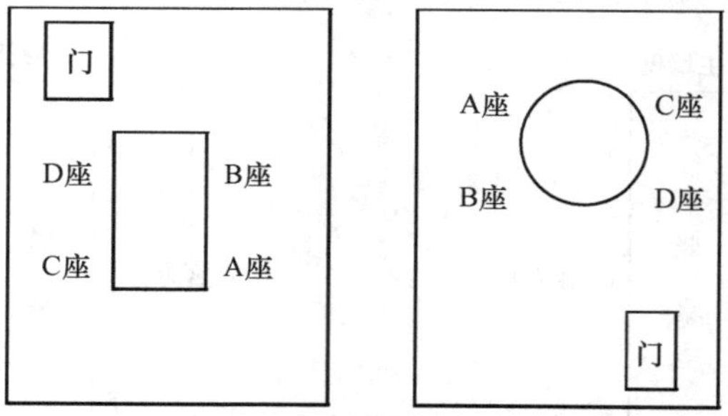

图 8-15　小型会客室座次

二 大型会议

当与会人员达百人甚至上千人时，会场的安排应分设主席台与群众席位。主席台需重点排座，群众席位可将重要的人员排在前面几排就座，其余座次可以排座，也可以不排座。

（一）国内大型政务会议

1. 主席台位次　大型会议的主席台一般面对会场主入口，国内政务会议的主席台的座次是前排高于后排，中间高于两边，左侧高于右侧（图 8-16）。主席台上就座人员面前的桌上，应放置双向桌签，每位与会人员需核对桌签，正确无误后就座。

大型会议的主持人，根据其具体身份排座，可以居于前排正中央或居于前排两侧，一般不安排在主席台的后排就座。

大型会议发言者一般不宜于座位上发言，多设专门的发言席位，发言席位可以在主席台的正前方或主席台的右前方。

国内政务合影的位次与主席台位次顺序相同（图 8-16）。

背面

⑦　⑤　③　①　②　④　⑥

正面

图 8-16　国内政务礼仪合影位次

2. 群众席位次　主席台之下坐席称为群众席，其排座方式有自由择座和按单位就座两种。自由式择座，即不进行统一安排，大家各自择位而坐。按单位就座，即按照单位、部门或者地区、行业就座。既可以是与会单位、部门的汉字笔画多少、汉语拼音字母前后，也可以是平时约定俗成的序列。若分前后排，以前排为高，后排为低；若分不同楼层，则楼层越高，排序越低。

（二）国际会议和国内大型商务会议

国际会议和国内大型商务会议座次是：前排高于后排，中间高于两边，右侧高于左侧。与国内政务礼仪不同的是“右高”，而不是“左高”。

国际活动和国内商务活动合影的位次同主席台排列顺序（图 8-17）。

背面

⑥　④　②　①　③　⑤　⑦

正面

图 8-17　商务和国际会议主席台或合影位次

三 签约仪式

签约，即合同的签署。双方或多方经过充分的洽谈磋商，就谈判项目达成书面协议，为使有关各方重视并遵守合同，在合同签署时，应举行郑重其事的签约仪式。

（一）签字人与参加人

签字人通常由谈判各方商议确定，但各方签字人的身份应大体对等，所以有时主谈不一定就是签字人。参加签约仪式的人员一般都是各方参加谈判的人员，一方如要增加其他人员，应征得对方同意，各方参加人数应基本相等。

（二）签约仪式的准备

1. 签字厅的布置　一些大公司（高级写字楼）有常设的专用签字厅，亦可将会议室、洽谈室、会客室临时改用代替。签字厅的布置应该整洁庄重。

家具陈设：将长方形签字桌（或会议桌）横放在签字厅内，桌面最好铺设深色台布。

文具用品：签字桌上，应放置待签的合同文本、签字笔、吸墨器等，涉外合同签字时还应在有关各方签字人座的正前方插放该国国旗。

签字仪式的排列方式主要有三种。

（1）并列式排座：签字桌面对正门横放，主方签字人面门坐在左侧，客方签字人面门坐在右侧。随从人员分别在其身后列队站立（图 8-18）。

（2）相对式排座：签字桌面门横放，双方签字人员面门而坐，随从人员与其相对而坐（图 8-19）。

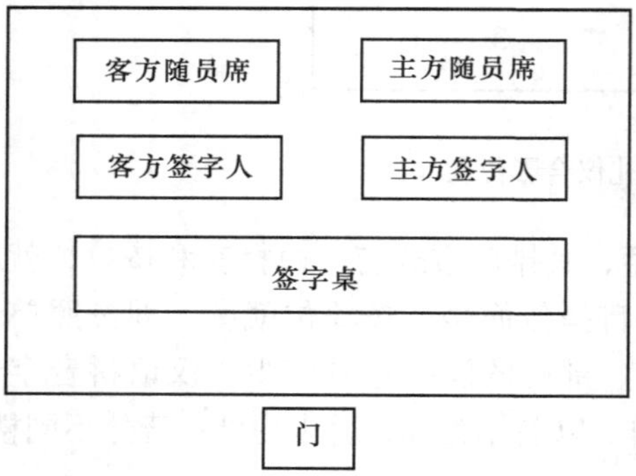

图 8-18　签字仪式并列式排座

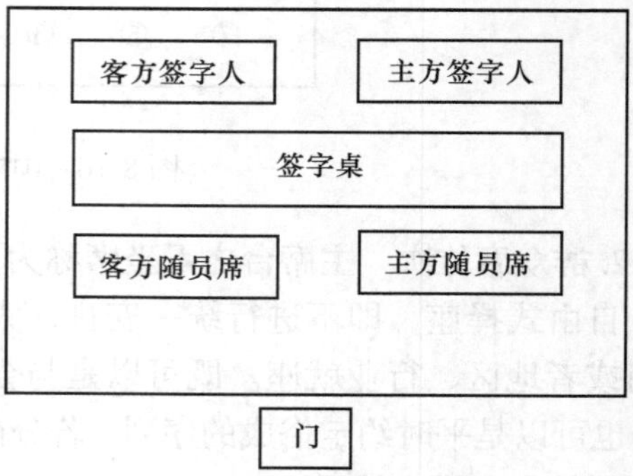

图 8-19　签字仪式相对式排座

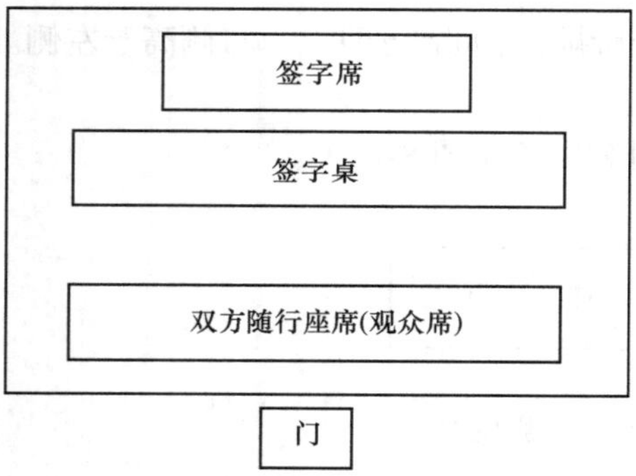

图 8-20　签字仪式主席式排座

（3）主席式排座：当签署多边合同时，则可采用主席式，即签字桌面门横放，在签字桌的面门位置的中间放一张座椅，供各方签字人签字时轮流就座，或者为每位签字人各配备一张椅子。各方随从人员可以坐在对面的观众席上（图 8-20）。

2. 待签合同文本的准备　待签合同的正式文本，按商界惯例应该由主方负责准备，但为了避免合同内容产生歧义、引起纠纷，因此，主方最好能会同签约各方一起指定专人，共同负责合同的定稿、校对、印刷和装订，以确保合同内容的准确无误。

涉外合同，依照国际惯例应同时使用签约各方法定的官方语言撰写，或者采用国际通用的英文、法文撰写。除供各方正式签字的合同正本外，最好还能各备一份副本。

3. 签字时的座次安排　签字仪式的座次礼遇是各方最为在意的，所以主方在安排时要认真对待。

双边合同的座次，一般由主方代为安排，主方安排时应以国际礼宾序列，注意“以右为尊”，即将客方主签人安排在签字桌右侧就座，主方主签人在左侧就座，各自的助签人在其外侧助签，其余参加人在各自主签人的身后列队站立或对面就座。站立时各方人员按职位高低由中间向两边排列。

多边合同的座次安排，只设一张签字椅时（主席式），各方按事先商定的先后顺序，主签人及其助签人依次上前签字。

（三）签约仪式的程序

1. 仪式正式开始　各方人员进入签字厅，按既定的位次入座。双边合同的双方签字人同时入座，助签人在其外侧协助打开合同文本和笔。

2. 正式签署　各方主签人再次确认合同内容，若无异议，在规定的位置上签名，之后由助签人相互交换合同文本，再在第二份合同上签名。按惯例，各方签字人先签的是己方保存的合同文本，交换后再签的是对方保存的合同文本。

3. 交换各方已签好的合同文本　各方主签人起身离座至桌子中间，正式交换各自签好的合同文本，同时，热烈握手（某些国家拥抱）、祝贺，还可以交换刚刚签字用过的笔作为纪念。其他成员则鼓掌祝贺。

4. 饮香槟酒庆祝　交换合同文本后，全体成员可合影留念，服务接待人员及时送上倒好的香槟酒。各方签字人和谈判小组成员相互碰杯祝贺，当场干杯，将喜庆气氛推向高潮。

商务合同正式签署后，还要提交有关方面进行公证，才能正式生效。签约仪式后，主方可设宴或酒会招待所有参加谈判和签约的人员，以示庆祝。

课堂活动

助签人员怎样呈递签字笔？

知识拓展

一、为什么国内的政务礼仪以左为尊

为什么商务礼仪和国际礼仪的各类座次都是以右为尊，而国内的政务礼仪，在会议的座次和合影留念的站位方面则讲究以左为尊？

其原因来源于我国古代，皇帝在上朝时坐北朝南，其左手边为东边，右手边为西边，日出东方，日落西方；东方为阳，西方为阴；东方为尊、西方为卑，所以以左为尊，男（阳）尊女（阴）卑，男左女右。而商务礼仪和国际礼仪的以右为尊，则来源于面对地图，上北下南，左西右东，崇尚的都是以东为尊。

二、商务谈判的注意事项

谈判的接待准备：①成立接待小组；②了解客方基本情况，收集有关信息；③拟订接待方案。

谈判迎送工作：根据商界对等接待的原则，主方应确定与客方谈判代表团的身份，安排职位对等、人数相等的接待陪同人员，并通知他们准时迎送。

服饰举止规范：出席商务谈判这样的正规场合，应穿职业正装，举止要得体，语言要文明。良好的着装、文明的语言和得体的举止，不仅能展示自己良好的教养和风度，而且能赢得对方的尊重、信任和敬意。

签约：即合同的签署。双方（多方）经过充分的洽谈磋商，就谈判项目达成书面协议，为使有关各方重视、遵守合同，在合同签署时，应举行郑重的签约仪式。

第六节　界域礼仪

一　何谓“界域”

所谓“界域”，即人际交往中相互距离的确定，它主要受到双方关系的决定和制约，同时也受到交往内容、交往环境及不同文化、心理特征、性别差异等因素的影响。适当的交往距离不仅是礼仪和修养的表现，而且是交往双方心理和生理的需要。

二 人际交往中的“界域”

人际交往中的“界域”主要分为以下几种情况。

（一）亲密距离（家人、夫妻、恋人）

家人、夫妻、恋人相处时，自然距离可以小于0.5米，这个距离属于私人交往距离。其他人员不能采用这个距离，否则会使交往双方感到很不舒服，甚至可能会因此而结束交往。

（二）常规距离（交际距离）

朋友之间交往的自然距离是0.5～1.5米，此距离既显得不疏远，又有安全感，属于交际中的安全距离。

（三）社交和商务距离

在商务洽谈、接见来访或同事交谈时，1.2～2.1米，较为合适。另外，对上级、上司拉开距离也表示尊重。

（四）公众演讲距离

3.6～7.6米的距离，适合于做报告、演讲等场合。

（五）服务人员的“界域”

1. 服务距离（0.5～1.5米）　如酒店员工与客人之间所保持的一种最常规的距离是0.5～1.5米。

2. 展示距离（1～3米）　在客人面前进行操作示范、讲解等，为使客人对服务项目、企业文化有更直观、更细致的了解，示范人员和讲解人员与观众要保持1～3米的距离。

3. 引导距离（1～1.5米）　酒店员工在为客人带路时彼此要保持的距离为1～1.5米。根据惯例，在引导时，酒店员工以在客人左前方引导为宜。

4. 待命距离（3米）　特指酒店员工在客人尚未传唤要求自己为之提供服务时，与对方自觉保持3米的距离。

思 考 题

1. 在商务礼仪和国际礼仪中，关于会议的座次和合影留念的站序有什么原则和规定？

2. 在国内政务礼仪中，关于会议的座次和合影留念的站序有什么原则和规定？

3. 小轿车主人开车和专职司机开车的座次有何不同？

4. 女士上下车有哪些礼仪？

5. 不同的人际关系在人际交往中的界域礼仪是如何规定的？

6. 人际交往中的称谓礼仪是如何规定的？

（魏　红）

第九章 接待、会务、拜访与赠送礼仪

● 案例导入

小王和小李刚刚参加工作不久，正赶上公司举办一年一度的大型产品发布会，邀请全国的经销商前来参加会议，由于公司人手不足，他们临时被安排在会议筹备组和接待组。

想一想：小王和小李他们有哪些筹备工作要做？在接待工作中又应该做些什么？怎样做才能符合要求？

第一节 接待礼仪

接待工作是商务、政务和社交活动中，主方对来访者进行迎接、接洽和招待的一系列活动，是表达主人对来访者的热情、尊重和友好的一种具体形式，是给来访者留下良好第一印象的重要环节，是双方进一步交往的重要基础。接待工作更是一项展示单位形象、彰显单位实力的活动，接待水平的高低一定程度上反映了单位整体工作水平的高低。接待工作主要包括接待的准备、迎接、招待和送行。

一 接待的准备

1. 确定迎送规格　通常按照身份对等的原则来安排接待人员，在接到接待任务时，首先要了解客人的姓名、性别、职业、级别及来访的人数等基本信息，确定相应的我方接待规格；对于专业技术人员的来访，可安排身份相当、专业技术对口的我方人员出面迎送，避免因接待人员专业不对口出现交流不畅的情况；安排接待人员时需灵活掌握，有时可根据来访人员洽谈事务的重要性，安排比客人身份高的我方人员出面接待，能使来访人员感受到我方的诚意，起到事半功倍的效果。

2. 做好接待预算　根据来访人数、确定的接待规格和单位的相关规定做好接待经费的预算。接待经费主要包含交通费用、食宿费用、游乐费用、赠送礼品费用等。预算费用应在保证不降低接待水平的前提下，尽可能节省开支。对于接待过程中出现接待预算超支的情况，需及时向领导报告，详细说明原因，申请增加费用。

3. 制订接待方案　接到接待任务后应提前与来客沟通，了解客人的来访目的、来访人数，并认真确定来客到达的日期、时间及所乘车次、航班等信息。将上述信息汇报给相关部门制订接待方案。接待方案主要包括接待工作的组织分工、陪同人员和迎送人员名单、食宿地点、交通工具、活动方式及日程安排等。

4. 前期准备　制订好接待方案后应及时通知我方接待人员做好各项准备工作。如果客人行程有变，也应及时通知相关人员做出接待调整。接待工作的前期准备主要包括：提前安排清洗迎宾车辆，设计并悬挂欢迎条幅，预先为客人准备好食宿，在客人客房内准备几份当日的报刊和本单位的宣传资料等供客人翻阅，并在来客到来之前应布置好接待场所等。接待场所应安静、整洁、优雅，并配有摆放整齐、整洁的沙发、茶几等相应的配套设施。在客人到达之前，提前打开空调，保证接待室冬暖夏凉。接待室是本单位的门面，必须认真布置，但也不必过于豪华。

二 迎客礼仪

1. 接站礼仪　对于远道而来的客人，需安排好接站工作。接站人员和车辆需提前到达接站目的地，尽量不要出现让客人在车站或机场等待的情况。接站陌生客人时，可以先期制作好接站牌，以便客人辨认，必要时可为客人准备鲜花。

接站乘车时，要根据具体情况，按照乘车礼仪安排客人车内就座。具体参见第八章中的“位次礼仪”。

2. 会面礼仪　我方所有接待人员的穿戴需整洁、端庄、得体。当客人按预定的时间到达时，相应接待人员不应在接待室等候，需积极主动出门迎接，接到客人后，热情握手欢迎来客到访，并问候一句“一路辛苦了”“欢迎您来到我们单位”等，然后向对方做自我介绍，引导客人到达会客室入座，主方安排相关人员担任介绍人，介绍双方认识。在与客人会谈过程中，无关人员应自动回避，服务人员可定时敲门进入，在不影响双方会谈的基础上倒茶续水、热情服务，服务结束后应轻轻退出。

三 招待礼仪

1. 奉茶礼仪　客人落座后，应为客人送上茶水及水果等，请客人品尝。若有点心，应在奉茶前先上些点心。在此期间应遵从相应的奉茶礼仪。

茶具需事先检查茶杯和托盘是否完整无损，残破或有裂纹的茶杯不能用来待客。茶具需事前清洗干净，冲茶之前开水烫一下茶壶和茶杯，可给客人留下讲究卫生、彬彬有礼的好印象。泡茶时可先征求客人饮茶的习惯，了解客人喜欢常见四种茶叶（绿茶、红茶、乌龙茶及花茶）中的哪一类，以及喝浓茶还是淡茶的习惯，按照客人的喜好冲茶。冲茶需要注意的是第一遍泡的茶水是用来洗茶和醒茶的，以便去除茶叶里面的农药残留及生产运输过程中的尘土杂质。倒掉第一遍的茶水后再次冲的茶水才能给客人敬茶。

若是在会客厅外准备好的茶水，进入招待客人的房间前，应先敲门说声“对不起，打搅了”。然后双手端着茶盘进入会客厅。进入房间后先将托盘放置在空闲桌子一端，将茶杯按顺序摆放。上茶顺序为先客人，后主人；先女士，后男士；先长辈，后晚辈；先上级，后下级。上茶时，正确的做法：左手托底，右手拿着茶杯杯耳，从客人的右后侧双手将茶杯递上去，杯耳转向客人右手边，同时说“您请用茶”。会客厅若为沙发坐，女性奉茶时，应采用高低式蹲姿双手将茶杯递上去，杯耳朝向客人，续水也采用高低式蹲姿。奉茶过程中不能用一只手上茶，尤其不能用左手，手指不要接触杯口，茶不宜过满，以杯的 2/3 处为宜，当客人喝过几口茶后，在不妨碍宾客交谈的过程中上前续茶，绝不可以让其杯中见底。正确的续杯倒茶方法为用左手小手指和无名指夹住杯盖并掀开，在左手夹住杯盖的同时拿起茶杯倒入茶水，注意不要倒太满，然后轻轻地放回原处，盖上茶杯盖。整个过程不要把杯盖扣在桌面上也尽量不要弄出声响，以免影响会谈。若公司使用一次性纸杯招待客人，在倒茶前最好使用杯套，防止烫伤客人。

2. 谈话礼仪　会谈过程中接待人员需做到谈话时态度诚恳、表情自然、语气和蔼可亲，切勿逢场作戏、虚情假意、敷衍了事，要善于聆听对方谈话，不轻易打断别人的发言。谈话过程中一般不提与谈话内容无关的问题。

谈话过程中应避免涉及个人隐私、疾病、荒诞离奇、耸人听闻、庸俗低级的话题。如果对方谈到一些不便谈论的问题，不要轻易表态，可转移话题。在相互交谈过程中，应目视对方，以表示专心。谈话过程中需处处体现出对对方的尊重，尽量使用礼貌用语，不可盛气凌人、自以为是、唯我独尊。谈话过程中切忌用手指指人，也不要唾沫四溅。谈话过程中如有遇到急事需暂停谈话，应该向对方打招呼，说明情况，表示歉意。

3. 陪访礼仪　结合客人来访目的、客人意愿和兴趣等，进行陪访项目选定安排。陪访项目确定之后，应做出详细计划。陪访计划主要包括参观的先后顺序，中间引导方法、景点如何衔接等，需提前向接待单位交代清楚。对于大型的、重要的、复杂的参观活动，要特别注意以下几点：精心选择参观地点；反复预看路线，计算好途中使用时间、参观使用时间和介绍使用时间，确保用最少的时间，看最多的参观点；确定好联系人、联系电话及介绍人；安排好沿途解说人和解说词；密切关注参观过程，及时发现问题并妥善解决；适时根据参观行程变化，做出适应性调整。参观过程中要注意保证客人的安全。

四　送客礼仪

送客是接待工作的最后一个步骤，也是非常关键的一个环节，需精心准备。客人告辞时，需婉言相留，若客人执意要走，需等客人起身告辞时，接待人员再站起来相送。送客时应按照接待时的规格进行送别，做好交通安排，对于远道的客人，需提前购买好返程的车船票或机票，安排车辆将客人提前送至车站或飞机场，并为客人准备一些返程中的食品，如水果、糕点等。道别时，要待客人先伸出手握别时，方可伸手握别，不可在送客时抢先伸手握别。送客要等火车开动、飞机起飞或轮船起航后再离开。

总之，整个接待过程都要精心准备、安排，务必使对方感到接待方的热情、诚恳、礼貌和修养，给客人留下一个良好的印象。

第二节　会务礼仪

会务礼仪主要指主办会议或参加洽谈会、展览会、订货会等常见商务会议的礼仪规范。掌握好会务礼仪可避免在商务会议上失礼于人，为个人及单位树立信誉，顺利达到举办会议的目的。

成功的商务会议离不开会前大量细致的精心准备，会议组织者应该紧密围绕会议的主题，逐一落实会议的规模、时间、地点、议程等。会务礼仪主要包含会务筹备、会务期间及会务结束后的各方人员的礼仪规范。

一 会务工作

（一）会务筹备

1. 确定会议主题　会议主题是整个会议的中心点，所有的会议内容都是围绕会议主题展开的。会议主题的确定应当反复斟酌讨论后确定。

2. 确定会议规模　根据会议的内容或主题，本着精简效能的原则，确定会议的规模。大、中型的会议，往往需要成立专门的会务筹备小组，明确小组成员的职责，小组成员分工明确，通力协作才能做好会务的各项筹备工作。

3. 确定会议时间与会期　会议会期的长短应与会议内容相符合，会议时间的确定应考虑主要领导的时间安排，并及时与各主要参会方沟通以确定会议时间。另外，一般情况下不安排在节假日举行会议。

4. 确定会议地点　根据会议的规模规格和会议内容等要求来确定会议地点，大型的会议一般准备几个候选名单并实地考察后提交给筹备小组讨论并做出决定。

5. 确定与会者名单　根据会议的性质、议题及会议任务来确定参会人员。

6. 安排会议议程　会议议程是指会议期间的具体安排，是会议需要遵循的程序，包含了会议议事的程序和列入会议的各项议题。会议议程应当简明扼要、一目了然，以序号将会议过程清晰地表达出来，并合理分配各项议案或议题的时间，重要的议题列在整个议程的前面，且留出足够的时间用于讨论。议程的目的在于提醒与会者，应该提前交予与会者。

7. 制发会议公函或通知　会议公函或会议通知包含的内容有会议名称、时间、地点、与会人员、议题、食宿安排及联系方式等。会议通知的发送方式有书面、电话、电子邮件等。会议通知一定要简明扼要，一般采取条款式行文，使被通知者一目了然，便于遵照执行。会议通知需提前送达或邮递到与会者手中，使参加会议人员有足够的准备时间。会议通知发出后，还要跟踪落实，确保参会人员收到会议通知，并按时参加会议。

8. 准备会议所需设备　会议所需设备主要包括文具、桌椅、桌签、茶具、音响设备、照明、空调、投影仪等。会议上的茶水饮料最好用矿泉水，因为每个人的口味不一样，有的人喜欢喝茶，有的人喜欢喝饮料，还有的人喜欢喝咖啡，所以如果没有特别的要求，矿泉水是最能让每个人都接受的选择。除了上述设备物品外，有时还需准备特殊用品，如谈判会议、庆典会议、展览会议等所需的特殊用品及设备。

9. 准备文件材料及证件　会议文件资料准备主要包括会议议程表、日程表、会议座位分区表、主席台及会场座次表、主题报告、领导讲话稿、其他发言材料、开幕词和闭幕词及其他会议材料等。

会议证件主要包括代表证、出席证、列席证、工作证、出入证等，证件内容应包含会议名称、与会者单位、姓名、职务等并加盖印章。大型会议的会议材料比较多的时候可以提前订制手提袋，手提袋可以印刷会议名称、主办单位等相关信息。将会议所需文件资料事先装在手提袋里，在与会人员报到时分发到每个与会者手中。

10. 会场布置　包括音响、照明、投影、摄像、录音、空调、通风设施和多媒体等设备的调试，各类会议资料、文具、茶具等的摆放，会议条幅的悬挂，主席台的布置，座次排定，摆放桌签，会议指示标志的安放等。座次的排定根据会议类型而定，具体参照第八章中的“位次礼仪”。

（二）会议期间

1. 报到及接待　会议正式开始前组织者应设立签到处，安排与会人员报到时签到。会议通常使用签到簿。与会人员在签到簿上签名并注明单位、职务等。重要会议可以使用签到卡，与会人员在卡上签名后，在入口处把签到卡交给工作人员。签到工作结束后，工作人员应及时将签到结果汇总，并向会议负责人通报。

2. 会议记录　是对会议发言内容进行的文字记录，凡重要会议，应以手写笔记、电脑录入、录音、录像等方式进行现场记录。会议记录需包含会议名称、出席人数、时间地点、发言内容、讨论事项、临时决议、表决结果等基本内容，会议记录力求完整、准确、清晰。

3. 会议简报　一些重要会议在会议期间要编写会议简报，及时反映会议情况。简报一般分为标题、导语、主体、结尾四部分。编写简报讲求时效，要求准确无误，且文字精练。视其内容，简报可发给全体与会者或只发给与会领导。

4. 例行服务　会议的组织方在整个会议期间，除了上述会议服务外还应当为与会人员做好一系列的其他服务工作，这些服务工作主要包括以下几点。

（1）安排迎送接待：大、中型的会议，应安排专人负责迎接、引导与会人员参会。

（2）安排食宿：会期较长的会议，一般由会务组安排食宿。食宿安排应在会议通知中提前写明。安排会餐等活动，届时应有专门人员进行组织。对于外来与会者在食、宿、交通等方面的要求，提前安排解决。

（3）安排活动：如果会期较长，会务组可安排与会人员参加一些娱乐活动，以调节会议气氛。

（4）安全保卫：一些重要会议，需安排足够的安保人员做好身份查证、文件管理、防火、防破坏等工作。

（5）其他后勤保障：如准备一些常备药品等，总之会议举办前需拟定各种突发情况的应对计划，以保障会议的顺利召开。

（三）会后会务工作

1. 安排与会人员返程　大型会议结束后，主办单位应为外来的与会人员提供返程的便利，如订购机（车、船）票、送站等。重要嘉宾离开时，可安排专人送行。

2. 撰写会议纪要　会议结束后需及时整理会议记录，撰写会议纪要并形成文件。这些文件包括会议纪要、会议决议等，要尽快完成，会议结束后及时下发。还需按照工作需要和保密规定，对与会议有关的一切图文、声像材料进行细致的收集与整理，及时做好材料的汇总、存档、回收或销毁工作。

3. 会议宣传报道　重要会议需提前邀请记者到会。筹备小组应提前与记者联络，邀请记者参会并向其提出宣传会议精神的要求和建议。新闻稿应力求及时、准确，发稿前应送领导审核，以免出差错。

4. 会议总结及成果落实　会议结束后需及时进行会议总结并做好会议成果的各项落实工作。

二　参会礼仪

（一）主持人礼仪

着装整洁，稳重大方，精神饱满，切忌不修边幅、蓬头垢面。走上主席台时，步伐稳健有力。站立主持时，女士双腿并拢，男士双腿自然分开与肩同宽，腰背挺直。持稿发言时，右手持稿纸的底部，左手五指并拢自然下垂；双手持稿时，两手与胸齐平。坐着主持时，应上身挺直，双臂前伸，两手轻按于桌沿。主持过程中，切忌出现搔头、揉眼、摸耳朵、抖腿等不雅动作。

主持人在会前要有充分的准备，了解会议的主题、议程、与会者的情况等信息，进行必要的调查，掌握情况，收集资料。提前准备好主持词。整场会议主持过程中需做到发言时口齿清楚、思维敏捷，表述简明扼要。主持过程中遇到突发情况，需沉着冷静，并随机应变，妥善处理各种问题。

（二）发言礼仪

会议发言通常分为正式发言和自由发言两种。

1. 正式发言　一般是领导报告或报告发言。发言人员需衣冠整齐，神情自若。走向发言席位时，应步态自然，体现自信、风度与气质，切忌小跑。上台后注意调节话筒的位置。发言前，如果会场掌声响起，可鼓掌答礼，待掌声落下，再开始发言。书面发言时，在发言台应双手持稿，使用普通话并控制好语音语速，口齿清晰。若无发言台，则既可双手持稿，亦可单手持稿，另一手臂自然下垂，发言时应不时抬头扫视会场，不能低头读稿、旁若无人。发言内容应简明扼要，条理清晰。发言完毕，应对听众的倾听表示谢意。

2. 自由发言　多为讨论发言或提问发言，发言时遵守秩序，先举手示意，拿到话筒或得到许可后再发言。发言应简短，观点明确，紧扣主题。

讨论过程中与他人有分歧，应以理服人、态度平和，听从主持人的指挥，不能只顾自己。如果有会议参加者对发言人提问，应礼貌作答，对不能回答的问题，应机智而礼貌地说明理由，对提问人的批评和意见应认真听取，即使提问者的批评是错误的，也不应失态。

（三）与会人员礼仪

对于参加会议的一般人员，应准时到会，进出有序，按规定落座，遵守会议纪律。参加会议前，参会者应做一些适当的准备，要事先了解会议的议题、议程及其他参会者的情况，按会议的要求准备有关材料或做好发言准备。开会前，如果临时有事不能出席，必须及时通知主办方。

出席会议时的着装不必过于华丽，也不能太随便，应与会议的气氛、其他人的衣着和季节相协调。落座后，坐姿要优雅，避免做不雅的小动作。会议进行期间不要随意走动，若中途要离开会场，则应轻手轻脚，不要影响他人。听取别人发言或报告时，应认真倾听，不要私下小声说话或交头接耳，注意做好记录。发言人讲话告一段落或结束时，应鼓掌致意。参会期间，所有与会者应关闭手机或使其处于震动、静音状态，一般情况下不要接听手机。若为重要电话非接不可，则应离席，走出会场后再接听电话，以免影响会场秩序。

知识拓展

常见的商务信函格式

商务信函是传达信息、交流思想、增进感情的重要工具，一般包含标题、称谓、正文、落款、附件五个部分。标题位于信函首页上方，居中书写，概括函件主旨，让收件人一目了然地明白信函的主要内容。称谓写在标题之下，单独占一行、顶格书写，称呼后用冒号，注意收信方是公司或单位时需写全称。正文包含发函的事由、发函的事项及对对方的要求或希望。落款在正文之后另起一行右下方书写，落款包含姓名或公司名称和日期。日期写在署名的正下方，需写清楚具体的年月日。署名需亲手签名，署名为公司的需加盖公章。附件是信函的补充材料，随信函一起发送，并在正文左下方空两格标注“附件：×××”，如“附件：产品调查表10份”。常见的几类商务信函格式如下。

1. 邀请函

邀请函

尊敬的×××先生（女士）：

为感谢您及贵公司对我们长期以来的支持和厚爱，我们于××××年××月××日晚18:00在长城酒店2楼多功能大厅举办客户答谢会，诚邀您参加。期待着您的光临。

您的朋友：×××

××××年××月××日

2. 感谢信

感谢信

尊敬的×××先生（女士）：

感谢您和贵酒店的同事在我们举办的×××会议期间帮助我们提前布置会场，积极协调各方参会人员，帮助解决会议期间的各类突发状况。感谢您们在工作中一丝不苟的工作态度和可钦可佩的敬业精神。

再次感谢各位对我公司此次大会的支持和帮助，真诚期待下次合作。

×××公司（公章）

××××年××月××日

3. 祝贺信

祝贺信

××××公司：

值此贵公司成立10周年之际，谨致热烈祝贺。祝贵公司事业蒸蒸日上，继续开创新的纪元。愿贵我双方真诚合作，共谋发展。

×××

××××年××月××日

第三节 拜访和赠送礼仪

拜访又称拜会，是指前往他人的工作单位或住所会晤或探望对方，面对面地进行接触与沟通，是人们在公务和社交活动中常见的一种交际方式。恰当的相互拜访和礼品馈赠有助于双方建立良好关系，拉近双方距离，增进双方友谊，促进双方进一步持续深入合作。因此，应该把拜访作为必要的社交活动，予以重视，使拜访成为经常性的活动，不要仅在有求于人时才想到拜访，给人造成一种“无事不登三宝殿”的感觉。无论何种拜访，都应该在时间选择、衣着修饰、言谈举止等方面遵从一定的礼仪规范。

一 拜访礼仪

1. 选择拜访时间　拜访时间的选择非常重要，一般而言，到对方单位拜访最好避开周一上午，因为周一上午是单位里面召开例会最忙的一天，如果是到对方家中拜访，最好选择在节假日前夕。

另外，登门拜访时间最好避开用餐时间，除非对方请你赴宴。中午午休时间和晚上10点以后也不宜登门拜访，避免打扰对方休息。

2. 拜访前的预约　每个人都不欢迎不速之客，同样我们应避免成为不速之客。拜访前应提前预约，预约方式最常见的是电话预约或通过电子邮件提前预约，将本次拜访的目的及拜访人数提前告诉对方，让对方有所安排和准备。若对方在你预定的拜访时间内早已另有安排，应主动表达歉意，可在电话中真诚地征求拜访对象的意见，商讨另外的时间进行拜访，这样对方感动之余也会尽早考虑安排你的访问。

若因事情紧急或无法预约不得不做不速之客时，在见面时应先道歉，解释清楚，求得对方的谅解。

3. 礼貌拜访　应该在约定好的拜访时间点准时到达或略微提前一点到达拜访地点，无故爽约或迟到是严重的失礼行为。因故不能准时拜访，务必提前通知对方，并真诚地向对方道歉，根据对方的意见将拜访时间推迟或改期。

拜访期间注意仪表、仪容，穿着要求整齐大方、干净整洁。如果是正式的公务拜访，无论男性还是女性，都应着职业正装，女性还应化淡妆。

进门前不管对方门是紧闭的还是虚掩的都应该先轻轻敲门，在得到对方允许后才可以进入房间。若房间装有门铃，可以轻轻按一下门铃通知对方，若无人回应隔一段时间再轻按一下。在已获得对方回应，在开门前，切忌再按门铃，让门铃响个不停。

见到拜访对象时先向对方问候，若屋内还有其他人时也需向其点头问好，不要冷落屋内任何人。如果是第一次见面，应主动递上名片或做自我介绍。对方让座后，先说声“谢谢”，一般等主人坐下后再采用标准的坐姿坐下，切勿自作主张首先落座。接受对方的敬茶时应起身双手接过，并道谢，如果茶水太热，可将其轻轻放置身前，将杯盖揭开，盖口朝上放置一旁，切忌边吹边喝及一饮而尽或啜出声响。拜访期间抽烟时应将烟灰弹入烟灰缸内，烟头一定掐灭后再放入烟灰缸内，若拜访对象没有吸烟的习惯，尽量不要在拜访期间吸烟。拜访期间不要随意起立走动，乱翻对方东西，不要随意推开房间内任何一扇关闭的门。

见面寒暄之后，应尽快切入主题，说明来意。谈话期间语言要表达准确，切勿夸夸其谈。进行工作磋商时，对有把握的事情可自信允诺，若无把握，不可轻易表态，可向对方说明情况回去请示后再给予回复。与对方意见相左时，不要争论不休。

4. 适时告辞　拜访时间不宜过长，一般以一个小时为宜。初次拜会，则不宜超过半小时。当谈完所有议题后，作为客人，要注意观察接待者的举止表情，当接待者有不耐烦或反复看手表或挂钟时，应起身告辞。当主人提出“再坐坐”时，往往也只是礼貌性的客套话。谈完议题后当遇到主人有另外的客人来访时，你也应当起身告辞。

起身告辞时，要向主人致谢。出门后，再回身主动伸手与主人握别，并说“请留步”。待主人留步后，走几步，再回头挥手致意并道再见。

二 馈赠礼仪

中国有句古语：“千里送鹅毛，礼轻情意重”，表示礼物的价值在于送礼者的善意和心意，而不是礼物本身的价值。各类社交活动中相互馈赠礼品，有利于促进双方友好关系的发展。

1. 馈赠时机　常见的几类馈赠时机有春节、中秋节等传统节日，对方的生日、周年纪念、公司庆典等喜庆之日及酬谢他人或接风送行等。值得注意的一点是生日礼物、周年贺礼、公司庆典等情况的礼品馈赠，最好是在当日赠送。

2. 馈赠地点　从礼节上讲，只有鲜花、贺卡、书籍、锦旗、牌匾等高雅、大方的礼物适宜在对方的办公场所当众赠送，在表达心意的同时可使受礼者得到充分的尊重。其他物品不适宜在公开场合赠送，因为容易引起误解，有损受礼者形象，让受礼者陷入难堪，这类礼物的馈赠只适合私下的场合赠送，不然只会适得其反，引起受礼者的反感。

3. 礼品选择　馈赠礼仪中最重要的莫过于礼品的选择了，送到对方心坎里的礼物可以为双方的关系起到润滑剂的作用。因此，挑选礼物前需要做足一定的功课，充分了解对方的身份、地位、家庭及兴趣爱好等基本情况，有时还需考虑对方的风俗习惯及宗教信仰，根据对方的综合情况考虑挑选实惠性、纪念性、精巧性、趣味性等不同类型的礼物。除了常见的烟、酒、茶、点心、水果、鲜花、工艺品、纪念册、书籍等礼品外，有时选择具有地方特色的公司纪念产品更受对方欢迎，也可以考虑准备一些目前比较流行的养生产品及绿色纯天然有机农副产品等。

挑选的礼物最好精心包装一下，包装过的礼品使其更美观、大方、脱俗，除了提升礼物档次外，还能表达你的诚意，也可避免受礼者的尴尬。礼品挑选后还需检查处理一下价格标签，去除价格标签后再包装。包装完毕后，可以写一张包含祝词和签名的卡片，一方面表达自己的诚意，另一方面也方便受礼者清点礼品。

赠送礼品时要亲自赠送，赠礼时态度谦恭、举止大方、双手将礼物递给对方，简明扼要地说明一下送礼的原因及礼品的寓意，尽量做到让受礼者欣然接收礼品。

4. 受赠礼仪　除非由于某些原因需谢绝外，我们收到礼品时，可坦然接受。一般面带微笑地双手接过礼物，将礼物置于左手后，腾出右手与赠送人握手致谢。

不同于西方欧美国家的风俗，国内不习惯当着送礼者的面拆开礼品。是否当面拆礼品，需视情况而定。如果是收到贺卡、锦旗、牌匾等此类礼物或者是与赠送者关系亲密情况下，或者对方主动提醒打开看看的时候，以及收到国外朋友赠送的礼品时，可当众拆开礼物欣赏并赞扬对方的心意。

礼尚往来是人之常情，接受别人礼品后应铭记在心，在适当的时候，向对方礼貌地还礼。还礼的时间不能过早，让对方有等价交换或划清界限的误解，选择还礼的时间主要有节假日、对方喜庆日或此后的登门拜访之时。还礼不是还债，选择还礼的形式要得体。

5. 拒赠礼仪　当不熟的朋友赠送昂贵礼品或者存在违规、违纪等不能收受礼品的情况下，应当拒收礼品。拒收礼品也需做到友好、礼貌地拒绝。首先，向对方表达谢意，再向对方解释清楚拒收礼品的原因。礼品尽量当面退回，不得已时也可事后归还。

知识拓展

讲究的礼品

国内生日礼品赠送一般不送钟表，有“送终”之意；印度及尼泊尔等信仰印度教的人士，对牛敬重，因此与牛相关的礼品如牛皮包、牛皮带等禁止赠送；日本人忌讳数字“4”和“9”，他们也不会当面打开礼物；欧美人送礼过重会认为有贿赂嫌疑，且忌讳数字“13”；英国人对有公司标记的礼品普遍不欣赏；巴西、秘鲁等国家忌讳刀剑之类的礼品，有断绝往来之嫌；阿拉伯国家等信仰伊斯兰教者禁酒和猪肉及其制品，不能给阿拉伯人送洋娃娃及带有仕女等形象的礼品，也不能将礼品直接送给对方妻子；俄罗斯人忌讳把礼物送到办公室或会议室，也不宜给俄罗斯人直接送现金。

思考题

1. 领导安排你负责接待下周到来的一个参观访问团，如何才能周到地接待，让客人满意？

2. 公司计划一个月后将举行一个大型的医药学术推广会，宣传推广刚上市的一种抗肿瘤药，届时邀请全国知名医院的肿瘤专家参会，请问如何组织策划，保证学术推广会的顺利召开？

3. 自己的一位好朋友被国外名牌大学录取，其家人为其准备了一场庆贺宴会，朋友邀请你参加，怎样参加朋友的庆贺宴会才不会失礼于人？

（商庆节）

第十章 宴会礼仪

案例导入

田先生在下午五点的时候忽然接到同学吴先生的电话，邀请他参加今晚的生日聚会，于是匆匆忙忙赶到聚会地点。田先生由于来得匆忙，没顾得上买生日礼物，衣服也没来得及换，穿得很随便，加之连日来事情很多，脸上也满是疲惫之色。当他走进聚会厅时，看到别人都衣着光鲜、神采飞扬，并且都有生日礼物相送，感觉有些尴尬，同时觉得同学在宴会快开始了才通知自己，明显是不重视自己，后悔自己勉强过来参加聚会，所以脸色更是难看。田先生勉强向吴先生表达了祝福，便坐在一旁喝了几杯啤酒，也不想与人寒暄，坐了一会便借故离开了。

想一想：吴先生的做法对吗？应该怎么做？田先生遇到这种情况应该怎么处理？

第一节 中餐礼仪

我国是一个传统的礼仪之邦，吃饭用餐都很有讲究，饮食礼仪是饮食文化的重要组成部分，在我国传统文化中占据十分重要的位置。

一 宴请的准备

宴请是国际交往中最常见的交际活动之一。各国和各地的宴请都有自己国家或民族的特点与习惯。成功的宴请体现出主人的诚意与修养，成功的宴请需要前期充分的准备工作。

（一）宴请计划

1. 确定宴请的目的　宴请的目的多种多样，有婚宴、生日宴、欢迎宴、欢送宴，也有年会、厂庆、贵宾来访或者开幕式等。

2. 确定宴请对象　根据宴请的目的确定宴请对象，不同的宴请目的针对的对象不同。

3. 确定宴会的时间　应根据宴请的目的和主宾的情况而定宴会的时间。一般来说，宴请的时间安排应对主客双方都较为合适为宜，最好事先征求一下主宾的意见。一般不选择重大节、假日，也不安排在双方禁忌日，尽量为客人方便着想，避免与工作、生活安排发生冲突，通常安排在晚上 6 ～ 8 点。

4. 预订酒店　根据宴请的目的、宴请的人员、宴请规格、预算开支等确定宴请的地点，提前预订酒店。如是官方隆重的宴请活动，规格高的安排在国会大厦、人民大会堂或高级饭店，一般规格的则根据情况安排在适当的饭店进行；事业单位的宴请，有条件的可在本单位的饭店或附近的酒店进行。在条件允许的情况下，可在宴会厅外另设休息厅，供宴会前简短交谈用，待主宾到达后一起进入宴会厅入席。

一定注意选择的酒店要有足够的场所，能容纳下参加宴请的全体人员。预约酒店时要说明人数和时间，如果是婚宴或其他特别的日子，可以告知宴会的目的和预算。

（二）赴约的礼仪

宾客参加宴会，无论是代表组织还是个人，从入宴到告辞都应注重礼节规范。这既是个人素质与修养的表现，又是对主人的尊重。

1. 认真准备

（1）应邀：接到邀请，能否出席应尽早答复对方，以便主人做出安排。一旦确定出席，就不要随意改动，万一遇到特殊情况不能出席时，尤其是作为主宾，要尽早向主人解释、道歉，甚至亲自登门表示歉意。

（2）修饰：出席宴会之前，一般应梳洗打扮一番，使自己看起来容光焕发。女士要适当化妆，男士梳理头发并剃须。衣着要求整洁、大方、美观。根据宴会的目的、规格和形式，男、女士可以着西装、礼服，以给宴会增添隆重热烈的气氛，正式宴请忌着便装。

（3）备礼：如果参加家庭宴会，可给女主人或者主人家的孩子准备一份礼品，在宴会开始之前送给主人。礼品价值不一定很高，但要有意义，如送给女主人一束鲜花或者送给孩子学习用品和书籍等。

2. 按时抵达　按时出席宴会是最基本的礼貌。出席宴请活动，抵达的迟早、逗留时间的长短，在一定程度上反映对主人的尊重，应根据活动的性质和当地习俗掌握。抵达宴会的时间即不能过迟，也不能过早。过迟，让人家等着不礼貌；太早，人家没有准备好，显得仓促，一般宜正点或略晚几分钟到达。

想一想：如果你朋友请你去他家吃饭，你该做什么准备？

二　中餐的桌次和座次安排

中餐宴会中的席位排列，关系到来宾的身份和主人给予对方的礼遇，是一项重要内容，分为桌次和座次排列两方面。

（一）中餐的桌次

桌次安排以“面门为上，以远为上（离门远），居中为尊，以右为尊”为原则，以及临台为上（靠近讲台的餐桌为主桌）、观景为佳（观赏景致和演出角度最佳处为上座）、各桌同向（各桌的主位与主桌主位保持同一方向）。当主桌确定后，以主桌为基准，右高、左低，近高，远低。

1. 两桌宴请　两桌组成的小型宴请，又可以分为两桌横排和两桌竖排的形式。两桌横排时，桌次是“以右为尊，以左为卑”。这里所说的右和左，是由面对正门的位置来定的。两桌竖排时，桌次讲究“以远为上，以近为下”。这里所讲的远近，是以距离正门的远近而言（图 10-1）。

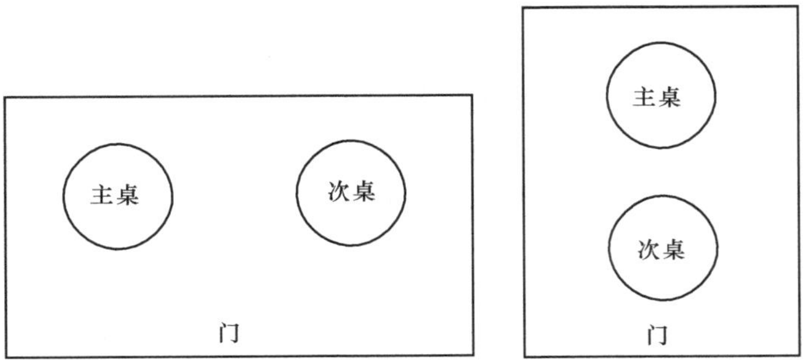

图 10-1　两桌排列桌次

2. 多桌宴请　在三桌及以上宴请时，除了以“面门为上，以远为上（离门远），居中为尊，以右为尊”为原则外，其他各桌还参照离主桌的远近，“以近为主、以远为次”的原则安排。如果为大宴，桌与桌间的排列讲究首席居内居中，面门定位，右边依次为 2、4、6 席，左边为 3、5、7 席，根据主客身份、地位、亲疏分坐。所用餐桌的大小基本一致，除主桌外，其他各桌都不要过大或过小（图 10-2 和图 10-3）。

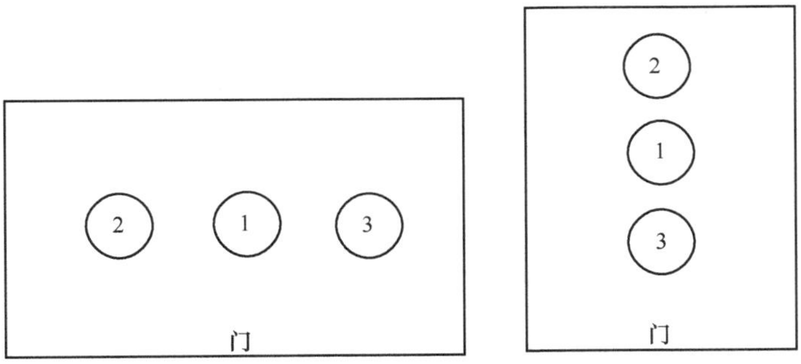

图 10-2　三桌排列桌次

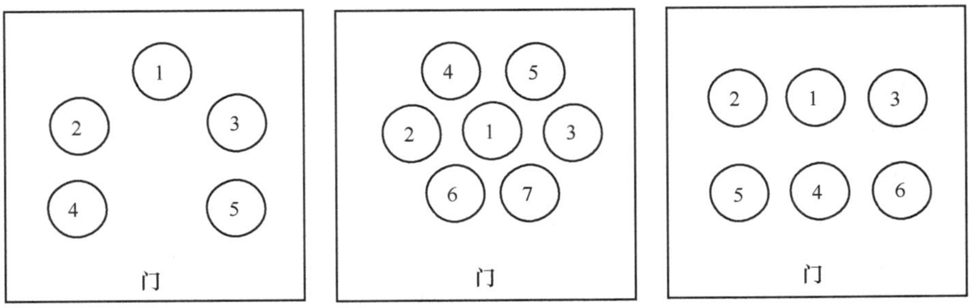

图 10-3　多桌排列桌次

（二）中餐的座次

宴请时，每张餐桌上的具体位次也有主次尊卑之分。

1. 主桌主人位置　主人大都应面对正门而坐，并在主桌上就座。

2. 每桌主人位置　举行多桌宴请时，每桌都要有一位主桌主人的代表在座。位置一般和主桌主人同向，有时也可以面向主桌主人。

3. 客人位次　圆桌位次的具体排列可以分为两种具体情况。第一种情况，每桌只有一名主人，主宾在主人的右边就座，每桌只有一个谈话中心；第二种情况，主人夫妇在同一桌就座，以男主人为第一主人，女主人为第二主人，主宾和主宾夫人分别在男、女主人右侧就座，每桌从客观上形成了两个谈话中心。如果主宾身份高于主人，为表示尊重，也可以把主宾安排在主人位子上坐，而请主人坐在主宾的位子上。另外，每张餐桌上安排的用餐人数应限制在 10 人以内，最好是双数（图 10-4）。

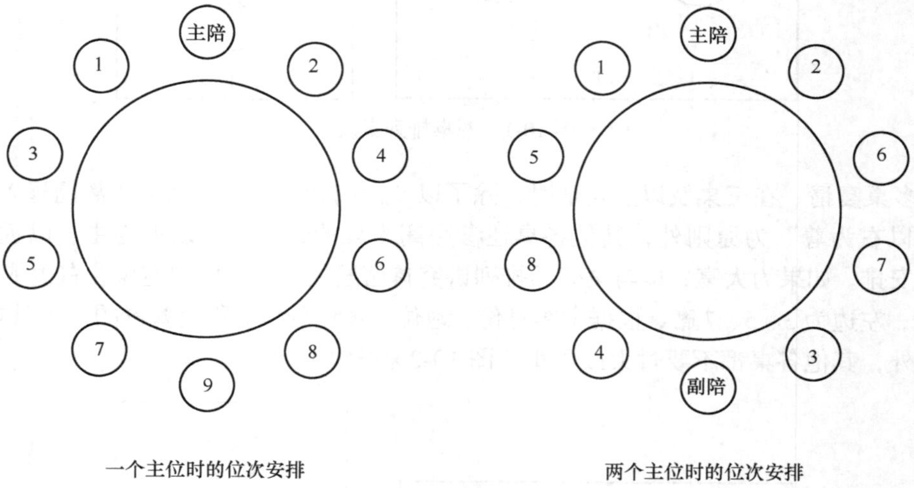

图 10-4　中餐座次排列

课堂活动

如果让你安排一场 10 桌的宴会，你如何排列桌次？

三 中餐点菜

宴会菜谱的确定，应根据宴会的规格、客人的身份及宴请的目的，做到丰俭得当。整桌菜应有冷有热，荤素搭配，有主有次，主次分明，既突出主菜，如海参、鲍鱼、鱼翅等，以显示菜肴的档次，又配一般菜以调剂客人的口味，如特色小炒、传统地方风味菜等，以显示菜肴的丰富。

（一）点菜三规则

如果时间允许的话，应该等大部分客人到齐后，传阅菜单让客人点菜，如果客人坚持由主人点菜的话，你也不用客气，可以自己点菜。点菜遵循以下规则。

1. 人员组成　一般来说，人均一菜，然后再搭一个冷盘与一道汤就可以了。如果是男士较多的餐会可适当加量。

2. 菜肴组合　一般来说，最好是有荤有素、有冷有热，尽量做到全面。如果桌上男士多，可多点些荤食，如果女士较多或有小孩，则可多点几道清淡的蔬菜与甜品。

点菜时可先询问服务员特色菜，然后再点一些家常菜就可以了。并不是点的菜越贵越好，根据宴请客人的情况，可以选择一两个或是几个重点特色菜，具体菜肴的确定，还应以适合多数客人的口味为前提，尤其要照顾主宾的饮食习惯。例如，不少外宾并不太喜欢山珍海味，特别是海参；伊斯兰教徒的清真席，不用酒，甚至不用任何带酒精的饮料和猪肉；印度教不吃牛肉，满族人不吃狗肉等。所有这些忌讳，在选菜时都应该考虑到。

3. 宴请的程度　根据宴请客人的重要程度，来确定点菜的平均价格。一般的客人，平均一个菜 30 ～ 60 元是完全可以接受的；如果有重要客人的话，就需要点几个高规格的菜了，如特色菜和价格较高的菜；如果再上一个规格的话，就需要龙虾、鲍鱼等；如果想进一步提高宴请的规格，可以给每个客人点一盅炖好的汤，如燕窝、鲍鱼或鹅掌。

注意点完菜后，可以问一下客人是否满意，或是有什么其他需要补充的，以示对客人的尊重。点完菜以后，需要考虑主食，可根据客人的地域来选择主食，或是选择具有自己本地特色的主食，在北方一般以面食作为主食。

还有一点需要注意的是，点菜时千万不要当着客人的面询问菜肴的价格或是讨价还价，这样会显得小家子气，而且客人也会觉得不自在。

（二）中餐点菜的“三优、四忌”原则

在宴请他人之前，主人一般要对所选的菜单进行再三斟酌，着重考虑哪些菜肴宜选，哪些菜肴禁忌，一般遵循“三优、四忌”的原则。

1.“三优”选择原则

（1）选择有中餐特色的菜肴：宴请外宾的时候，这一条更要重视。像炸春卷、煮元宵、蒸饺子、甜沫、油旋、胶东大包、狮子头、宫保鸡丁等，并不是多贵重的佳肴美味，但因为具有鲜明的中国特色，所以受到很多外国人的推崇。

（2）选择有本地特色的菜肴：如山东的葱爆海参、九转大肠、荠菜春卷、芝麻排骨等，西安的羊肉泡馍，湖南的毛家红烧肉，上海的红烧狮子头，北京的涮羊肉等；宴请外地客人时，上这些特色菜，恐怕要比千篇一律的生猛海鲜更受好评。

（3）选择本餐馆的特色菜肴：很多餐馆都有自己的特色菜，上一份本餐馆的特色菜，能说明主人的细心和对被请者的尊重。

2.“四忌”的原则　在安排菜单时，还必须考虑来宾的饮食禁忌，特别是要对主宾的饮食禁忌要高度重视。这些饮食方面的禁忌主要有四条。

（1）宗教禁忌：对于宗教方面的饮食禁忌，一点也不能疏忽大意。例如，穆斯林通常不吃猪肉，并且不喝酒；国内的佛教徒少吃荤腥食品，不仅是肉食，还包括葱、蒜、韭菜、芥末等气味刺鼻的食物；一些信奉观音的佛教徒在饮食中尤其禁吃牛肉，这点在招待港澳台及海外华人同胞时尤要注意。

（2）地方禁忌：不同地区，人们的饮食偏好往往不同。对于这一点，在安排菜单时要兼顾。例如，我国山东省份的人口味偏咸，四川和湖南省份的人普遍喜欢吃辛辣食物；英、美国家的人通常不吃宠物、稀有动物、动物内脏、动物的头部和脚爪等。宴请外宾时，尽量少点生硬需啃食的菜肴，老外在用餐中不太会将咬到嘴中的食物再吐出来，这也需要顾及到。

（3）职业禁忌：有些职业，出于某种原因，在餐饮方面往往也有各自不同的特殊禁忌。例如，国家公务员在执行公务时不准吃请，在公务宴请时不准大吃大喝，不准超过国家规定的标准用餐，不准喝烈性酒；驾驶员工作期间不得喝酒。另外，在职人员中午就餐一律不能喝酒。

（4）个人禁忌：有些人，由于身体原因，在饮食上有所禁忌，如心脏病、脑血管、脉硬化、高血压和脑卒中后遗症的人，不适合吃狗肉；肝炎患者忌吃羊肉和甲鱼；胃肠炎、胃溃疡等消化系统疾病的人也不合适吃甲鱼；高血压、高胆固醇患者，要少喝鸡汤等；还有些人为素食主义者，不吃肉等。

课堂活动

你的朋友从外地来看你，你请他到当地饭店吃饭，在不铺张的情况下如何点菜才能让朋友吃得好你又有面子？

（三）中餐上菜的顺序

正规的中餐菜顺序，一般按凉菜、热炒、主菜、主食、点心、果盘等的顺序进行。

1. 凉菜　有冷拼和花拼。有时种类可多达数十种。最具代表性的是菜心（或黄瓜）、凉拌海蜇皮、馓子拌苦菊、蔬菜拼盘、皮蛋等。

2. 热炒　视规模选用滑炒、软炒、干炸、爆、烩、烧、扒等组合。常见的有宫保鸡丁、鱼香肉丝、干炸里脊、炒河虾、西芹炒肉、虾仁炒西兰花等。

3. 主菜　主菜的道数通常是四、六、八等偶数，因为中国人认为偶数是吉数。在豪华的餐宴上，主菜有时多达十六或三十二道。

主菜使用不同的材料，配合酸、甜、苦、辣、咸五味，以炸、蒸、煮、煎、烤、炒等各种烹调法搭配而成。常见的有各种鱼类、红烧肘子、清炖排骨、海参汤、鲍鱼、乌鸡汤、甲鱼汤等。

4. 主食和点心　中餐主食主要有水饺、面条、米饭、锅贴、烧饼、油旋、蒸包、各种杂粮馒头、各种肉菜馅饼等。甜点主要有各种水果、豆沙、枣泥馅饼、蛋糕、各种烘培小点心等。

5. 果盘　一般最后上果盘，用于爽口、消腻。主要有西瓜、橙子、火龙果、红提、蛇果等。

四　中餐具的使用

中餐餐具主要有毛巾和餐巾、筷子、勺子、盘子、水杯、酒杯、水盂等（图 10-5）。

图 10-5　中餐主要餐具

（一）毛巾和餐巾

正式的中餐宴会，餐桌上会有一块湿毛巾（左手边的湿巾或毛巾），它只能用来擦手；有时候，在正式宴会结束前，会再上一块湿毛巾，和前者不同的是，它只能用来擦嘴，不能擦脸、抹汗。

餐巾，必须等大家坐定后才可使用。餐巾可铺在并拢的大腿上，以其折缝向内、大三角的顶端向外；也可将一角垫在食盘下，对角垂于桌下（国内中餐多采用）。

（二）筷子

筷子是中餐最主要的餐具。用筷子取菜要注意下面几个问题。

1. 不论筷子上是否残留着食物，都不要去舔。

2. 和人交谈时，要暂时放下筷子，不能一边说话，一边挥舞筷子。

3. 不要把筷子竖插在食物上面。因为这种插法，只在祭奠死者的时候才用。

4. 不能用筷子从菜中扒弄着吃，显得没有教养，也不卫生。

5. 有汤汁的菜，在夹菜的过程中，要避免筷子上的汤汁滴落，最好用自己的碗接菜。

6. 严格筷子的职能。筷子只是用来夹取食物的。用来剔牙、挠痒或是用来夹取食物之外的东西都是失礼的。

（三）勺子

勺子的主要作用是舀取菜肴、汤、粥等食物。用筷子取食时，也可以用勺子来辅助。用勺子取食物时，不要过满，免得溢出来弄脏餐桌和衣服。在舀取食物后，可以在原处“暂停”片刻，汤汁不再往下流时，再移回来享用。

暂时不用勺子时，应放在自己的碟子上，不要把它直接放在餐桌上，或是让它在食物中“立正”。用勺子取食物后，要立即食用或放在自己碟子里，不要再把它倒回原处。如果取用的食物太烫，不可用勺子舀来舀去，也不要用嘴对着吹，可以先放到自己的碗里等凉了再吃。不要把勺子塞到嘴里，或者反复吮吸、舔食。

（四）盘子

中餐常常有两个盘子叠放在一起，上面稍小点的盘子是盛放菜肴和食物的食盘，下面的是托盘。食盘主要作用一是用来暂放从公用菜盘里取来的菜肴；二是用来盛放不吃的残渣、骨、刺等。食盘一次不要取放过多的菜肴，不要把多种菜肴堆放在食盘中，防止相互“窜味”。不吃的残渣、骨、刺不要吐在地上、桌上，而应轻轻取出放在食盘前端，不要直接从嘴里吐放在食盘上，要用筷子夹放到食盘前端，如果食盘放满了，可请服务员及时更换。

（五）水杯和酒杯

水杯用来盛放清水、茶水和各种饮料，不能用它盛酒，水杯不能倒扣。正式的中餐宴会上，水杯放在菜盘左前方，酒杯放在右前方。

（六）水盂

在宴席上，当上鸡、龙虾、水果时，有时送上一小水盂，水上飘有玫瑰花瓣或柠檬片，供洗手用（曾有人误为饮料，以致成为笑话）。洗手时，两手轮流沾湿指头，轻轻涮洗，然后用餐巾或小毛巾擦干。

（七）牙签

尽量不要当众剔牙。非剔不行时，用另一只手掩住口部，剔出来的东西，不要当众观赏或再次入口，也不要随手乱弹，随口乱吐。剔牙后，不要长时间叼着牙签，更不要再用来扎取食物。

五 喝酒与敬酒

在中国文化中，餐桌是人们交流思想、增进友谊的场所，同时也是第二生意场，许多生意都是在酒桌上谈成的，也有的生意是“一杯酒喝丢了几亿元的投资”。酒文化是中餐文化的重要组成部分，中餐中的喝酒与敬酒是一门学问，掌握好这门学问，可以赢得预期的经济效益和社会效益；掌握不好，有可能瞬间丢失生意。注意敬酒的礼节，不仅体现个人修养，更重要的是代表公司的形象和实力。喝酒与敬酒时要注意以下几点。

1. 敬酒一定要站起来，双手举杯，碰杯时要注视对方，以示敬重友好。

2. 敬酒要有敬酒词，赴宴前要根据赴宴的人员情况和本次赴宴的目的提前做好功课，也可以背熟几个常用的祝酒词，避免举杯时尴尬的场面。

3. 可以多人敬一人，不可一人敬多人，除非是单位领导在特殊节日、特殊场合共同庆祝，敬祝全体员工。

4. 敬酒顺序一般是主人敬主宾，陪客敬主宾，主宾回敬，陪客回敬；如果与领导或长辈喝酒，一般是领导或长辈先互敬，等他们相互喝完了，其他人先从领导或长辈开始，按照顺时针方向敬酒。

5. 举杯祝酒时，主人和主宾先碰，人多时可以同时举杯示意，不一定碰杯。

6. 在主人和主宾祝酒、致词时应停止进餐，停止交谈。

7. 自己的酒杯低于别人的酒杯，这是基本的礼仪，但自己如果是领导或长辈，不要放太低，不然别人不好做。

8. 劝酒要适度，切莫强求；宴会上切忌饮酒过量，否则易失言失态。

9. 自己敬别人，如果碰杯，一句话：“我喝完，您随意”，方显大度。

10. 如不能喝酒，可以礼貌地说明，不要在别人给你倒酒时用手盖住杯口，更不可以把杯子倒置。

11. 多桌宴请时，主人与贵宾席人员敬酒后，要到其他席敬酒，此时席上各位宾客应起立举杯。

温馨提示：服用抗菌类（如头孢类、甲硝唑、替硝唑、呋喃唑酮等）、镇静催眠药（地西泮、巴比妥类）、解热镇痛药（阿司匹林、布洛芬等）、降糖药（格列本脲、二甲双胍、胰岛素等）、抗心绞痛药、降压药、抗过敏药、利尿药等类药物后，不要饮酒，以免发生意外。

六 倒茶

中国茶文化由来已久，看似简简单单的倒茶，包含丰富的礼仪，稍不注意，就会失礼。

（一）茶具要清洁

客人进屋后，先让坐，后备茶。冲茶之前，一定要把茶具洗干净，尤其是久置未用的茶具，要细心地用清水洗刷一遍。在泡茶以前最好当着客人的面用开水烫一下茶壶、茶杯，既讲究卫生，又显得彬彬有礼。现在一般的公司都是一次性杯子，在倒茶前要注意给一次性杯子套上杯托，以免水热烫手，让客人一时无法端杯喝茶。

（二）茶叶要适宜

选茶要因人而异，如北方人喜欢香味茶，江浙人喜欢清芬的绿茶，闽粤人则喜欢乌龙茶、普洱茶等。泡茶时，茶叶要适量，茶叶过多，茶味过浓；茶叶太少，又没有味道。可以询问客人喜欢喝浓茶或淡茶，按照客人的口味把茶冲好。

（三）茶水要适量

俗话说“半茶满酒整合烟”，茶不要太满，以七八分满为宜。茶道历来七分满，留有三分是人情。

（四）奉茶要得法

按照我国的传统习惯，一般用双手给客人端茶，以示敬意。对有杯耳的茶杯，通常是用右手抓住杯耳，左手托住杯底（图 10-6），双手把茶递给客人，并注意将杯耳转向客人的右手边；没有杯耳的茶杯端茶时用右手握住杯子的下三分之一，左手托杯底，双手递于客人。喝茶的客人要双手接过，点头致谢。

图 10-6　奉茶

（五）奉茶的顺序

奉茶要讲究前后次序。要先客人，后主人；先主宾，后次宾；先女士，后男士；先长辈，后晚辈。如果来宾人数比较多，那么就采取以进入客厅之门为起点，按顺时针方向依次上茶最为妥当。

（六）添茶

需要添茶时，要先给客人、长者、上司添茶，再给主人、晚辈、下属添茶。应该给每个客人的杯中都添，如果客人杯中的茶没喝，可以少加一点表示礼貌。

（七）品茶

品茶时，讲究小口品饮，一苦二甘三回味，其妙趣在于可意会而不可言传；喝茶的环境应该静谧、幽雅、洁净、舒适，让人有随遇而安的感觉。

课堂活动

你家来几个亲戚，有长辈有平辈，先给谁奉茶比较合适？讲讲你的想法。

七 离席

中国有丰富的饮食礼仪，宴会要做到善始善终，离席也有很多讲究。

（一）离席规则

1. 一般要等男女主人离席后，其他宾客方可离席。

2. 离席时应相互照应，帮助邻座长者或女士挪开椅子。

（二）提前离席的技巧

如果一场宴会正进行热烈时，若有人离开，会引起众人的附和离开，使宴会冷场，令宴会主人很尴尬。所以席间一般不应提前退席，若确实有事需提前退席，需注意以下技巧。

1. 中途离开酒会现场，不要与每一个人告别，也不要不打招呼自行溜走，应悄悄向主人说明情况并致歉，得到主人谅解后悄悄离去。

2. 与主人打过招呼，应该马上走，不要拉着主人在门口聊个没完。因为主人要做的事很多，不要占用主人过多时间。

八 送客

宴会结束一般先由主人向主宾示意，请其做好离席准备，然后从座位上站起，这是请全体起立的信号。主人送客要送到车前或大门口，客人告辞时应礼貌地向主人道谢，通常是男宾先向男主人告辞，女宾先向女主人告辞，然后交叉，再与其他人告辞。

知识拓展

国际上通用的宴请形式有宴会、茶会、招待会、工作餐等多种形式，举办宴请活动采用何种形式，通常根据活动目的、邀请对象及经费开支等各种因素而定。

1. 宴会　为正餐，是宴请的一种形式。宴会有国宴、正式宴会、便宴之分，按举行的时间，又有早宴、午宴和晚宴之分，其隆重程度、出席规格及菜肴的品种与质量均有区别。一般来说，晚上举行的宴会较之白天举行的更为隆重。

（1）国宴：国家元首或政府首脑为国家庆典，或为外国元首、政府首脑来访而举行的正式宴会，规格最高。宴会厅内悬挂国旗，安排乐队演奏国歌及席间乐，席间致辞或祝酒。

（2）正式宴会：除不挂国旗、不奏国歌及出席规格不同外，其余安排大体与国宴相同。有时亦安排乐队奏席间乐，宾主均按身份排位就座。

（3）便宴：非正式宴会，这类宴会形式简便，可以不排席位，不作正式讲话，菜肴道数亦可酌减。便宴较随便、亲切，宜用于日常友好交往。

2. 茶会　是一种简便的招待形式。举行的时间一般在下午四时左右（亦有上午十时举行）。茶会通常设在客厅（不用餐厅），厅内设茶几、座椅，不排席位。但如是为某贵宾举行的活动，入座时，有意识地将主宾同主人安排坐到一起，其他人随意就座。茶会顾名思义是请客人品茶，因此，茶叶、茶具的选择要有所讲究，或具有地方特色。一般用陶瓷器皿，不用玻璃杯，也不用热水瓶代替茶壶。

3. 招待会　是指各种不备正餐的较为灵活的宴请形式，备有食品、酒水饮料，通常都不排席位，可以自由活动。常见的有冷餐会、自助餐、酒会等形式。

（1）冷餐会：这种宴请形式的特点，是不排席位，菜肴以冷食为主，也可用热菜，连同餐具陈设在菜桌上，供客人自取。这种形式常用于官方正式活动，以宴请人数众多的宾客。

（2）自助餐：自助餐和冷餐会大致是相同的，只是现代自助餐比较丰富，而且有比较多的热菜，甚至有厨师当场给你煎炒。

（3）酒会或鸡尾酒会：招待品以酒水为主，略备小吃，不设座椅，仅置小桌（或茶几），以便客人随意走动。酒会举行的时间较灵活，中午、下午、晚上均可，请柬上往往注明整个活动延续的时间，客人可在其间任何时候到达和退席，来去自由，不受约束。这种招待会形式较活泼，便于广泛接触交谈。

4. 工作餐　按用餐时间分为工作早餐、工作午餐、工作晚餐，是现代国际交往中经常采用的一种非正式宴请形式（有的时候由参加者各自付费），利用进餐时间，边吃边谈问题。如在代表团访问中，往往因日程安排不开而采用这种形式。

思考题

1. 中餐进餐时应遵循哪些礼仪？
2. 中餐的座次安排有哪些要求？
3. 中餐点菜“三优、四忌”的原则是什么？

第二节　西餐礼仪

案例导入

王经理请刚回国的朋友赵先生吃西餐，带秘书小林同行。吃西餐时，小林将餐巾围在衣领前，吃饭过程中，小林嘴里含着食物，举着刀、叉不时地与赵先生聊上几句，中途小林外出接电话就将刀、叉和餐巾随便扔在桌上，几分钟后当小林接完电话回来后却惊讶地发现酒杯、牛排、刀、叉、餐巾都被侍者收走了。

想一想：侍者为什么要收走小林的酒杯、牛排、刀、叉、餐巾？

随着中西文化交流的日益广泛，现代人生活方式也发生了变化，西餐已经逐渐进入了中国人的生活。西餐礼仪不仅用于对外交流和对外合作中，而且已进入我们的大众生活。西餐礼仪已成为现代职场和社交场合中不可缺少的礼仪。

一　西餐的预约

去正式的西餐厅就餐，需要事先预约，越高档的西餐厅越需要事先预约。预约时，首先要说清人数和时间，其次表明是否要吸烟区或视野良好的座位。如果是生日或其他特别的日子，可以告知宴会的目的和预算。要在预定时间内到达，有急事时要提前通知，取消定位时一定要道歉。

提前2周告知要邀请的人，以表示尊重和重视。接受他人邀请时，应尽早回复是否赴约。

二 西餐的桌次、座次排列

西餐礼仪中的座次安排，是十分重要的，这关乎对每一位客人的正确定位和尊重。

（一）西餐的桌次排列

西餐多以长桌为主，一般根据人数多少、场地大小自行设置。常见的排列方法有“一”形排列、“T”形排列、“U”形排列、“山”形排列等，桌次排列见图 10-7。

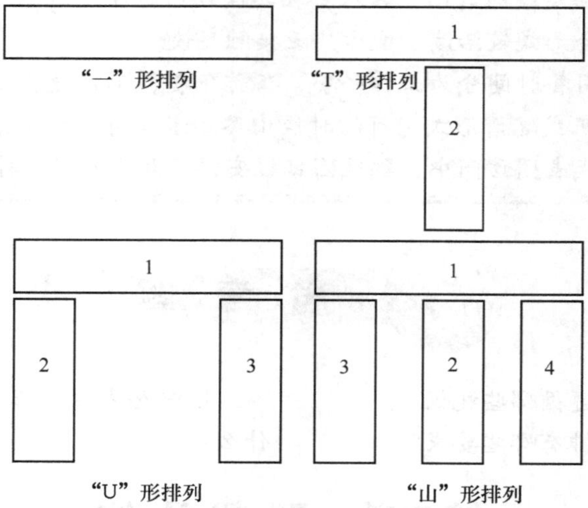

图 10-7　西餐桌排列方式（“一”“T”“U”和“山”形）

（二）西餐的座次安排

1. 座次排列　西式宴会的席次排位与中餐一样也讲究右高左低，同一桌上席位高低以距离主人座位远近而定。其座次排列方式主要有三种方式。

（1）主人位置在中间（法式就座方式）：男女主人对坐（如无女主人，则主人与主宾对坐），女主人右边是男主宾，左边是男次宾，男主人右边是女主客，左边是女次客，陪客则尽量往旁边坐。餐桌两端可以坐人，也可以不坐人（图 10-8）。

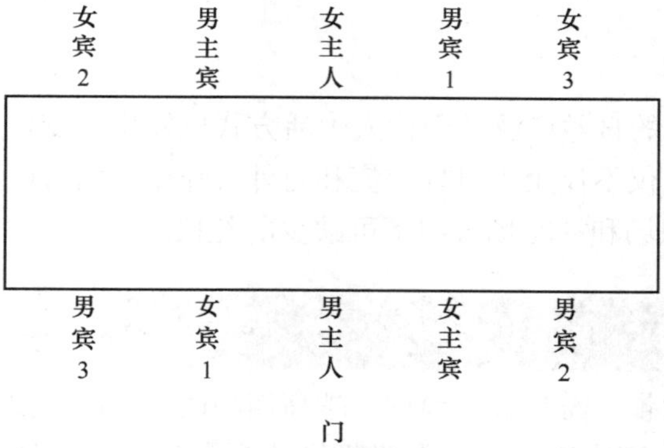

图 10-8　西餐法式座次排列

（2）主人位置在两端（英美式就座方式）：男女主人分别就座于长桌的两端。若夫妇一起受邀，则男士坐在女主人的右手边，女士坐在男主人的右手边，左边则是次客的位置，如果是陪客尽量往中间坐（图 10-9）。

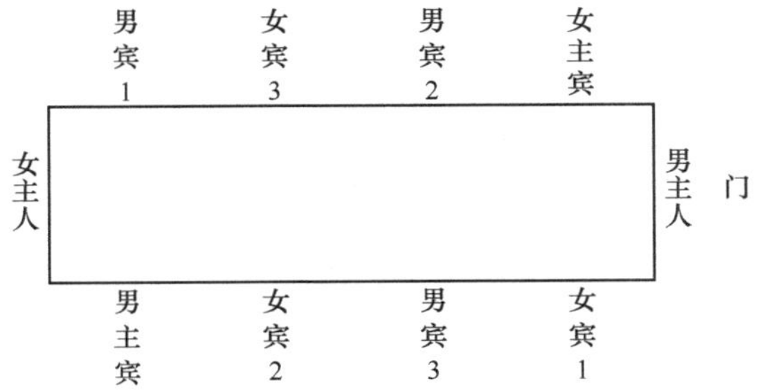

图 10-9　西餐英美式座次排列

（3）桌子是“T”形或“U”形排列时，横排中央位置是男女主人位，身旁两边分别是男女主宾座位，其余依序排列（图 10-10、图 10-11）。

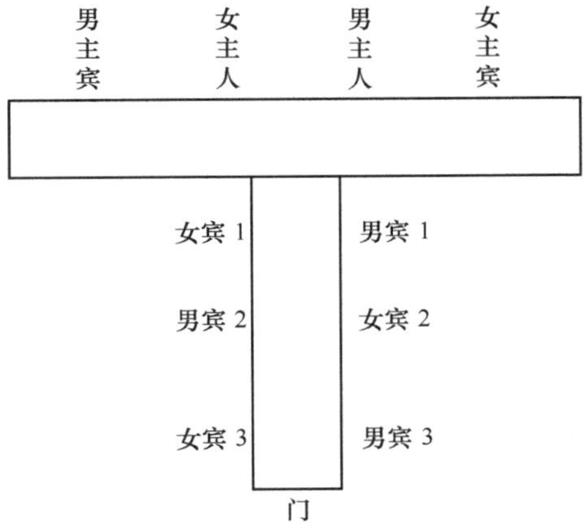

图 10-10　西餐“T”形桌座次

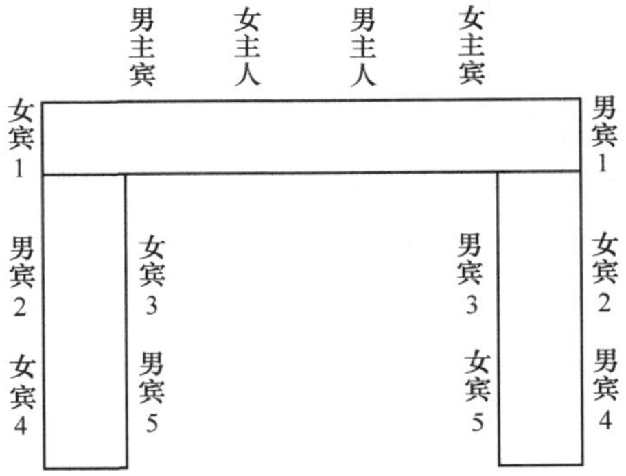

图 10-11　西餐“U”形桌座次

（4）圆桌座次排列：西餐主要以长方桌为主，西餐的圆桌位次排列见图 10-12。

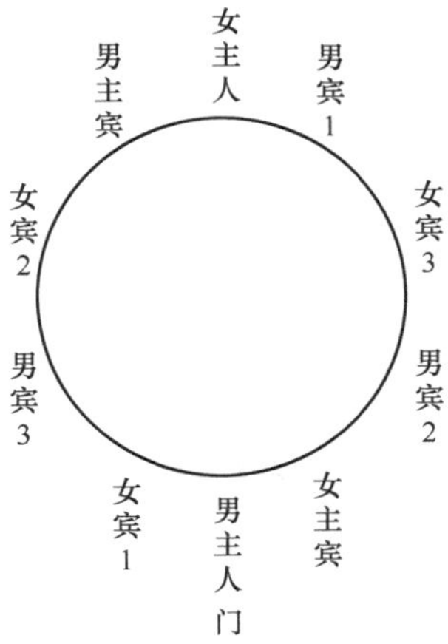

图 10-12　西餐圆桌座次

2. 座次的排列规则

（1）恭敬主宾：在西餐中，主宾极受尊重，即使来宾中有人在年龄、职位、身份高于主宾，主宾仍是主人关注的中心。在排座时，应请男女主宾分别紧靠女主人和男主人就座，以便进一步受到照顾。

（2）女士优先：西餐礼仪里，往往体现女士优先的原则。一般女主人为第一主人，在主位就位，男主人为第二主人，坐在第二主人的位置上。

（3）以右为尊：排列座次时，基本原则是以右为尊。当男女主人相对而坐时，男主宾要排在女主人的右侧，女主宾排在男主人的右侧，按此原则，依次排列。当男女主人并排而坐时，男女主宾分坐在女主人和男主人身边。

（4）交叉排列：西餐排列座次与中餐的区别是讲究交叉排列，即男女应当交叉排列，这样有助于男士为女士服务。

（5）距离定位：西餐位次的尊卑，是根据其距离主位的远近决定的。距主位近的位置要高于距主位远的位置。

（6）面门为上：按礼仪的要求，面对餐厅正门的位子要高于背对餐厅正门的位子。

三 西餐菜单结构

西餐有便餐和正餐之分。普通情况下，方便、简单的西餐便餐也是不错的选择。西餐便餐主要由开胃菜、汤、主菜、甜品、咖啡五道菜肴构成。

西餐正餐，其菜序复杂多样。完整的西餐正餐，一般由前菜（开胃菜）—汤类—鱼类—主菜类（除鱼肉和海鲜之外的各种肉类）—冷菜或沙拉—点心水果类—饮料（咖啡、茶等）等组成。主食：面包等。

（一）前菜

前菜（头盘、开胃菜，appetizers）通常有冷或热之分，常见的有鱼子酱、鹅肝酱、熏鲜鱼、鸡尾杯、奶油鸡酥盒、炬蜗牛等。开胃菜一般都具有特色风味，味道以咸和酸为主，数量较少，质量较高。

（二）汤

西餐汤（soup）与中餐汤大不同。西餐的汤大致可分为清汤、奶油汤、蔬菜汤和冷汤4类，品种有牛尾清汤、各式奶油汤、海鲜汤、美式蛤蜊周打汤、意式蔬菜汤、俄式罗宋汤、法式洋葱汤。冷汤的品种较少，有德式冷汤、俄式冷汤等。

（三）鱼类

鱼类（fish），也称副菜，包括各种淡、海水鱼类、贝类等。鱼类等肉质鲜嫩易消化，放在肉类的前面，叫法上也和主菜肉类菜肴有区别。

吃鱼类有专门的调味汁，有鞑靼汁、荷兰汁、白奶油汁、酒店汁、大主教汁、美国汁和水手鱼汁等。

一般水产类、蛋类、面包类、酥盒菜肴均称为副菜。

（四）主菜类

主菜（middle course）是肉类和禽类菜肴。肉类主要是牛、羊、猪肉；禽类菜肴主要是鸡、鸭、鹅、兔肉等。

肉类最有代表性的是牛肉或牛排。牛排按其部位又可分为沙朗牛排（也称西冷牛排）、菲利牛排、丁骨型牛排、薄牛排等。烹调方法常用烤、煎、铁扒等。配肉类菜肴的调味汁主要有西班牙汁、浓烧汁精、白尼斯汁、蘑菇汁等。

在西餐厅里点菜，如果自己不说明，侍者就会问你要几成熟牛排。

三四成熟：牛扒切开以后大量血汁流出，切口呈鲜红色。

五成熟：切开以后流出少量带血肉汁。

六七成熟：切开以后流出少量红色的肉汁，切口呈红色偏粉红。

八九成熟：切开以后无血汁流出，切口呈粉红色。

禽类菜肴中品种最多的是鸡，有山鸡、火鸡、竹鸡等，做法有煮、炸、烤或焖，主要的调味汁为黄肉汁、咖喱汁、奶油汁等。

（五）冷菜或沙拉

蔬菜类，称为沙拉（salad）。可安排在肉菜之后，也可与肉菜同时上桌，所以可以单算为一道菜，也可称为配菜。

与主菜同时上的沙拉，称生蔬菜沙拉，一般用生菜、西红柿、黄瓜、芦笋等制作。主要的沙拉调味汁是醋油汁、法国汁、干岛汁、奶酪沙拉汁。

还有一些蔬菜是熟的，如花椰菜、煮菠菜、炸土豆条等，熟蔬菜通常与主菜肉食一同摆放在餐盘中。

另外一类沙拉是用鱼、肉、蛋类制作的，一般不加味汁，也可作为头盘（开胃菜）食用。

（六）点心水果类

点心（dessert）和水果（fruit）又称甜品，是在主菜后食用的，它主要包括布丁、蛋糕、煎饼、冰淇淋、奶酪、水果等。

（七）饮料或热饮

饮料（beverage）主要有咖啡、红茶等饮料。其主要作用是助消化。饮咖啡一般要加糖和淡奶油，也有什么都不添加的黑咖啡；茶一般要加香桃片和糖。咖啡和茶二者选择其一，不能同时享用。

（八）面包

一般都是切片面包，有时是刚刚烤好的面包。在点完菜后，上开胃菜前5分钟，餐厅工作人员会送上与客人数量相等的面包和黄油，让客人先垫一垫胃口。面包也可以作为副菜，在汤之后上。

（九）酒水

西餐中的酒水主要分为餐前酒、佐餐酒和餐后酒三种。

1. 餐前酒　又称开胃酒，在用餐之前饮用，或在吃开胃菜时饮用。通常作为开胃酒的有鸡尾酒、威士忌和香槟酒等。

2. 佐餐酒　是在正式用餐期间饮用的酒水。西餐的佐餐酒均为葡萄酒，选择佐餐酒的一条重要原则是“红配红，白配白”，即红葡萄酒配红肉（一般指猪、牛、羊肉），白葡萄酒配白肉（一般指鱼肉、海鲜）。

3. 餐后酒　是指用于餐后，用来助消化的酒水。常用的有白兰地酒、威士忌等。

四 西餐餐具

（一）西餐餐具的摆放

西餐餐具的摆放有一定的规矩，最常见的摆放形式见图10-13。

1. 餐盘/汤盘　有时统称为食盘，摆在中央，餐巾置于食盘的上面或左侧。

2. 刀、叉和匙　刀平行放于食盘的右侧，刀刃对着盘子，刀的大小自右至左逐渐增大，汤匙放在餐刀右边，匙心朝上，汤匙的右边有时还有一把海鲜叉；叉放在食盘的左边，叉齿朝上，大小自左至右逐渐增大。

图 10-13　西餐餐具摆放

3. 玻璃杯　摆放在餐桌的右上角，与桌子边缘形成 45° 夹角，自左向右，最大的是水杯，然后依次为红酒杯、白酒杯、咖啡杯 / 茶杯等；或者是依次为水杯、香槟杯、葡萄杯、白酒杯、咖啡杯 / 茶杯等。

另外，杯子共有 16 种之多，但较常用的有水杯、红酒杯、白酒杯、马丁尼（鸡尾酒）杯、酸酒杯、高球杯、老式酒杯、白兰地杯、爱尔兰咖啡杯、可乐杯、香槟杯、啤酒杯及醒酒瓶。

4. 面包盘　放在食盘的左前方，上置黄油刀，食盘正前方则放咖啡匙和点心叉。

（二）西餐餐具的使用

1. 餐巾用法

（1）餐巾暗示着宴会的开始和结束。西餐宴会上女主人是第一顺序，女主人不坐别人是不能坐的。女主人把餐巾铺在腿上是宴会开始的标志，女主人把餐巾叠放在左侧桌子上，是宴会结束的标志。

（2）点完菜后，在前菜送来前的这段时间把餐巾打开，往内折三分之一，让三分之二平铺在腿上，盖住膝盖以上的双腿部分，防止进餐时掉落下来的菜肴、汤汁弄脏自己的衣服。注意不可将餐巾挂在胸前。

（3）餐巾可用来擦嘴，也可用来擦手，但绝不可用来擦脸部或擦刀、叉、碗、碟等。吃完抹手、抹嘴时切忌用餐巾大力擦，注意仪态，用餐巾的一角轻轻揩去嘴上或手指上的油渍便可。

（4）进餐一半回来还要接着吃的话，餐巾应放在你座椅的椅面上（表示占地儿），表示你到外面有点事，回来还要继续吃。如果放在餐桌面上则表示不回来了。

2. 刀、叉的使用　西餐中的刀和叉是主要用餐工具，其作用类同于中餐中的筷子。

（1）刀、叉的使用顺序是从外向内使用，即先使用外面小的叉吃前菜，再逐渐使用里面大的刀、叉吃鱼和主菜等。

（2）刀、叉并用：右手持刀，示指按住刀柄，左手持叉，示指按住叉柄，叉齿向下，先用叉子把食物按住，再将刀向下切。使用刀子切食物时，左手示指按住叉子，右手须先将刀子轻轻推向前，再用点力拉回并向下切，才不会发出刺耳的声音。

（3）食物要切成适合的大小，再用叉送入口内。英国式用法是不换手，一边切一边叉食；美国式用法则是切割后，将刀放下换右手持叉送食入口。

（4）刀与叉还有另一项非常重要的功用——刀、叉的摆置方式传递出“用餐中”或是“结束用餐”的讯息，见图 10-14。

3. 汤匙的用法　汤匙除了前菜用、汤用、咖啡用、茶用之外，还有调味料用汤匙，多用于甜点或是鱼类料理。

（1）喝汤时不可用手托起，以汤碗就口来喝。先用汤匙由后往前将汤舀起，汤匙的底部放在下唇的位置将汤送入口中。

（2）若汤品过烫时，应放旁边待凉再喝，不可用汤匙折来折去。

课堂活动

练习西餐刀、叉的使用。

五 西餐的礼仪规范

西餐与中餐相比，不仅仅是筷子和刀、叉的区别，而更多的是个人文化品味的体验。

（一）穿着要得体

正式的西餐宴请，男士要穿礼服或西服套装、打领带；女士要穿礼服（包括中式旗袍）或裙装配高跟皮鞋或其他礼服鞋。再昂贵的休闲服，也不能随意进出西餐厅。

（二）入座

得体的入座方式是从椅子的左侧入座。当椅子被拉开后，身体在几乎要碰到桌子的距离站直，领位者会把椅子推进来，腿弯碰到后面的椅子时，就可以坐下。

（三）举止

1. 仪态　用餐时，背部不要靠到椅背上，腹部和桌子应保持约一个拳头的距离，不要将胳膊肘支在餐桌上，使用刀、叉时，两臂与身体加紧，只允许小臂在桌面以上，最好避免两脚交叉的坐姿。

2. 就餐　享用食物的时候保持安静是基本的礼貌，喝汤、嚼食物都不应该发出太大的声音，打嗝尤其引人注目，万一打嗝发出了声音，应该对同桌的人表示歉意。面包要掰成小块，抹上黄油，用手送入口中。不能拿着整块面包用牙咬着吃。

3. 喝茶与咖啡　坐在餐桌旁，可直接拿起杯子喝茶或是咖啡。座位离桌子的距离较远，桌子也较低，喝茶或咖啡时，就应该将盛放杯子的盘子一起拿起来。在饮咖啡或红茶时，一定要用好汤匙。用它来加入糖或牛奶搅匀，不可用它来舀食咖啡或红茶。如暂时不用，可放在托盘之上，不要让它立于杯中。

4. 餐巾　用餐结束时不要折叠餐巾，否则，不了解情况的服务生可能会再给别的客人使用。用餐结束时要将餐巾从中间拿起，轻轻地放在餐桌上盘子的左侧。

六 西餐的禁忌

1. 嘴里有食物时，不要开口说话，防止食物渣飞溅。

2. 说话时，不可手执刀、叉在空中挥舞；不要一手拿刀或叉，而另一只手拿餐巾擦嘴；也不可一手拿酒杯，另一只手拿叉取菜。

3. 不能将叉、匙的整体放入嘴里，一般嘴唇不碰叉齿，只将叉齿的三分之一放入嘴中。

4. 将面包掰成小块，临吃前在小块上抹黄油，不要图方便将整个面包上都抹上黄油。

5. 对于不喜欢或者不能吃的食物，在服务人员或者主人分夹给你的时候，一般也不要拒绝，而应取少量放入盘中，表示“谢谢，够了”。

6. 不想喝酒或者添酒时，只需轻微做个手势即可，切不可将手蒙在酒杯上或者干脆将酒杯倒扣。

7. 如果塞了牙，切忌在餐桌上剔牙。如果有食物塞了牙非取出不可，应用餐巾将嘴遮住。

8. 不要将口红留在餐具上；凡是和用餐无关的东西都不能放在餐桌上；用餐期间吸烟也不可取，会影响他人的食欲。

9. 不可在进餐时中途退席。如有事确需离开应向左右的客人小声打招呼。如果是暂时性离开，须把餐巾放在椅子上。

温馨提示：用餐时，避免在众人面前补妆，补妆要到化妆室。

课堂活动

西餐就餐禁忌是什么？思考一下与中餐禁忌异同点有哪些？

知识拓展

一、西餐餐具语言

吃西餐的时候，多数情况下不需要多费口舌，在桌子上进餐时的一举一动就告诉服务人员你的意图，受过训练的服务员会按照你的愿望去为你服务，满足你的要求，这就是“刀、叉语言”（图 10-14）。

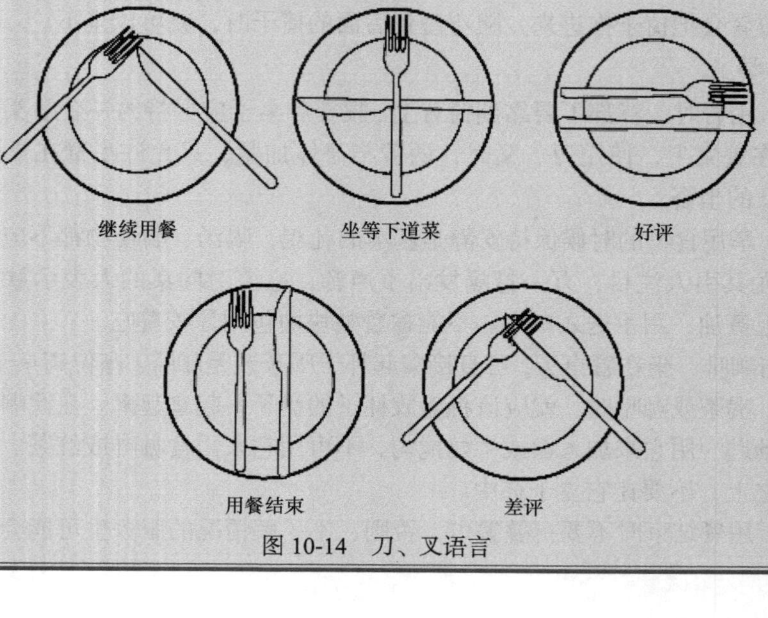

图 10-14　刀、叉语言

课堂活动

在前面的案例中侍者为什么要收走小林的酒杯、牛排、刀、叉、餐巾?

二、葡萄酒与葡萄酒礼仪

(一)葡萄酒的类型

1. 静止型葡萄酒　对葡萄进行一次酒精发酵，且葡萄酒中的酒精全部来自葡萄汁中的糖分。

(1)红葡萄酒：将红葡萄果皮、果肉、籽和汁一起发酵，培养期通常在一年以上，口味浓郁，单宁多，带涩味、不甜。

(2)白葡萄酒：①用白葡萄来酿制；②红葡萄去皮酿制，只将葡萄的汁液发酵，培养期在一年以内(橡木桶)，口味清香、单宁低。

(3)玫瑰红葡萄酒：①在白葡萄酒中掺红葡萄酒而得；②或缩短红葡萄皮浸皮时间。

2. 气泡葡萄酒　对葡萄进行二次发酵，第二次发酵在瓶中进行，使酒中产生一定二氧化碳气泡(香槟、气泡酒)。只有法国香槟地区生产的气泡酒，才能称香槟酒，因为有原产地保护法，每年产量不多，很珍贵。

3. 酒精强化型葡萄酒　是在葡萄汁发酵过程中或者是结束后加入葡萄酒精或白兰地。在发酵过程中人为干预停止，糖分多，甜；若是发酵结束再加入白兰地糖就彻底发酵成酒精了。雪利酒(sherry)和波特酒(15°～23°)即酒精强化型葡萄酒，酒性稳定，可以长时间保存。

(二)葡萄酒饮酒礼仪

酒杯：郁金香型高脚杯(图10-13)。

1. 准备工作

(1)醒酒：用餐前15分钟～1小时先开瓶，摆在一旁慢慢醒酒(或倒入醒酒器内)，让他与空气“呼吸”进行化学反应，同时让温度回升。喝红酒不可以加冰，最适当的饮用温度在10～14°(红酒是平放着储放，在饮用前一天要直立，使木屑等沉入瓶底)。

图10-15　醒酒器

(2)倒酒：一般用醒酒器倒酒(图10-15)。若用酒瓶直接倒酒时，要让酒标的正面朝上，倒酒时不可晃动酒瓶，依国际标准，不要超过杯子容量的三分之一，即约在杯身直径最大处，留有足够的杯内空间，可保持从酒中逸出的香气。倒到最后还要留一点在瓶的肩部，把酒瓶整个倒过来试图倒尽最后一滴酒，是不正确的。

香槟酒(起泡酒)应分次倒，第一次倒入酒杯后，气泡会迅速地冒起，小心倒，不要溢出杯口，待气泡消退后再倒第二次，最多八分满即可。

(3)斟酒先后顺序：一般顺序是主宾、主人、陪客、其他人员。家宴中，先长辈，后晚辈，先客人，后主人。国际上，较流行的服务顺序是先女宾后主人，先女士后先生，先长辈后幼者。

2. 喝葡萄酒的礼仪 葡萄酒四部曲：一看、二摇、三闻、四品。

（1）看：杯子微微向前倾斜，看是否有木屑与杂质，同时观察酒的颜色：优质的红酒充满光泽且通透，紫红色，酒的年纪还轻；暗红，外围带褐黄色，好酒。如果色泽偏暗（如咖啡色）或浑浊，这支红酒的品质就不会太高，或者已经出了保质期，坏了。

（2）摇：右手握杯柄，逆时针方向优雅地摇动，让酒与空气“呼吸”进行氧化，增加香味。摇杯的作用：①让酒充分氧化，香味才能出来；②观察是否挂杯，挂杯者含糖较多，质量不佳，不挂杯者含糖少，质量佳。

（3）闻：将杯口罩住鼻孔深呼吸。高级红酒闻起来味道很浑厚、很浓郁，由于鼻子的灵敏度远远超过舌头，因此有时候一杯酒慢慢闻上一个小时，还是感觉香味越来越浓。

（4）品：好的红酒是艺术品，不要“喝”，而是“品”。每次品之前，先晃动酒杯，用鼻子深吸一下，然后浅尝一口，让酒液在口腔保留一段时间，之后咽下去。喝红酒不能干杯，另外不能加柠檬和雪碧，这会破坏红酒原来的味道。

注意：举杯姿势用拇指、示指和中指握住杯脚，另外两个手指轻抵杯底，手尽量不要碰酒杯；将酒杯举至略高于眼的地方，使酒和空气混合，浅尝一口，含在嘴里，像漱口一样，使酒、空气与口腔黏膜充分结合。

3. 握杯和碰杯 用拇指、示指和中指握住杯脚，不要握杯体（香槟和葡萄酒都是非常敏感的饮料，手上的温度会改变它的味道）。碰杯有三种方式。

（1）直碰：两只杯子平行相碰，适合于正式场合。

（2）斜碰：两只杯子各呈45°相碰，适合于两人的关系较熟、较亲密。

（3）遥碰：当两人相距较远，敬酒时将杯子高举齐眼，并注视对方，然后至少要喝一口酒以示敬意。

温馨提示：在饮酒之前，女士宜用纸巾吸去口红，以防口红沾到杯子上。或者使用不脱色口红。

课堂活动

斟酒时要注意什么？饮葡萄酒如何拿酒杯？

思考题

1. 请讲讲西餐的座次排列有哪几种方式？

2. 西餐正餐是由几种菜肴组成的？一般按什么顺序上菜？

3. 简述餐巾的含义。

4. 西餐结束用餐时，刀、叉该如何摆放？中途暂停用餐又该如何摆放？请用图示法表示出来。

5. 西餐中葡萄酒的品酒含哪几个步骤？

第三节　自助餐礼仪

案例导入

年末公司举行周年庆典活动，安排了十分丰盛的自助餐。刚参加工作不久的刘小姐第一次参加正规的自助餐，她发现其他用餐者的表现非常随便，便也就“照瓢画葫芦”，像别人一样放松自己。让刘小姐开心的是，她在餐台上排队取菜时，竟然见到自己平日最爱吃的榴莲酥。于是，她毫不客气地替自己满满地盛上了一大盘。她想：这么好吃的东西，这回不多盛一些，保不准一会儿就没有了。然而令刘小姐脸红的是，她端着盛满了榴莲酥的盘子从餐台边上离去时，周围的人居然个个都用异样的眼神盯着她。更令刘小姐尴尬的是还没吃一半，自己已经吃饱了，望着餐台上摆的基围虾、三文鱼之类更多更好吃的食品，刘小姐已经吃不动了。

想一想：周围的人为什么用异样的眼神盯着刘小姐？刘小姐应该怎么做？

自助餐是目前国际上通行的一种非正式的西式宴会，在大型的商务活动中尤为多见。

之所以称为自助餐，主要是因其可以在用餐时调动用餐者的主观能动性，自己动手，自己在既定的范围之内选用菜肴。它的具体做法：不预备正餐，由就餐者在用餐时自行选择食物、饮料，然后或立或坐，自由地与他人一起或是独自一人用餐。

自助餐又被称作冷餐会，主要是因其提供的食物以冷食为主。但国内的自助餐大都冷热搭配。还可以提供一些半成品，由用餐者自己进行加工。

一　自助餐的特点

（一）形象自然

吃自助餐时，没必要穿晚礼服、西服套装，只要形象自然就行。

（二）时间自由

参加自助餐宴会时，没必要像参加正餐宴会那样准点到场，或者与大家一起退场。用餐者只要觉得吃好了，在与主人或身边的人打过招呼之后，随时都可以离去。

（三）座次自由

自助餐不排列座次，自由就座。

二　自助餐的就餐礼仪

自助餐礼仪，泛指人们安排或享用自助餐时所需要遵守的基本礼仪规范。具体来讲，自助餐礼仪分为主办方的礼仪与就餐者的礼仪两个部分。以下对其分别予以介绍。

（一）主办方的礼仪

主办方的礼仪指的是自助餐的主办者筹办自助餐的规范性做法。一般而言，它包括就餐的时间、地点及食物准备、客人招待四个方面。

1. 就餐时间　在商务交往中，自助餐大都被安排在各种正式的商务和政务活动之后，故而其举行的具体时间受到正式的商务、政务活动的限制，自助餐一般安排在中午。

2. 就餐地点　自助餐的就餐地点，既能容纳下全部就餐人员，又能为客人提供足够的交际空间。因此，选择自助餐的就餐地点时，应注意以下三点。

（1）为用餐者提供一定的活动空间。

（2）要提供数量足够使用的餐桌与座椅。

（3）使就餐者感到环境宜人。

3. 食物准备　自助餐所提供的食物在数量上应当略有富余，但又不至于太多而浪费；而自助餐的品种应丰富多彩，满足不同就餐者的需要（图 10-16）。

在准备食物时，务必要注意保证供应，同时，还须注意食物的卫生及热菜、热饮的保温问题。为方便就餐者进行选择，同一类型的食物应被集中在一处摆放。

图 10-16　自助餐

4. 客人招待　招待好客人，是自助餐主办者的责任和义务。要做好这一点，必须特别注意下列环节。

（1）照顾好主宾：任何情况下，主宾都是主人照顾的重要对象。主人要陪同主宾就餐，与其进行适当的交谈，为其引见其他客人等，但要注意给主宾留下一点自由活动的时间，不要始终伴随其左右。

（2）充当引见者：主人一定要尽可能地为彼此互不相识的客人多创造一些相识的机会，并且积极为其牵线搭桥，充当引见者。

（3）安排服务者：小型的自助餐，主人往往可以一身二任，同时充当服务者。但在大规模的自助餐上，要安排专门的服务人员，一般自助餐上的服务生须由健康而敏捷的男性担任，他的主要职责是主动向来宾提供一些辅助性的服务，如供应食物、饮料等，不使来宾因频频取食而妨碍同他人进行交谈。

（二）就餐者的礼仪

就餐者的礼仪，即享用自助餐的礼仪，主要是指以就餐者身份参加自助餐时，所需要具体遵循的礼仪规范。

1. 排队取菜　享用自助餐时，大家必须自觉地维护公共秩序，讲究先来后到，排队选用食物，不允许插队。在取菜之前，先准备好一只食盘，轮到自己取菜时，应以公用的餐具将食物装入自己的食盘内，切勿直接下手或以自己的餐具取菜；取菜时不要挑挑拣拣或者在众多的食物面前犹豫不决，让身后之人久等。

2. 循序取菜　自助餐上，如果想要吃饱、吃好，首先要了解合理的取菜顺序，然后循序渐进。

一般取菜的先后顺序：冷菜、汤、热菜、点心、甜品和水果。因此，在取菜时，最好先在全场转上一圈，了解一下情况，然后再取菜。甜品、水果应作为“压轴戏”，最后取用。

3. 多次少取　自助餐选取菜肴时，要根据本人的食量采取“多次少取”的原则。若为了省事而一次取用过量，导致食物的浪费，则是失礼之举。

4. 避免外带　所有的自助餐，用餐时不论吃多少都可以，但是千万不要偷偷往自己的口袋、皮包里装一些“心爱之物”，更不能要求侍者替自己“打包”。

5. 送回餐具　在一般情况下，自助餐大都要求就餐者在用餐完毕之后，自行将餐具整理到一起，然后将其送回指定的位置。在庭院、花园里享用自助餐时，尤其应当这么做。在餐厅里用自助餐时，有时可以将餐具留在餐桌之上，由侍者负责收拾。不过亦应在离去前对其稍加整理，不要弄得餐桌上杯盘狼藉、不堪入目。

6. 礼貌待人　参加自助餐时，应当以礼相待其他用餐者。排队、取菜、寻位等行动期间，对其他用餐者要谦让，不要目中无人、蛮横无理。

若自己的同伴不熟悉自助餐，不妨向其扼要地介绍，不过不可以自作主张地为对方代取食物，更不允许将自己不喜欢或吃不了的食物“处理”给对方吃。

7. 积极交际　一般来说，参加自助餐时，吃东西往往属于次要之事，而与他人进行适当的交际活动才是更重要的任务。

三　自助餐的优势

（一）免排座次

正规的自助餐，往往不固定用餐者的座次，甚至不为其提供座椅。这样一来，既可免除座次排列之劳，还可以便于用餐者自由地进行交际。

（二）节省费用

自助餐多以冷食为主，不提供正餐，不上高档的菜肴、酒水，可大大地节约主办者的开支，避免了浪费。

（三）各取所需

用餐者根据自己喜好、食量自行取用菜肴，能较好地处理众口难调的问题。

（四）招待多人

自助餐可以款待数量较多的来宾。

作为宴会的一种特殊形式，自助餐在我们身边其实是无所不在的，只不过它以不同的面貌出现，如酒会、茶会、咖啡会、冷餐会等。参加自助餐的时候，如果你自觉遵守礼仪，适当地交际，相信不仅会吃得好，而且会让你多交朋友，广结善缘。

知识拓展

自助餐起源于8～11世纪北欧的斯堪的纳维亚半岛，那时的海盗们每有所猎获的时候，就要由海盗头出面，大宴群盗，以示庆贺。但海盗们不熟悉也不习惯当时吃西餐的繁文缛节，于是便独出心裁，发明了这种自己到餐台上自选、自取食品及饮料的吃法。以后的西餐业者将其文明、规范化，并丰富了吃食的内容，就成了今日的自助餐。很多西方专业自助餐厅现在还冠以"海盗餐厅"的名字，缘由于此。

思考题

1. 自助餐的特点是什么？作为主办方，安排自助餐主要考虑哪几方面？

2. 自助餐的长处是什么？

3. 自助餐取菜遵循什么原则？

（高秀蕊）

模块五

沟通礼仪篇

第十一章 沟通技巧与沟通礼仪

● 案例导入

科学研究表明，人在醒着的时候，每天大约有70%的时间花在各种各样的沟通上。例如，问好、聊天、分享、了解客户需求、开会、电话、QQ及微信交流。沟通是维持人际关系和推动工作进程的必要手段。

在美国商学院中流传着一句话："一个人能否成功，不在于你知道什么，而在于你认识谁。"几乎没有一位成功者会把他们的成功归功于其天生的才华，在他们看来，人际沟通能力才是成功的基础。优秀的职业人，25%取决于他的"智慧、专业技术和经验"，而有75%取决于他的良好人际沟通能力。

● 案例赏析

两位信徒想在祈祷时抽烟，他们分别问神父是否同意，由于两位的沟通方式不同，得到的答案截然不同。

一位信徒问神父："我可以在祈祷时抽烟吗？"神父说："不可以！"

另一信徒问神父："我可以在抽烟时祈祷吗？"神父说："可以！"

案例点评：这两个信徒发问的目的和内容完全相同，但由于发问的方式不同，得到的结果却完全相反。

启示：掌握高超的沟通技巧，才能得到预期的结果。

第一节 沟通元素与沟通类型

人在醒着的时候，每天需要花大量（约70%）的时间用在各种各样的沟通上，沟通已经成为人们日常生活、社交和工作交流的一个重要组成部分。

人们在日常生活中的聊天往往是感情的需要，是一种随意的、不带任何沟通动机的交流，只要注意说话的语气和方式，一般都能愉快地进行。但是，带有目标的社交和职场沟通，要想达成目标就需要了解沟通的原理并掌握一定的沟通技巧。

一 什么是职场沟通

职场沟通是为了一个设定的“目标”把信息、思想和情感传递给对方（个人或群体），并且达成共同协议的过程。在职场中，有目标的对话才叫沟通，协议的达成是沟通完成的唯一标志。

在社交和职场中，要想使沟通的“目标”愉快、顺利地达成，我们就要了解沟通基本元素及可能产生沟通障碍的环节。

二 沟通过程中的基本元素

沟通过程主要由信息输出者、信息（语言、文字、思想和情感）、沟通渠道、信息接收者和译码、背景、反馈等基本元素组成（图 11-1）。

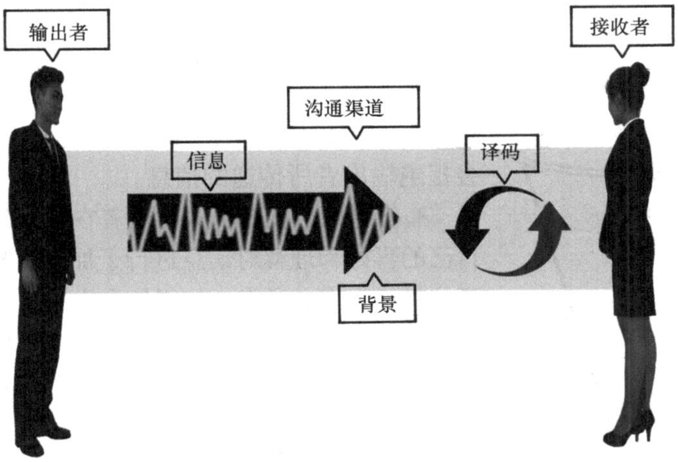

图 11-1　沟通的基本元素

1. 信息输出者　即根据自己的沟通目标，将信息进行适当的整理，选择合适的沟通渠道（如面对面、电话、网络或书面等）将信息传递给对方（接收者）的人。在谈话过程中，交流的双方不断变换角色，互为信息输出者和接收者。

2. 信息　沟通过程中的信息包括语言、文字、思想和情感等的全部内容。

3. 沟通渠道　是信息传送的载体和手段。输出者可根据沟通的目的，选择合适的沟通渠道，将信息传送给接收者。不同沟通渠道对信息传送的效果是不同的，其效果优先级为：面对面沟通＞视频沟通＞电话沟通＞网络文字沟通。

4. 信息接收者和译码　接收者是获得信息的终端，他将获得的信息依据自己的感受、经验、已有的知识及当时的沟通背景，翻译成自己能够理解的语言（即译码）而接收。

由于沟通双方的阅历、专业、学识、个人信仰、企业的文化等因素的差异，使得沟通双方对同一信息可能产生不同的译码，从而导致沟通的偏差。

5. 背景　指沟通双方当时所处的背景，如年代、国内外形势、企业文化和现状、本次沟通的前提和目标等。

6. 反馈　沟通是双向的，接收者将接收到的信息经过译码理解后，对所理解的信息做出反应，将反应的内容经过整理（编码），选择合适的渠道再发送给信息输出者的过程称“反馈”。在这一过程中信息输出者和接收者角色发生了转换。

三 沟通的障碍

在沟通过程中，沟通的障碍可使沟通双方的译码出现偏差甚至错误，了解沟通障碍产生的原因，可以设法减少甚至消除障碍。沟通的障碍主要来自于两个方面：主观因素和客观因素。

（一）主观因素

1. 沟通背后的价值体系　人的价值体系是决定沟通译码的主要因素。由于沟通双方的工作生活经历、学识、信念、价值观和性格等的不同，造成双方价值体系的差异，从而带来沟通译码的差异，这是沟通的最大障碍。

2. 经验、情绪、偏见的影响　沟通的译码还受沟通双方当时的情绪（喜悦、悲伤、委屈、愤怒等）、个人经验（曾有过的类似经历）、对某类人员的偏见等的影响。如果接收者在心理上对信息的发出者存在怀疑、恐惧、抵触，在信息的接收过程中就会抵触参与信息的反馈与交流，甚至会拒绝输出者所传递的信息。

3. 信息的过度加工　接收者在信息的传递过程中根据自己的喜好和理解对信息进行了加工（删减和添加），断章取义或者意非所意，使得信息失去了原有的真实含义。

4. 沟通者的语言障碍　沟通双方在发送信息和反馈信息过程中选择的语言的不同（如不同的方言），造成一定的沟通障碍。

（二）客观因素

1. 环境障碍　包括场地的噪声、温度、说话者的音量、双方的空间距离等都会影响信息接收者对信息的正确接收。

2. 接收者的漏斗过滤作用　信息的接收者受个人理解力、时间等因素的影响，对接收到的信息产生自然的过滤作用（图 11-2），从而使原有的信息减少。

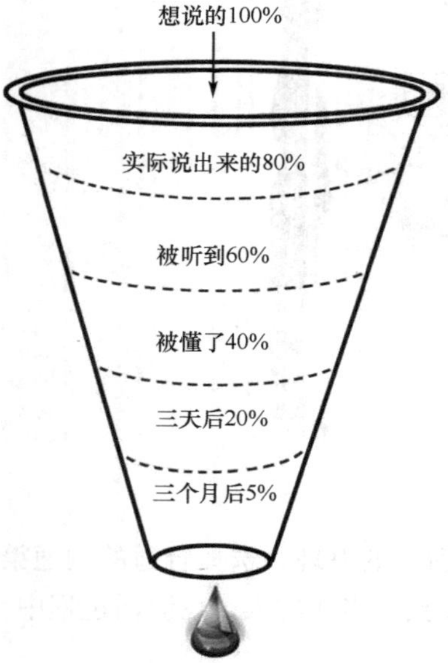

图 11-2　沟通的漏斗模型

课堂活动

课堂活动：传达会议精神。

活动时间：10 分钟。

活动流程：

1. 将学生分组，4～6 人一组，每组选一名组长，一名副组长，老师指定一位班长。

2. 老师向班长传达会议精神→班长向组长传达→组长向副组长传达→副组长向组员传达。

3. 选一名组员向老师汇报会议精神。

4. 问题讨论：大家领会的会议精神是否精准？如果有偏差问题出现在哪里？

四 沟通的类型

按照沟通的组织系统、组织结构、信息的载体及沟通的渠道等划分，沟通可以分为以下几种类型。

（一）按照组织系统划分

按照组织系统划分，沟通可以分为正式沟通和非正式沟通。

1. 正式沟通　是指通过组织规定的形式进行信息的发布、传递和交流。例如：企（事）业单位的汇报制度、会议制度，按照组织系统逐级进行上传下达。其优点在于沟通效果好，具有较强的约束力，一般较重要的信息通常采用这种方式。缺点是速度慢，不易进行感情的交流。

2. 非正式沟通　是指组织规定的形式以外的其他沟通形式，如座谈、总裁接待日、员工活动、私下聊天等都属于非正式沟通。非正式沟通，有时比正式沟更易传递感情，在工作中发挥的作用更大。

（二）按照组织结构划分

按照组织结构划分，沟通可以分为上行沟通、下行沟通和水平沟通。

1. 上行沟通　是指下级对上级的自下而上的沟通形式。如向上级汇报情况、提供建议、提供方案、申报项目等的沟通。

2. 下行沟通　是指上级对下级的自上而下的沟通形式。如向下级传达指示、会议精神及通报、布置任务、提出要求等。

3. 水平沟通　是指同一层级的部门人员之间的工作协调、协商和交流等。

（三）按照信息的载体划分

按照信息的载体划分，沟通可以分为语言沟通和非语言沟通。

1. 语言沟通　按照信息的载体，语言沟通又分为口头语言沟通和书面语言沟通两类。口头语言沟通是最常用的，同时也是保障信息整体性（语言的内容、说话人的思想和感情等）的最佳沟通方式。书面语言沟通，可以修正文字，达到文字和内容的精准性，另外它可以超越时间和空间的限制，具有持久的保存性。

2. 非语言沟通　是指通过动作、眼神和面部表情、语气等语言以外的形式进行的信息沟通，它更容易传递思想和情感。非语言沟通与语言沟通结合起来使沟通更具有感染力。

（四）按照沟通的渠道划分

按照沟通的渠道划分，可分为面对面沟通、电话沟通、网络文字沟通等。

本章重点介绍面对面沟通、组织间的沟通（上行沟通、下行沟通和水平沟通）、电话沟通、网络文字沟通及书面语言沟通几种沟通类型。

思 考 题

根据下面的例子说明信息的输出者、接收者、信息、渠道各是什么？

1. 导游小李对游客们说：“请大家带好随身物品，我们出发去往下一个景点——

八达岭长城。”

2. 游客王先生对停车场管理员说：“我是精灵旅游团的，我找不到我们团的大巴了。”停车场管理员给游客王先生指示了一个方向说：“旅游团大巴都在那个区域，你和导游联系一下，问问车牌号。”

3. 游客王先生用手机给导游小李打电话：“李导游，咱们的大巴车牌号是多少？我和你们走散了。”导游小李说：“我们的车牌号是京B06365。您到车上来等我们，我们很快就到。”

第二节　面对面沟通礼仪

面对面沟通的形式，在商务、政务和社交场合中是最常见的一种沟通方式。如商务或政务拜访、召见、招聘、咨询、调研、谈判、上下级和平级之间的工作汇报和业务沟通，公司业务人员的产品介绍和推销，以及服务人员与顾客的沟通等都需要面对面沟通。因此，掌握面对面沟通的技巧是每一位从业人员必须具备的一项工作能力。

一　面对面沟通的载体

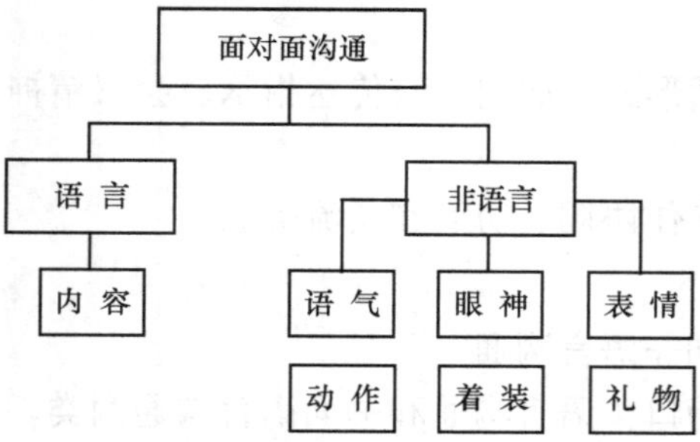

图 11-3　面对面沟通的载体

面对面沟通传递信息的方式主要为语言传递和非语言传递。语言传递是指语言的具体内容，在沟通过程中，语言沟通更擅长传递的是信息。而非语言沟通（包括语气、眼神、表情、动作、着装、礼物等）更擅长于思想和情感的传递（图 11-3）。

在面对面沟通的过程中，语言与非语言部分哪个更重要呢？尽管语言是人类传播信息的主要载体，但是非语言部分在信息的传播过程中扮演着不可小视的角色。非语言研究专家艾伯顿·梅热比提出了如下公式。

沟通双方相互理解 = 表情（55%）+ 语气（38%）+ 语言（7%）

在上述公式中语言本身只占 7%，而非语言部分却占了 93%。这个公式充分说明人类的非语言部分在信息的传播中起着举足轻重的作用。

课堂活动

请三位同学表演一组对话，体会一下非语言的作用。

游戏：3人，1男、2女。

（1）男生对两位女生分别说出同样的话：“我非常喜欢你。”

（2）一女生面带微笑、娇嗔地对男士说：“你真讨厌！”

（2）另一女生表情和语气都很平淡地说：“你是个好人！”

判断：哪位女生更有戏？为什么？

二　高效沟通的步骤和技巧

如何才能在商务、政务和社交场合做一个沟通高手？从而得到自己想要的结果？高效沟通要做好以下六个步骤。

事前准备→确认目标→阐述观点→处理异议→达成协议→共同实施。

在以上的六个步骤中，阐述观点和处理异议是沟通的核心步骤。

（一）事先准备

1. 了解　了解对方的学历、经历、职位、工作环境、性格、爱好、需求和价值取向。以便应用同理心（换位思考 + 验证）消除沟通双方主观因素造成的沟通障碍。

2. 沟通环境的准备　包括沟通场地的温度、说话的音量、空间距离等。

（1）沟通场地温度：以体表感受偏低为宜（即有点凉）。温度高了会使人有昏睡感，特别是当参加会议的人较多时，如果会议室较小、温度又高，使人有缺氧的感觉，更易使人昏昏欲睡。

当然，温度也不能过低，过低肌肉会紧张，继而会带来心理上的紧张。影响沟通的顺利进行。一般人在 25℃的温度环境中较为舒适。

（2）场地噪声的控制：噪声是一种声波污染，是不和谐的声音，不仅会影响情绪，还会危害健康。例如，人们处在夏日里的汽车喇叭声中，如果房间里又没有空调，会感到极度烦躁，继而转化为输出者和接收者的主观障碍，双方在进行沟通时会出现偏差、遗漏甚至无法集中精力等情况。

沟通最好在一个相对安静的环境里进行，职场的沟通，特别是一对一沟通时，最好在小型安静的会议室里进行。

（3）空间距离：当谈话双方的距离相距较远时，由于听力的障碍，使信息接收者不能完整地接收信息，从而造成译码的错误。所以要尽量避免此现象的发生，掌握好有效的沟通距离。

3. 情绪准备　沟通之前，要做好情绪管理，消除当时的任何负面情绪，保持积极乐观的情绪。尽量将谈话放在当时的背景下客观地判断和评价问题，避免因当时的情绪不好、经验主义和已有的偏见等因素引起沟通的偏差。情绪管理一般分四个步骤。

（1）时刻觉察自己的情绪：只有觉察到才能够谈得上管理。在第一时间觉察并识别出自己此刻的情绪是什么：是快乐、愤怒、焦虑、忧伤、委屈，还是失落？

（2）完全接纳自己的情绪：健康情绪不是指要时刻处于阳光状态，而是你所表现出的情绪要与你所遇到的事件呈现一致性。所以，当你的情绪体验符合客观事件时，要第一时间告诉自己：我的愤怒、喜悦……情绪是正常的。

（3）与自己的情绪合一、不对抗：当我们与自己的情绪合一时，情绪的张力就会下降，内心自然恢复平静。有破坏力的往往不是情绪本身，而是我们与自己情绪的对抗，越对抗就越痛苦。

（4）学会表达情绪：情绪的表达和情绪的发泄是不一样的。怎样理解？我们来看下面的两个例子。

案例赏析

某企业 A 员工由于工作失误，受到领导的严厉批评，并宣布扣除其当月的奖金。该员工感到委屈和不满，连续几天在工作岗位上牢骚满腹，摔摔打打，不仅影响了自己的工作，而且对其他员工也造成了负面影响。

B员工由于同样的原因，也受到了领导的批评和同样的惩罚。该员工内心也感到委屈，所以事后向自己的好友述说原由，得到了好友的指导和安稳，舒缓了自己的情绪，此后他以这件事为经验教训，工作中再也没有犯同样的错误。

想一想：以上两位员工哪一个是情绪的正常表达？哪一个是情绪的发泄？

为什么情绪的表达是被允许的，而情绪的发泄是不被认可的呢？

案例点评：情绪的表达是一种情绪的正常流淌，流淌了才不会积怨，在精神和身体上才能健康，才不会形成下一次沟通的主观障碍。

而情绪的发泄是有破坏力的，给外界一个破坏性的作用力，其反作用力会反过来伤害到自己。前面的那个A员工，若长此以往，最终会走向对领导的对立面，整个工作环境和工作状态就会越来越差。

（二）确认目标

当做好了上述准备之后，正式沟通之前要确定好本次沟通的目标是什么？最终要达到一个什么样的结果？怎样达成这个目标？

（三）阐明观点

阐明观点是沟通的核心。沟通的目的就是达成目标，而沟通过程中双方观点的阐明是达成目标的主要手段，是沟通的核心。沟通过程中要注意下列问题和技巧。

1. 语言、语气和语速　在阐明自己的观点时，应注意语言、语气和语速。

（1）普通话为职场通用语言，如果不是老乡之间的谈话，应该使用普通话来交谈，避免因语言不通带来的沟通障碍。

（2）谈话时语气要温和、悦耳，音量以对方能够听清楚为宜；语调要适中，因为语调过高会使人产生烦躁感，语调过低会使人产生沉闷感，并且会因穿透力差而影响听力。

（3）在正常的沟通中，语速要适宜。如果语速太快，对方在接收信息时，必须高度紧张，接收者会特别疲惫，在此状态下往往会遗漏掉许多重要信息。所以要控制语速，最大可能地让接收者收到准确的、完整的信息。

（4）用停顿做到“听”与“想”的统一：沟通过程中，每说完一句话或每表达完一个完整的意思都要有一个小的停顿，这样不仅可以有效地控制语速，使语言更有节奏感，而且也可使沟通双方都有一个思考的时间，使听者更好地理解，使说话者更好地组织下一轮的语言。

2. 寻找对方潜意识的需求　适当地察言观色，捕捉对方潜意识里的真实需求，通过调节自己的语言与对方产生共鸣（共振），使沟通顺利进行。在这里用到三个概念。

潜意识：是心理学家西格蒙德·弗洛伊德在其《精神分析学》理论中首先提出的，是指人类心理活动中，不能认知或没有认知到的部分，是人们“已经发生但并未达到意识状态的心理活动过程”；或者是指深藏于我们脑部的对人原本具备的功能（却不曾使用的功能）的启用的一种动力意识。潜意识占到我们整个意识（意识+潜意识）的90%以上。若要激发个人潜能，需要运用潜意识。

气场：是围绕人体的巨大磁场，它吸收了一个人成长过程中所经历的一切，包括人的外貌、性格、学识、教养、专业、品位、成长环境、家庭背景等。这些物质经过各种方式的变化组合，形成了一种独特的能量，形成了一个人独特的存在形式，这就是气场。

人的潜意识决定了人的气场，人的气场对应着一定的频率。

共振：当两个人交谈的气场频率相同时就会产生共振（共鸣），当两个人的气场相遇但频率不相同时，能量从频率较高的气场流向频率较低的气场，这就是我们通常所说的，要么影响别人，要么被别人所影响。

这三个概念与沟通有什么关系呢？人的潜意识决定了人的气场，人的气场对应着一定的频率，当沟通双方的气场频率相同时就会产生共振（共鸣），能够产生共振（共鸣）的沟通，是最有效的沟通。因此，沟通实际上是沟通双方的潜意识的交流。

例如，领导在台上讲话时，他是在用他的气场（能量）与台下听众的集体气场及每一位听众的气场发生能量的交换甚至共振（共鸣）。一对一沟通时，面对面交流的两个人表面上看是语言的交流，实际上是潜意识的交流，或者说是能量的互换、共振的探求。

《美国科学院院报》2010 年刊登的一篇脑部实验报告：科学家发现说话人和听话人的脑活动是高度耦合的。耦合越强，听话人对说话人讲的东西理解越深。如果这两人沟通不畅，这种耦合也就消失了。

这个实验告诉我们沟通的真相——高效沟通的关键在于沟通双方的脑部共振（共鸣），当谈话双方气场频率不同时，可以通过调节气场频率（调节说话的内容）实现脑部的共振（图 11-4）。

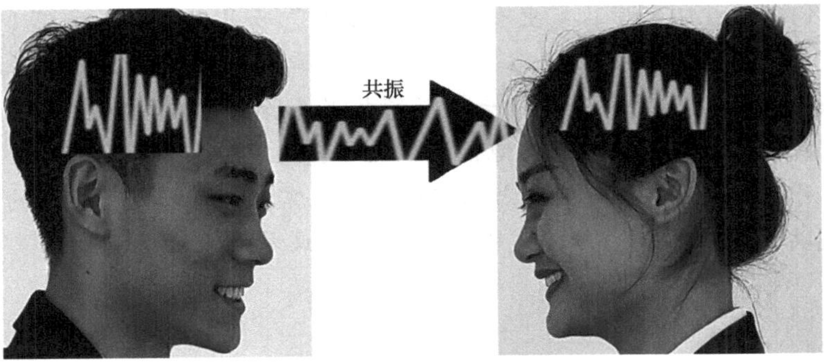

图 11-4 沟通时脑部的共振

如何调节双方的气场频率从而使双方产生脑部的共振呢？可以通过“三步”法调节双方的气场频率，即“一找、二调、三引导”。

（1）察言观色，寻找对方潜意识里的“频率”——“需求”。

（2）调整语言思路（调频），用与对方潜意识一致的语言与他沟通，与对方形成共振（共鸣）。

（3）带入引导，当共振（共鸣）形成后，你可以带入你的沟通意图，让对方跟着你的思路走。

● 案例赏析

女士喜欢逛街，这种逛街往往是不带购买意图的，是饱一个眼福，或者是看看今年的流行趋势。在这种状态下，走进商场，潜意识的台词是“随便逛逛”。这时，如果店员满脸迎笑地上来说：“欢迎光临！女士，您想买件什么样的衣服呢？”表面上这句话没什么毛病，但实际上店员“买”的假设已经与“随便逛逛”的频率错位了，如果这时回答：

我只是逛逛。心里感觉如何？好像在被驱逐。

课堂活动

如果你是这家店员，你会怎么说？老师引导学生掌握调频的三步走，“一找、二调、三引导”。

——“欢迎光临！女士，来看看衣服吧，我们这几天新进了很多新款。”顾客会说：“是啊，我来看看。”她在回答时一定是轻松愉快的。频率对上了，接下来的产品推荐就顺理成章了。

3. 同理心的运用　同理心（empathy）是EQ理论的专有名词，是指运用换位思考，正确了解他人的感受和情绪并加以验证，进而做到相互理解、关怀和情感上的共融。

同理心是否等于换位思考？换位思考是将心比心，同样时间、地点、事件，将当事人换成自己，设身处地地去感受、去体谅他人。同理心 = 换位思考 + 验证。

案例赏析

一位母亲带着一个3岁的女儿逛商场，几个小时下来，小姑娘又累又渴，突然她看到了商场的柜台下面玻璃柜里面有一个洋娃娃，于是她兴奋地对妈妈说：“我要洋娃娃！”妈妈说：“我们很快就回家了，家里有许多洋娃娃！”女儿大哭。母亲想（换位思考）：孩子是累了、渴了、饿了？她蹲下准备抱起孩子的瞬间却发现：原来3岁的孩子，这几个小时走下来，所能看到的仅仅是柜台以下的位置（验证），所以当孩子看到了这唯一使她兴奋的娃娃时，想要，又遭到拒绝，所以她才会大哭！

启示：运用同理心可以了解对方潜意识中的真正需求，可以调整自己的思路和语言从而与对方达成共振（共鸣），可以减少或避免沟通双方由于价值体系的差异带来的沟通障碍。

4. 包容心的运用　宽容是无声但有效的沟通方式。在沟通过程中，当对方的意见与自己不同时，或所讲的观点与事实有偏离时，不要轻意打断对方，应站在对方的立场考虑问题、包容对方，不求全责备。

在服务礼仪中，美国布吉尼教授沟通的3A原则中的第1A——接受原则（Accept）中，坚持“客人永远是正确的”。一不打断对方，二不轻易补充对方，三不随意更正对方，因为事物的答案有时不止一个，只要不是原则问题，就应尽量接受对方。

5. 尊重之心的运用　美国布吉尼教授沟通的3A原则中的第2A——重视对方（Attention）。沟通时，态度决定一切，重视、尊重对方，可以赢得对方的好感和信任，从而使沟通能够顺利进行。

6. 微笑、倾听、赞美的运用　微笑、倾听和赞美被称为沟通过程中的三大力量。

（1）微笑：是一种国际通用语言，能充分体现一个人的热情、修养和魅力，是解决矛盾的润滑剂，笑容可以消除隔阂，可以获得回报。第四章中“空姐的第十二次微笑”，证明了微笑在人际交往中的魅力。

（2）倾听：是一种修养，一个好的听众总能够让讲话者感到自己是那么的受人尊重。

有效沟通的第一原则，是学会倾听，倾听是有效沟通的基础。

听有四个层次：心不在焉地听；被动消极地听；主动积极地听；同理心地听。同理心地听是听的最高形式，是一种高效倾听，是用心去接受，不会遗漏对方的重要信息，因此，同理心的倾听是高效沟通的基础。同时，同理心的倾听也是重视对方、尊重对方的真诚的表现。

成为一个善听者的四点建议：①身体前倾，注意力集中，注视讲话者，或频频点头，或发出会意的微笑，目光有神，充满着迎合和赞许；②积极地反馈；③适当地提问，提问能表现出你的真诚，让对方感受到你在认真倾听；④不要轻易打断讲话者的话题，可以在两句话中间适时地插话。

（3）赞美：布吉尼教授沟通的 3A 原则中的第 3A——赞美原则（Appraise）。在深度沟通中，赞美是一剂灵药，恰当地赞美抵过千军万马。赞美要做到 3 个“适”——“适度、适时、适宜”：赞美方式要适度，赞美时空要适时，赞美的内容要适宜。

适度地赞美可以扫清你沟通路上的障碍，为你的沟通锦上添花。同时，赞美也是调频的一种方式。寄予期望是另一种赞美，它是对实现能力的一种赞赏。每个人都有被期望、被期待的需求，我们在寄予期望时，一定是对方潜意识里希望收到的，同时能够为沟通目的服务的。

7. 先说对方想听的话　用清晰精练的语言把与对方诉求有关的内容放在最前面讲；然后再表达你的观点，重要的事情先说，内容力求简明扼要、重点突出、调理清楚。

8. 做弹性沟通者　善用弹性语言，给双方留有余地，使沟通顺利进行，如善于将“但是”换成“也”。

例如：“你说得很有道理，但是……”——他是指你说的没道理。

若把“但是”换成“也”，这么说：

“您说的有道理，我这里“也”有一个挺好的主意，不妨我们再议一议，如何？”

“我感谢您的意见，同时也……”

解析：这样的表达方式，说明你能站在对方的立场看问题，易达成契合；同时还为自己的看法另开一条不会遭到抗拒的途径。

9. 掌握插话技巧　在沟通过程中一般不要打断对方的谈话，如果对方表达的意思你没有听懂，可以在对方谈话停顿时，向对方提问：“不好意思，您刚才的谈话是指 ×× 意思吗？”当对方偏离主题时，可以利用插话的方式来调整重心，使谈话朝着有利于沟通主题的方向发展。

10. 幽默的运用　幽默是“亲善大使”，幽默可以化解尴尬、改善困境，建立和谐的人际关系，使沟通朝着有利的方向发展。所以当谈话出现尴尬时，不妨用幽默的语言来化解。

（四）处理异议

当沟通过程中出现异议时，可以根据具体情况采用回避、迁就、强制、妥协、合作等不同的措施进行解决。

1. 回避　并不是每一项冲突都必须处理，有时“回避”是最好的方法。当冲突微不足道，或者冲突双方情绪极为激动而需要时间平静的情况下，可以采取暂时“回避”的办法。

2．迁就　就是把别人的需求和考虑放在高于自己的位置上，以此换得和谐的关系。当争端的问题不是很重要或者你希望为今后的工作打下基础的时候可采取“迁就”的方式。

3. 强制　与迁就相反，就是试图以牺牲对方为代价而满足自己的需求。例如，管理者运用职权解决争端就是强制。当你需要对重大事件做出迅速处理时，或者需要采取不同寻常的活动时，可以选择“强制”的办法。

4. 妥协　当沟通双方的原则和立场不同时，为达到共赢，双方是可以相互妥协的，这种妥协不仅能解决冲突，更是预防冲突的方式之一。这要求双方都做出一定的有价值的让步。当冲突双方势均力敌的时候；或者希望一项复杂的问题得到暂时的解决时；或者时间紧迫需要一个权宜之计时，相互妥协是最佳的选择。

5. 合作　这是一种“双赢”的解决问题的方式，能在一定程度上满足冲突双方的利益。它要求双方开诚布公地讨论、积极地倾听，并理解双方的差异，对有利于双方的所有方案进行仔细的考察。在没有时间压力，冲突双方都希望获得“双赢”的解决方式，同时在问题重要到不可能妥协折中时，合作就是最佳的策略。

（五）达成协议

处理好双方的异议之后，协议的达成是判定沟通完成的唯一标准。双方即可签署协议或签订合同。

（六）共同实施

达成协议或签订合同之后，双方应该遵守协议或合同的有关权利和义务，共同履行协议或合同的有关条款。

三　不同层次的沟通礼仪和注意事项

在职场中，无论是商务、政务还是服务行业，由于职位和分工的不同，各层次之间的沟通是有区别的。总的原则：要有层级观念，不能越级汇报工作，否则会造成工作混乱和人际关系的紧张。如果是谈个人思想、建议和诉求等，可以越级沟通。下面谈谈工作过程中不同层级的沟通。

（一）上行沟通

下级与上司之间的沟通，称为上行沟通。

1. 与上司沟通的常见障碍与排除

（1）职位的不平等，使得上司认为与下属沟通就是做指示、布置工作。因此，在与上级领导沟通时，应该根据沟通的目的积极主动提出问题（汇报、项目计划或项目申请等），阐明理由，说服领导，达成目标。

（2）领导的公务繁忙，时间紧张。因此，与领导沟通时一定要言简意赅、重点突出。另外，要选择好沟通的时间，上午 10 点左右，领导刚处理完清晨的业务，有一种如释重负的感觉，比较容易集中精力听取汇报；再就是午休刚过，领导的体力和精力得到了恢复，此时比较愿意听取汇报。从生理上讲，下午 5 ～ 7 点是生理活动最低点，不适宜听取汇报。

（3）双方缺少信任，认为对方没有把所有的话都说出来，有事隐瞒。因此，建立双方的信任关系是上行沟通的基础。信任关系是靠平时的一点一滴建立起来的，在与领导沟通时，一定要诚恳，自己知道的事，只要对大局有利就要毫无保留地说出，从而取得领导的信任。

（4）畏惧领导，下属怕汇报会给自己带来不利，等着领导开口，仔细揣摩领导说话的意图。下属应积极主动地向领导汇报工作，取得领导的理解和支持。

（5）下属无担当，下属总是将问题归罪于外部原因，如计划有问题、任务多等。下属应该有担当、不找借口、实事求是、找出问题的所在，想办法解决问题。

2. 下级如何接受指示　重倾听→详记录→勤思考→敢提问→有反馈→不争辩。

接受指示时，注意倾听；及时记录，积极思考；上级指示不明确时，要主动提问；及时将领导的指示进行反馈，对重要问题进行澄清；不要在接受指示时与上司进行争辩。

3. 如何汇报工作　忌争功→扣主题→求反馈→给反馈。

汇报工作时，切忌带有突出个人、自我评价的色彩；汇报的内容要与上司的原有期望相对应；商讨决议应该由谁做出（求反馈）；对上司做出的新评价与指示及时给予反馈。

4. 商讨问题　重大问题，可事先约定原则；切忌形成上司的一言堂；重要决议事后需再次确认；有时需要多次商讨才能形成决议。

5. 上司眼中优秀下属的七个特征　①主动汇报工作进度，让上司知道；②有问必答，要清晰，让上司放心；③充实自己，努力学习，了解上司的言语，让上司轻松；④虚心接受批评，同时从错误中汲取教训，让上司省心；⑤不忙时，主动帮助同事，让上司有效；⑥毫无怨言地接受任务，让上司圆满；⑦对自己的业务，主动提出改善计划，让上司进步。

● 案例赏析

向老板汇报工作

主题：本周我们部门在整理季度报告的工作中取得了重大的进展。

论据：我们首先收集整理了各个地区的销售数据；按照产品线和地区对这些数据进行了分析；并已经开始将这些信息整合为最终的报告。

再次陈述主要观点……

所以，我们将最迟在本周三下午4：00前提交报告。

案例点评：此案例是典型的“三明治”结构：开始先点明主题；中间用论据支撑，并强调主要观点；最后用结论（或结果）结尾。

（二）下行沟通

上司与下属的沟通即为下行沟通。

1. 与下属沟通的常见障碍和排除

（1）上级认为下属应该做好工作。作为领导应该清楚，人人都可能犯错，关键是找出问题所在，解决问题。

（2）天天沟通、事事沟通，效率低。作为领导应该善于授权，放手让下属大胆地去做，调动下属的积极性和创造性，实现双赢。“水能载舟，也能覆舟”，如果领导一味将权利握在手心，事必躬亲，会使自己筋疲力尽，荒废自己的主业。

（3）习惯于与下属进行单向沟通，即自上而下的沟通。领导要多听取下属的意见，让下属自己下结论。

（4）上级将沟通多少与关系远近相联系。领导切忌与下属以关系论疏远。

（5）下属逢迎上司，夸大或隐瞒事实。领导应树立单位的正气，杜绝阿谀奉承、夸大或隐瞒事实。

（6）下属习惯于听领导讲。领导应鼓励下属畅所欲言。

2. 上司如何下达指令

（1）遵循“5W1H”原则：① Why——说明为什么干这件事？（目的）；② What——说明是什么事？（对象）；③ Where——在什么地方执行？（地点）；④ When——什么时间执行？什么时间完成？（时间）；⑤ Who——由谁执行？（人员）；⑥ How——怎样执行？采取哪些有效措施？（方法）。

（2）适当授权于下属，激发其的工作热情。

（3）人格平等，尊重下属。

（4）对下属的理解予以确认。

（5）给下属适当的辅导，并让下属提意见。

3. 如何听取汇报　约定时间，让下属做充分的准备；听取下属汇报也要采取主动姿态；充分运用倾听技巧；当场对问题做出评价，及时指出问题；适时关注下属的工作进程；恰当地评价下属。

4. 如何与下属商讨问题　切忌认为下属的问题或建议幼稚；事先制订好商讨问题的计划，注意多发问和使用鼓励性的语言；少评价，少指示；让下属来下结论。

（三）水平沟通

1. 水平沟通七注意　①尊重是前提；②立场要坚定；③配合需合理；④观点须阐明；⑤表达要简要；⑥目标是推进；⑦结果要共赢。

2. 水平沟通难的原因　都过高地看重自己部门的价值；不能设身处地对待其他部门的工作；水平沟通失去了权力的强制性；人性的弱点——尽可能把责任推给别人；部门利益冲突——唯恐别的部门比自己部门强。

3. 水平沟通的出发点　必须坚持原则；必须捍卫本部门的最重要的权力和利益；必须按照公司的规则行事；必须尊重对方；相信双方的目标都是为了把工作做好；一定会有双赢的解决办法。

4. 水平沟通的注意事项　简明扼要、不找借口；说明让沟通对象行事的理由；积极恳切地表明你赞成和反对的内容；明确拒绝，说明你反对的理由。

（四）不同情境下的沟通要领

1. 重要情境、重要事情　要以召开会议的方式进行，尽可能得到沟通双方的书面确认。

2. 紧急情境、紧急事情　要找出关键：关键问题、关键人物和关键支持。

要第一时间与事件的关键人物进行沟通，无法马上达成面对面沟通的，则采取电话沟通方式，短信、邮件等有时间差的沟通方式不建议采取。沟通中简明扼要地讲清紧急关键点，需要对方提供什么、给予什么、支持什么，使对方可以迅速准确地判断，从而给予准确的支持。

3. 表扬情境　表扬是精神嘉奖，其目的是令对方收到领导的肯定，收到领导的欣赏，所以在方式上一定是以对方最为舒适的方式进行。所以要针对不同性格的人采取不同的表扬方式。

（1）完美型或理智型的人：这种人爱思考、周密细致、表现稳定、拘谨犹豫、追求完美、行动力差、感情不外露。对于这种类型的人，要给出为什么会给予他荣誉的详细阐述。

（2）权威型或领袖型：这种人野心勃勃、自信、喜欢指挥他人、有紧迫感、给人压力、意志强。对于这种类型的人，可以全场起立鼓掌给予场面震撼的视觉冲击感。

（3）老好人型或助人型：这种人对人敏感、富有同情心、有耐心、注重他人的感受、性格温和。对于这种类型的人，用煽情方式更适合。

（4）表现型或活泼型：这种人活泼、喜欢表现、善于自我推销、喜欢有趣的事、外向、任性。对于这种类型的人，给他最饱满的感觉，尽量华丽地表扬。

知识拓展

职场谈话“六不谈”和“五不问”

职场“六不谈”：①不非议国家和政府，要有民族素质；②涉及国家秘密和行业机密的事不谈，要有行业素质；③涉及交往对象的内部事务的事不谈；④不在背后议论领导和同事；⑤格调不高的话不谈；⑥不涉及私人问题，有时关心过度也是一种伤害。

私人问题“五不问”：①不问收入；②不问年龄；③不问婚姻；④不问健康问题；⑤不问个人经历。

思考题

1. 在面对面沟通中，沟通的载体是什么？哪一种载体更为有效？如何运用？

2. 高效沟通的六个步骤是什么？核心步骤是什么？怎样运用沟通技巧？

3. 不同层级的沟通，应该注意什么？

第三节 电话沟通礼仪

● 案例导入

张芸是新入职的经理助理，第一天上班，其正在整理办公桌上的物品时，电话铃响了，她犹豫要不要接，大约半分钟后还是接了起来。

张芸：“喂，谁啊？找谁？”

客户：“您好，我是您们销售部李经理的老客户，请问她在吗？”

张芸一直没有停下整理物品，由于物品发出的声响，导致她没有听清楚。于是她继续问到：“我没听清，你找谁？”

客户：“我找您们销售部李经理。”

张芸：“哦！等着！”

张芸跑到销售部对着正在接电话的李经理说：“有你电话。”

李经理回答："你留下对方的姓名和联系方式，我这边忙完给他回电话。"

张芸回到办公桌前，拿起电话说："喂，李经理问你是谁？她说一会儿给你回电话。"

客户："哦……我过会儿再联系她吧。"

案例点评：张芸在实际工作中的行为符合电话礼仪的规范吗？假如你是刚才打电话的那位客户，说说你的心理感受？

电话是现代社会沟通交流过程中使用的最普遍的一种通信工具。电话沟通是仅次于面对面沟通的一种有效的沟通渠道。因此，掌握正确的电话沟通礼仪和技巧是十分必要的。

一 接听电话礼仪

1. 准备记录工具　平时办公桌前要随时备好便签、笔等记录工具，方便留言记录，避免临用时四处翻找，让对方在电话里长时间等待，耽误双方时间。

2. 端正坐姿　接听电话时要端正坐姿，姿态端正会使你的声音清晰、精神饱满，对方虽然看不到你的姿态，但是能感觉到你的"姿态"和精神面貌，不端正的姿势，对方会感觉到你的懈怠。

3. 接听电话　在电话响起三声内接起电话，第一印象至关重要，且很难改变，要面带微笑说出重要的第一声。

第一声先问好，再自报家门："您好！这里是 ××× 公司 ××× 部，请问有什么需要帮助的吗？"。声音语调要柔和、声音稍高，吐字要清楚。

当对方告知来电话的目的和需求后，再使用礼貌用语，询问对方姓名和工作单位，如"请问怎么称呼您？您的单位是？"等。

如果通话过程中有不清楚的内容，可礼貌地请求对方适当重复。在听清楚回答后，要及时做好记录。

通话记录要全面，一般电话的记录遵从"5H1W"要点：When（何时）、Who（何人）、Where（何地）、What（何事）、Why（为什么）、How（如何进行）。

4. 如果通话时间较长，要在通话期间实时回应对方　如使用"是的""好的"等来表示你在认真接听。如需要打断通话或让对方等待时，应给予说明并致歉，并向询问对方是否愿意等待。

5. 结束通话　一般由来电话的一方或者通话双方中的尊者提出结束交谈。结束通话前我们要感谢对方来电，并礼貌地说再见，等待对方先挂电话后，自己再挂电话。

6. 其他注意事项　①通话时如果有他人走来，不得目中无人，应点头致意，如果需要与来人讲话，应对通话人讲"请您稍等"，然后捂住话筒，与来者小声交谈。②电话中断应由来电一方处理。③友善对待打错电话的人，给对方留下良好印象，此人有可能成为你将来的客户。④接听电话期间，最好暂停手头工作，防止注意力不集中而漏掉通话中的重要信息，如果让对方觉察到你的分心，会给对方留下不良印象。

二 转接电话礼仪

当来电是找其他同事或领导时，应礼貌地让对方稍等，并说："请您稍等，我帮您转接过去。"

当同事外出不在办公室，或领导外出安排你代接电话时，应该先礼貌地告诉对方所找的人不在，礼貌询问对方有什么事，是否需要转告，若需要转告记录下对方需要转告的内容，待同事或领导回来后及时转告。

如果对方找领导接听电话，若领导不愿意接电话时，应设法圆场；通话期间，不懂的问题，不要轻易表态。

三 拨打电话礼仪

1. 选择适当的时间　拨打电话要选择适当的时间，应尽量避开工作繁忙时段和休息时段。以下特殊情况需注意。

（1）工作日早上上班前不要拨打电话，这时人们正准备吃早餐或正在上班的路上。

（2）节假日 9 点以前、所有的三餐时间和晚上 10 点以后不要拨打电话，这一时间段内人们正在用餐或休息。

（3）拨打对方办公电话，宜在对方单位上班时间一刻钟以后和正式下班一刻钟前拨打，避开刚上班时和下班前的忙乱。

（4）不是特别要紧的事，最好避开周一上午打电话，因为周一上午一般是各单位或部门开会布置一周工作的时间。

2. 通话前的准备　通话前可适当罗列通话提纲或注意事项，做到有备无患，防止遗漏部分通话内容。通话前准备好笔、纸或备忘录以方便记录通话中的重要事项。

3. 礼貌通话　接通电话后要先礼貌问候对方，确定对方是自己所要拨打的电话对象时，再做自我介绍，然后再告知自己拨打电话的相关事宜。通话期间要语调柔和、音调稍高、吐字清楚，言语要简洁明了；对于对方的询问应礼貌应答。

4. 结束通话　重要的事情沟通完之后，就可以礼貌地提出结束通话，得到对方回应后，礼貌地说再见，挂断电话。

5. 拨错电话　如果拨错电话，应礼貌地道歉后再挂掉电话。

四 手机使用礼仪

1. 静音礼仪　在重要场合特别是会见客户时应关闭手机或改为静音或震动模式。有来电时尽量不要接听，如有必要接听手机电话，一定要离位，然后再接听。

2. 手机使用礼仪

（1）选择一款合适的铃声，在工作场所，要注意电话铃声不要太个性化，音量不要太大，以免干扰其他同事。

（2）通话要注意场所，音量尽量放低，不可旁若无人。

（3）对于隐私性强的话题或私人电话最好找一个僻静的地方接听。

（4）由于手机包含个人隐私，不要借用他人手机通话，尤其不要借用客户的手机。在万不得已必须借用时，要诚恳地向对方说明情况，请对方帮忙拨通电话，自己再接听，尽量缩短通话时间，结束通话后立即归还并道谢。

知识拓展

礼貌用语

1. 您好！这里是 ××× 公司 ××× 部（室），请问您找谁？
2. 我就是，请问您是哪一位？……请讲。
3. 请问您有什么事？（有什么可以帮助您的？）
4. 您放心，我会尽力办好这件事。
5. 不用谢，这是我们应该做的。
6. ××× 同志不在，我可以替您转告吗？（请您稍后再来电话好吗？）
7. 对不起，这类业务请您向 ××× 部（室）咨询，他们的号码是……[××× 同志不是这个电话号码，他（她）的电话号码是……]
8. 您打错号码了，我是 ××× 公司 ××× 部（室）……没关系。
9. 再见！（与以下各项通用）
10. 您好！请问您是 ××× 单位吗？
11. 我是 ××× 公司 ××× 部（室）×××，请问怎样称呼您？
12. 请帮我找 ××× 同志。
13. 对不起，我打错电话了。
14. 对不起，这个问题……请留下您的联系电话，我们会尽快给您答复好吗？

思考题

1. 设计一个电话营销场景（包括电话呼入和呼出）。
2. 拨打电话应该注意什么问题？
3. 接听电话应该注意什么问题？

第四节 网络沟通礼仪

● 案例导入

王莉是一家广告公司的销售主管，上午见了一个客户并且互留了电子邮箱和微信号码。王莉用最快的速度按照对方的要求调整好方案并发到了指定的邮箱，等了一个下午也没收到对方的回复。王莉有些着急，在微信上不停地留言，直到晚上九点还在试图联系到对方，微信留言数量达到 40 条之多。第二天收到对方的回复是不与王莉合作。

案例点评：这是一个网络沟通失败的典型案例。选择网络方式进行沟通由于不能看到对方的情况，所以应该给对方留有反馈的时间。如此催促地跟进只会给对方压力和不安，所以掌握如何利用网络进行有效沟通是很重要的。

一 网络沟通的优势、原则和礼仪

（一）网络沟通的优势

目前网络沟通已经替代了很多传统的沟通方式，所以在现代沟通中被广泛使用，网络沟通有以下优势。

1. 迅速及时　网络沟通的及时性，使得信息能够及时的传递，提高了工作效率。通过网络可以对商品的价格、数量、规格等进行实时的沟通，还可以通过图片或者视频更加立体真实地对商品信息进行了解。

2. 降低成本　网络沟通过程中大量的信息以图、文、声、像等形式免费提供使用，使得人们不出门就可以了解全世界的事物和信息动态；企业也可以通过网络和异地的企业进行沟通和合作；生活中还可以与远距离的亲朋好友沟通。

3. 打破地域等限制　网络沟通使“地球村”的概念变成了现实。网络沟通不受天气环境等因素影响，可以做到足不出户，通过网络便可知天下事，结交天下人。

（二）网络沟通的原则

1. 以人为本　网络沟通的本质就是人与人之间的交流。因此，在现实生活中面对面的沟通礼仪，在网络沟通中也同样适用。

2. 尊重他人　在网络沟通过程中要注意尊重他人的隐私，未经对方允许禁止公开沟通过程中的私人邮件、聊天记录和音频、视频等内容；尊重他人的成果，不剽窃、不随意修改和张贴他人的原创作品；尊重他人的时间，沟通前要确定沟通是否有必要，无意义的沟通只会浪费双方的时间。

3. 规范引用　转载、复制、引用有版权的文字或图片时，要与版权所有人联系，在征得对方同意后才可以使用。不得随意散发不属于自己的信息，不要随意链接他人站点的内容。

（三）网络沟通的礼仪

1. 遵守法律　我们不仅仅在现实生活中要遵纪守法，在网上也应遵守国家相应的互联网法律法规。网上的道德和法律与现实生活是相同的，不要因为是网上沟通就可以降低道德标准和法律意识。

2. 熟悉规则　不同的网站、不同的论坛有不同的规则。在一个论坛可以做的事情可以说的话在另一个论坛可能就不宜去做和说。因此，我们在论坛留言前要了解相应论坛的规则。

3. 言论文明　因为网络的匿名性质，你的一言一语成为了别人对你印象的唯一判断渠道。发帖或发言以前应仔细检查语法和用词的正确和规范性，禁止故意挑衅、使用脏话等不文明的现象，更不应该参与网络暴力事件。

4. 保持正能量　现今国家已出台打击编造谣言、传播谣言的相关法律和法规。我们要做到勿看勿信勿传带有迷信诅咒、八卦谣言等不良不实的信息。身存正义，尽量多分享知识含量高、阳光正能量的信息。

5. 就事论事　网络争论是很常见的现象。但要做到以理服人，不得使用恶劣的态度、侮辱的语言或极端的表情符号攻击他人。

6. 禁止滥用网络特权　网络管理员或博主比普通用户有更多权利，禁止利用网络特权谋取私利，应该珍惜、慎重使用这些权利。

7. 宽以待人　看到别人写错字、用错词，问低级问题或者空洞的长篇大论时，要保持平和心态，认识到人无完人，要宽容对待他人言论。即使给对方真心实意的提出建议，也要注意方式和方法，最好私信沟通。

二 E-mail 沟通

E-mail 是 21 世纪最方便的交流工具，但也是一把双刃剑，在给每个人带来沟通便利的同时也容易引起不必要的麻烦。

● 案例赏析

几年前，一个知名跨国公司的总经理给秘书用 E-mail 写了一封措辞严厉的邮件，批评该秘书周日来公司给自己开门时迟到（总经理周日临时请秘书到公司开门），并将其解雇。这位秘书将这封信转发给全公司人员和媒体。事情闹得很大，最后这位总经理被解雇。但与此同时，也没有其他的公司敢聘用这位秘书。

案例点评：从这件事情我们可以看出，虽然邮件是两个人沟通的内容，但你在写邮件的时候，也要意识到这封邮件将来是有可能被公开的。

E-mail 沟通要注意以下内容。

（一）内容言简意赅

很多公司的主管每天都会收到大量的电子邮件，如果每一封邮件都读完，一整天上班的时间可能大部分都用在处理这些邮件上了。因此，在保证邮件格式的前提下，邮件内容应言简意赅。商业邮件语气要尽量保持正式和尊敬，避免流露太多的情感。

（二）慎用表情符号

表情符号是我们最常使用的表达感情的一种方式，尤其是在社交场合。但是在工作交流或商务沟通中不宜使用表情符号。各种表情符号会让人觉得不够尊重和成熟，使用不当还会让对方觉得困惑或理解偏差，导致误会和矛盾的产生。

（三）保持理智

在工作中遇到意见分歧和思路相左是很正常的事情，但是不要通过网络聊天去争辩或批评、训斥他人。这种方式过于随意，会让对方觉得不被尊重；起不到真正想要达到的结果。

（四）公私分明

如果工作和生活中都常用到电子邮箱，最好申请两个账号。工作账号忌发与工作无关的内容，以免暴露个人隐私。私人账号忌发工作会议记录、策划书及协议书等，以免泄露商业机密。

（五）忌发邮件碎片

发工作电子邮件时，忌发电子邮件碎片，避免给别人造成困扰，浪费双方宝贵的时间。

● 案例赏析

邮件一：早 9：05

小王，麻烦你把 3 月份 A/B/C 三项产品的销售额发给我好吗？谢谢！

邮件二：早 9：10

小王，麻烦你把 3 月份 D/E/F 三项产品的销售额发给我好吗？谢谢！

邮件三：早 9：15

（收到小王的邮件后）谢谢！

邮件四：早 9：20

小王，我还需要一份今年和去年的销售业绩对比。谢谢！

邮件五：早 9：25

小王，还忘了说一件事，和某公司开会洽谈的时间定在了明天上午 9：00，请务必把这段时间空出来。谢谢！

案例点评：上述邮件是碎片邮件，会干扰和浪费收件人的工作和时间。可以将上述邮件整合成一个邮件发送，如下。

邮件：早 9：10

小王：麻烦你把 3 月份 A/B/C/D/E/F 这几项产品各自的销售数据发给我，同时附上今年和去年销售业绩的对比。

另外，我们与某公司开会洽谈的时间定在了明天上午 9：00，请务必把这段时间空出来。

谢谢！

（六）礼貌回复

1. 避免情绪激动时回信　人在情绪激动时，容易说出过激的语言，我们应该在情绪平复后再理智地回复。

2. 回复邮件要写清主题　邮件内容避免过于简单，以免对方误解为你对其有不耐烦的表现。

3. 最好在收到邮件的 24 小时内回复　如果你很忙，可先给对方发个简单的邮件确认你已收到对方的邮件，但需要一点时间来处理，也可告知对方一个你回复邮件的大体时间，并在相应的时间内回复对方邮件。

课堂活动

选择一个主题，让学生用电话、电子邮件两种方式传达信息。比较两种传播方式的异同点。

三 微博礼仪

大家是否有为自己草率地把信息发出去而感到懊悔过？是否发出过不合时宜的信息或照片到网上，让人们对其评头论足？因此，我们在开通微博或发布信息时要遵循一定的礼仪规范，注重保护自己隐私。

1. 头像选择　头像照片是你展示给公众的一张脸。建议商务人士不要选择用可爱的卡通形象作为自己的头像，尽量选用能给别人留下积极、正面印象的好照片。

2. 注重签名　自己签名档的内容务必要简洁、积极、有意义。

3. 加减关注　如果你关注的人太多，或对方发的内容或话题与你关系不大的话，最好减少关注他们。

4. 微博定位　如果你的微博代表的是公司，一定要确保自己在微博上的发言不要包含任何扭曲公司形象、抒发个人偏见或是可能致公司于官司诉讼麻烦之类的信息。如果是个人使用的，也要保持尊重的语气，要考虑到自己的人格和尊严。

5. 微博论战　如果发现有人在网上发表言论攻击或是诽谤你的话，最好的处理方式有两种：一是置之不理，二是诉诸法律。网络上的热门话题更新得非常快，人们对某一件事的关注度也并不长久，如果你不做回应和解释，也许很快事情就会被人们遗忘。当然如果你认为自己的名誉受到了极大的侵害，要注重搜集证据，拿出法律的武器来保护自己。

四 博客沟通礼仪

准备在网上公布自己的博客时先问自己几个问题，具体如下。

1. 这篇文章的语气和措辞会冒犯到什么人吗？这样写会给你的个人品格、信任度或是名誉带来积极的影响吗？

2. 这篇博文的内容有没有诽谤某个人？若产生不良影响，这种不良影响会不会波及你或是你谈及到的人？

3. 文章中的内容或是幽默之处是否得体？

4. 博客中的照片是否是原创作品，是否构成侵权。

五 微信 /QQ 沟通礼仪

微信 /QQ 被认为是朋友之间加强私人联系的一种工具，每天我们都大量收发微信 /QQ 信息。在享受其带来的沟通方便的优势时，也要注意微信 /QQ 沟通的弊端。例如，人力资源部会用网络搜索的方式去了解一个人的背景信息；很多单位拒绝某位申请者的求职申请就是因为在网上看到了他的一张醉酒或是衣着不整的照片。因此，要注意微信 /QQ 沟通礼仪。

1. 不要乱“赞”　无论别人发了什么样的微信，不能一律点赞。有些点赞只会引起别人的反感。例如，别人生病了你就不能点赞。再如，很多朋友就在微信上转发祈福类的文章，这时候不需要“赞”，只需转发就可以了。

2. 不做怨妇　不要总发一些自己多么痛苦、悲伤、劳累、辛苦等的文字，也不要发一些负能量居多的词语，如真悲催、真倒霉、烦死了等词语。传递给朋友的要多是正能量的信息，这样彼此才会更快乐，别人没有义务被你的坏情绪所影响。

3. 及时回复　朋友对你发的信息做了评论，要及时回复，以示对对方的尊重。这一条适合所有的网络礼仪。

思考题

1. 网络沟通应注意哪些礼仪？
2. 假如你是一个论坛的博主、微信群（QQ 群）的群主，应如何与人交流？交流中应该注意什么？

第五节　书面语言沟通礼仪

● 案例导入

亲爱的先生／女士：

我已获悉您正在寻找一家公司为您公司置换部分办公家具。作为一家有着创新设计理念的办公家具供应商，我确信您一定会选择我们。因为您公司负责此项工作的员工已经将您的想法告知给我了，所以我安排了下周的时间去您公司现场测量和洽谈付款等事宜。我可能周三不能去，等我定好时间我再通知您。相信您的眼光，我们的合作一定会很顺利的。

客套的话就不说了。

某公司业务部吴经理

案例点评：本案例是一个失败的商务信函，如果你是对方老板，相信你应该不会选择这家供应商来合作，为什么？

一　书面语言沟通的优点

写作是非常重要的沟通方式，也是现代人必备的一项沟通技能。与口头沟通相比，书面语言沟通具有以下优点。

1. 表意清晰　书面语言沟通时，只要不使用错词和病句一般都不会出现双方理解不一致的情况。

2. 及时准确　书面语言沟通能及时准确地记录事项的进程、讨论的论题、内容、事实根据、行动细则、结论及达成的共识，并保持跟进直至工作完成。

3. 长期保存　书面语言不仅能够记录人们的生活、学习、工作等信息，还能够记录下历史的事件、经济的发展、科技的进步等内容，并且易被长期保存。我们也正是因为书面的文字记载而了解到几千年的历史进程。

二　写作的文体类型

书面语言沟通需要通过指定的文体在书面上表现出来，我们常用的文体大致可以分为以下几类。

1. 行政公文　是指国家机关、企（事）业团体在公务活动中所使用的各种应用事务性文书形式。它包括命令、决定、公告、通知、通报、议案、报告、请示、批复、函、意见、会议纪要等。

2. 计划类文书　是一种在经济管理活动中使用范围很广的重要文体形式。它主要包括战略规划、工作计划、工作方案、工作安排等。

3. 报告类文书　是指调查主体在对特定对象进行深入考察的基础上，归纳整理、科学分析、揭示事物的本质，得出的结论，由此形成的汇报性应用性文书。它包括述职报告、调查报告、经济活动分析报告、可行性研究报告等。

4. 新闻类文书　是指具有公开宣传与传播功能的，借助报纸、杂志、书籍、网络等载体向大众进行报道，具有新奇性、推广性、借鉴性等特点的书面文书形式。它包括新闻、通信、消息等。

5. 法律类文书　是指根据法律条款，或者根据双方约定达成某种具有法律效力的协议。它主要包括合同书、协议书、诉讼书、招标书和投标书等。

6. 日常事务类文书　主要包括信函类和条据类。信函类文书包括感谢信、慰问信、求职信、介绍信、证明信、邀请函等；条据类文书包括请假条、留言条、收条、票据等。

三　书面语言沟通的写作

如何将语言包装及第一印象管理运用到日常备忘录、报告和其他书面语言沟通上，在黑白分明的文字中体现你的职业素养，掌握简洁有效的书面语言沟通技巧至关重要。

（一）写作的流程

拟定提纲→收集资料→正式写作→编辑修改。

（二）信函的结构

中文商务信函一般包括标题、称谓、正文、落款、附件五个部分。

1. 标题　要高度概括信函的主要内容。写在首页上方居中。

2. 称谓　是对收信人或收信公司的称呼。写在标题下面顶格。

3. 正文　是书信的核心，要清晰准确表达出要传达的信息内容。

4. 落款　包括发函的公司名称、签章和日期。通常写在正文后另起一行偏右下的位置。

5. 附件　是指信函的补充材料。

（三）书面语言沟通的基本策略

1. 开门见山　采用开门见山的写作方式，可以最大限度地引起读者的注意。方便读者一目了然地看到你所表达的主要内容。

2. 主题突出，格式得体　每个段落要求主题突出，每段最多由 4 ～ 5 句话组成。有利于读者耐心地读完，以及轻松地理解段落内容。可以用粗体、斜体、项目符号等方式突出显示你想表达的关键信息。这些标注可以让一个公务繁忙的人迅速明白你想要强调什么。

3. 题目要醒目　如果你是一位工作繁忙的高管，每天要接到大量客户和下属发来的邮件或备忘录，以下两种标题，你会打开哪一封去阅读？

邮件一：“标题：关于第三季度销售情况的汇报”。

邮件二：“标题：请某某主管查收（无实质性标题）”。

所以，为了保证客户对你的邮件引起重视，为了客户方便找到你的邮件，醒目的标题非常关键。

知识拓展

备忘录或报告的沟通礼仪

一般公司在召开会议后，对会议过程和决议都会作文字记录，以方便后续跟进和为后续的工作提供便利。

写好备忘录及报告的要点如下。

1. 注重纲要和总结　试想一下，一篇备忘录或是报告提交上来后，你会先看哪里？根据经验：一般会先看你的大纲和结论两个部分，再决定是否阅读具体的细节，所以我们要认真对待这两个部分。

2. 鲜明标题　在当人们看完了大纲和结论两部分之后，接下来要看的可能就是小标题了。所以写长文档的时候，要使用若干个容易让人记住的小标题，先写下标题，然后再填充内容。

总之，人们怎么读，我们就应该怎么写。人们一般的阅读顺序是这样的：浏览行动大纲；浏览结论部分；浏览标题；最后，（也许）会阅读全文。因此，我们的书写重点要放到大纲、结论和标题上。

思　考　题

中文商务信函一般包括几个部分？怎样写邀请函？

（赵　伊　魏　红）

模块六
涉外礼仪篇

第十二章　涉外礼仪

● 案例导入

2015 年一组身着汉服的中国女孩在泰国清莱白庙拍摄的写真照片红遍了泰国各大网站。但是白庙主人察霖猜看到其中一张女孩侧卧的照片时，他表示极大的不满，称照片中女孩这样的动作、姿态并不适合在白庙这种神圣的地方拍摄。

案例点评：东西方之间、国与国之间及不同地区、不同民族之间文化有着很大差异，使交际礼仪也存在不同。这使得在涉外交往过程中，在注重本国优秀的文化礼仪的同时，必须遵守国际通行的礼仪规范，也要尊重其他国家的礼仪规范。

第一节　国外礼节与习俗

一　亚洲主要国家的习俗禁忌

（一）日本

日本的全称为日本国，意为“日出之国”。国家位于亚洲东部、太平洋西北。领土由本州、四国、北海道、九州四大岛及 7200 多个小岛组成，主体民族为大和族，通用日语，日本人性格内向，注重礼节，热爱工作，时间观念强。

1. 生活习俗

（1）因为特殊地理环境日本四面环海，所以日本人极为钟爱海产品，尤其是生鲜鱼肉。日本人喜欢吃泡菜和用酱料、香菇、紫菜、豆腐等海味食材做成的大酱汤。日本人有拿起碗来喝汤的习惯，所以有些餐馆在餐具配备上没有附上汤匙。

（2）日本茶道源于中国，但是日本人比中国人更注重茶道、茶礼。他们认为茶礼是修养和身份的最好体现。

（3）日本人特别喜爱樱花，它是日本的国花，日本也被称为樱花之国。

2. 禁忌

（1）日本人非常注重用餐礼仪，日本人进餐时用筷有八种禁忌，第一忌讳把筷子当牙签，用筷子来回剔牙；第二忌讳手持筷子摇摆不定，拿不定吃什么菜品，在餐桌上到处寻走；第三忌讳扭转筷子；第四忌讳动一个菜不夹走菜，移开筷子又翻动另一个菜；第五忌讳将筷子插在饭菜上上香作供；第六忌讳将菜品从中间掏开，翻弄开来吃；第七忌讳把筷子架在碗、碟上面；第八忌讳用舌头舔筷子。

（2）荷花图案在日本人眼中是不吉祥的花，是祭奠用的花；而菊花则被看作一种尊贵的花，特别值得注意的是 16 瓣的菊花是皇室专用花饰，虽然深受普通民众的喜爱，却不能作为礼物随意送人。

（3）日本人忌讳用数字 4 和 9，因为日语发音中 4 和死相似，9 和苦相近。他们忌偶数，喜欢奇数，同时非常忌讳三人站一排合影。

3. 重要节日　女孩节 3 月 3 日；樱花节 3 月 15 日至 4 月 15 日；登山节 7 月 1 日至 8 月 21 日；兰盆节（鬼节）8 月 15 日左右；七五三 11 月 15 日。

（二）韩国

韩国是我国的近邻，位于东亚朝鲜半岛南部，与我国山东半岛隔海相望，总面积约 10 万平方公里，主体民族为朝鲜族，通用韩语。自 1992 年与我国建交以来，韩国对华贸易迅速增长，已发展成为我国重要的贸易伙伴国。

1. 生活习俗

（1）韩国是一个礼仪之邦，其习俗与我国朝鲜族基本相同，韩国人尊老爱幼，热情好客，重视礼尚往来。韩国人非常重视对交往对象的第一印象，如果在商业谈判时能遵守他们的习俗，他们会对你好感倍增。同长辈握手时应躬身，除用右手相握外，还要把左手轻轻置于其右手之上以表示尊敬。

（2）韩国人的口味以酸辣为主，根据需要适当调节添加。韩国传统菜肴是泡菜，主食一般是米饭、冷面和打糕，副食主要以汤为主，有各式各样的汤品，餐具使用汤匙和筷子。

（3）在正规社交场合中，韩国人一般采用握手作为见面礼节，握手时要用右手或用双手。一般情况下，女性不和男性握手，以点头或是鞠躬作为常见问候礼仪。韩国人在称呼他人时用尊称和敬语，很少会直接叫出对方的名字，相互可称对方为“先生”“夫人”“太太”“女士”等。如要交往对象有一定的社会头衔，对有身份的人可称对方为“先生”“阁下”等，也可加上职衔、学衔、军衔等，如“总统先生”“总统阁下”。

2. 禁忌

（1）与韩国人相处时，要少谈政治，多谈日常生活。

（2）到韩国人家里做客，进入室内时，一定要将鞋子脱掉留在门口，这是最基本的礼仪。

（3）与韩国人进餐时，要保持安静。咀嚼食物的时候不能随便出声，更不能在吃饭时大吵大闹。

（4）对于数字，韩国人不喜欢 4，因为在韩语中 4 与“死”的发音相同，这被认为是不吉利的。因此，房屋没有 4 号楼，旅馆不标记第 4 层，军队里不用 4 作为编号，同时受西方文化的影响，很多年轻人也不喜欢13这个数字。

3. 重要节日　元宵节农历正月十五日；端午节农历五月五日；中秋节农历八月十五日。

（三）泰国

泰国位于中南半岛中部，因为佛教对泰国的政治、文化艺术和生活都有非常重要的影响，所以泰国又被称为“千佛之国”。

1. 生活习惯

（1）泰国最常见的见面礼是合十礼和拥抱礼。行礼时要两手空空，双手手指互相合拢，双手举得越高表示越尊重对方。

（2）泰国人喜欢吃咖喱饭，喜欢鱼露、辣椒，也非常喜欢中国的四川菜和广东菜。泰国人喜欢喝冷饮，喝橙汁或橘子汁时喜欢添加盐末。吃水果时不仅放冰，也放盐末和辣椒末。

（3）泰国的国花为睡莲。

2. 禁忌

（1）泰国人在进寺庙参观或烧香拜佛时，严禁袒胸露背，必须穿着得体，不能随便抚摸佛像，更不能给佛像拍照。

（2）泰国人认为人的头部是神圣不可侵犯的，不能随意触摸泰国人的头部，取东西时更不能从他人头上掠过。

（3）泰国人睡觉时，头不能朝西，因为西方是日落之地，在泰国象征死亡。

（4）与泰国人接触时，切记不要用手拍打对方或讲话时用手指对对方指指点点。

3. 重要节日　宋干节也称波水节4月13日至4月15日；母亲节8月11日。

（四）新加坡

新加坡也被称为狮城，是东南亚的一个岛国，是由新加坡岛及其附近的小岛屿组成，它的土地面积虽然较小，但是城市风景秀丽，有“花园城市”美誉。新加坡人口中有很大一部分是华裔新加坡人，其他为马来血统的人和印度血统的人等。

1. 生活习惯

（1）新加坡人非常讲究礼貌礼节，但由于民族、文化不同，表达礼仪的方式也不尽相同。华裔新加坡人在礼貌礼仪方面与我国非常接近，见面多行鞠躬礼。马来人彼此相遇时，先用双手互相接触，然后指向各自的胸前。印度血统的人仍保持印度的礼节和习俗，妇女额上点着吉祥点，男人扎白色腰带，见面时则行合十礼。

（2）新加坡人他们讲究吃快餐，但又十分注重菜品的营养成分。受华人影响，新加坡人普遍习惯吃中餐，主食为米饭、包子，不吃馒头。副食主要为鱼虾等海鲜。

（3）新加坡城市环境优美，新加坡人注重环保，讲究文明卫生，在新加坡随地吐一口痰、扔弃废物者，均要受到法律的制裁。

2. 禁忌

（1）新加坡人喜欢干净利落的造型，因而留长发的男子是十分不受欢迎的。

（2）新加坡人忌讳说“恭喜发财”。他们认为“发财”是指“发不义之财”。

（3）认为黑色、紫色不吉利，黑色、黄色为禁忌色，喜欢红色、绿色、蓝色。

3. 重要节日　在新加坡的日历上印有公历、中国的农历、印度历和马来历四种历法，各民族依自己的历法有着不同的节庆日。

二 美洲主要国家的习俗禁忌

（一）美国

美利坚合众国，简称美国，是一个联邦共和立宪制国家，由华盛顿哥伦比亚特区、50个州和关岛等众多海外领土组成。美国主体部分位于北美洲中部，国土总面积963万平方千米，美国是一个移民国家，现通用英语。

1. 生活习俗

（1）美国人乐观、直爽，善于与人交往，通常直呼别人名字表示亲热和友好。

（2）他们喜欢借助手势说话，说话时表情丰富。

（3）美国人讲究效率，有很强的时间观念。

（4）虽然美国人日常着装较自由随便，举止不拘小节，但是美国妇女日常有化淡妆的习惯，认为这种行为是尊重他人的表现。

（5）美国人在社交活动中讲究“女士优先”，男士要处处谦让女士、爱护女士。

（6）美国人对饮食的要求是既要营养又要美味，喜欢中国的川菜和粤菜。一日三餐都要喝点饮料，饭前喝开胃饮料，就餐时爱喝啤酒、葡萄酒等，一般不喝烈性酒。

（7）美国人喜欢蓝色、红色和白色，认为它们代表吉祥如意。

（8）美国的国花是玫瑰花。

2. 禁忌

（1）与美国人交往时不要扭捏作态，也不要在他们面前太过谦虚，以免他们认为你没有能力。

（2）美国人交流时，不要问及年龄、收入、婚姻状况、宗教信仰等问题。

（3）看到美国的老人爬山或爬楼梯时，不要主动上前搀扶，否则会让他们感觉自己年老无用。

（4）美国人不吃蒜和酸辣食物，不吃肥肉，不吃动物内脏和外形奇特的食物，同时不吃宠物和奇珍异兽。

（5）美国人忌讳数字13和3，同时也不喜欢星期五。

3. 重要节日 新年1月1日；美国独立日7月4日；感恩节11月第四个星期四；圣诞节12月25日。

（二）加拿大

加拿大，英联邦国家之一，位于北美洲最北端，被称为“枫叶之国”。

1. 生活习俗

（1）加拿大人热情友好、文明礼貌，虽然加拿大人不拘泥于礼节，但是他们工作观念强，讲究工作效率，在工作时间上非常注重个人仪表。

（2）加拿大人饮食上以面食为主，口味上喜欢甜酸、清淡、不辣的食品。喜欢吃烤制的食物，也喜欢吃鱼、鸡蛋、牛肉和蔬菜，喜欢威士忌、香槟酒、红葡萄酒和樱桃白兰地。

（3）加拿大的国花是枫叶。

2. 禁忌

（1）加拿大人晚餐是正餐，不吃肥肉、动物内脏、虾酱、鱼露和一切带有腥味、怪味的食物。

（2）他们不喜欢在餐桌上吸烟。

（3）加拿大人日常生活中忌讳白色的百合花，认为白色的百合表示死亡，只在开追悼会时才使用。

（4）忌讳数字 13 和星期五。

3. 重要节日　元旦 1 月 1 日；维多利亚日每年 5 月 24 日前的第一个星期一；国庆节 7 月 2 日；劳动节每年 9 月第一个星期一；感恩节 10 月的第二个星期一；圣诞节 12 月 25 日。

三 大洋洲主要国家的习俗禁忌

（一）澳大利亚

澳大利亚，全称为澳大利亚联邦，是世界上唯一国土覆盖整个大陆的国家，澳大利亚的人口中 95% 为英国移民的后裔，通用英语。大多数澳大利亚人信奉天主教和基督教。

1. 生活习俗

（1）澳大利亚人尊老爱幼修养较好，办事认真爽快，说话直截了当，乐于结交新朋友，时间观念很强。

（2）澳大利亚的女性比较矜持，与人接触时十分谨慎。

（3）去澳大利亚人家中做客，鲜花和葡萄酒是他们喜欢的礼物。

（4）澳大利亚人以英式西餐为主，口味清淡，不喜欢油腻，不喜欢辛辣味道。

（5）澳大利亚人的国花是金合欢花。

2. 禁忌

（1）澳大利亚人不喜欢把袋鼠图案用作商标。而且他们认为兔子是不吉利的动物。

（2）澳大利亚人不喜欢数字 13，不喜欢星期五。

（3）澳大利亚人认为在公共场合需要保持安静，严禁大声喧哗。

（4）与澳大利亚人交谈时，不能涉及宗教、种族或个人私生活等问题。

3. 重要节日　新年 1 月 1 日；国庆节 1 月 26 日；军人节 4 月 25 日。

（二）新西兰

新西兰又译纽西兰，位于太平洋西南部，是个岛屿国家。新西兰气候宜人、环境清新、森林资源丰富、风景优美、地表景观丰富，生活水平也相当高。

1. 生活习俗

（1）新西兰人性格比较严谨，见面和告别均行握手礼，但他们热情好客，把组织聚会作为生活必不可少的一部分。

（2）新西兰人习惯吃英式西餐，口味清淡，爱吃牛肉、羊肉和水果。他们注重菜肴多样，讲究量少质精，当地的毛利人特别喜欢传统美食“烧石烤肉”。喝茶是新西兰人的爱好，一天要喝六七次茶，许多公司、商场等单位都有专门的喝茶时间。

（3）银蕨是新西兰的国花。

2. 禁忌

（1）新西兰人把 13 和星期五视为凶神，无论做什么事情，都要设法回避 13 和星期五。

（2）在新西兰，男女同场活动时，要求举止得体，忌讳谈论各种种族问题。

（3）新西兰的土著毛利人极为反感别人给他们照相，或把他们当成另类的表现。

3. 重要节日　元旦1月1日；国庆节2月6日；复活节每年春分月圆之后的第一个星期日，大致在3月22日至4月25日之间。

四　欧洲主要国家的习俗禁忌

（一）英国

英国的全称是大不列颠及北爱尔兰联合王国，位于欧洲西部、大西洋的不列颠群岛上，是一个老牌的经济强国，以英格兰人为主体民族，英国人大多数信奉新教，并以新教为国教。

1. 生活习俗

（1）英国人性格保守，崇尚复古，矜持庄重，喜欢被人称呼他们的荣誉头衔。与英国人交谈也要委婉、客气、以礼相待，否则可能会遭到冷遇。

（2）英国人在饮食上非常注重品质，追求口味清淡、鲜嫩、焦香的食物。喜欢吃牛肉、羊肉、禽类、甜点和水果，不喜欢吃带辣味的菜。英国商人一般不喜欢邀请客人到家中，聚会大都在酒店、饭店举行，进餐时喝酒但不劝酒。英国人喜欢喝茶，有喝下午茶的习惯。

（3）英国奉行“女士优先”的原则。如乘电梯要让女士先进；乘电车或公共汽车时，也要让女士先上；斟酒时要给女宾或女主人先斟；在行走时，男士应走外侧，以保护女士免受伤害。

（4）英国人比较注意服饰礼仪，商务场合他们穿三件套式西装，打传统保守式的领带。

（5）英国人时间观念很强，洽谈生意或做客，一定要准时，与他们相处严守时间，诚信是非常重要的。

（6）英国人不喜欢被称为英格兰人，喜欢被称为大不列颠人。

（7）玫瑰是英国的国花。

2. 禁忌

（1）在社交场合，英国人不系条纹领带。

（2）在英国，人们忌用人头像、大象和孔雀作服饰的图案或商品的装潢。

（3）英国人忌讳的数字是3和13。

（4）英国人用丘吉尔首相的著名手势，来表示成功和胜利的祝福，但做这个手势，一定要手心对着对方，如果手背对着对方，则是侮辱对方的意思。

3. 重要节日　新年（元旦）1月1日；圣瓦伦丁节（情人节）2月14日；愚人节4月1日；母亲节5月第二个星期日；圣诞节12月25日。

（二）法国

法兰西共和国简称法兰西或法国，是一个本土位于西欧的总统共和制国家，是世界经济强国之一。绝大多数法国人信奉天主教，少数信奉基督教和伊斯兰教。

1. 生活习俗

（1）法国人性格开朗，衣着时髦，但规范性较差。

（2）法国是白兰地、香槟的原产国，他们饮酒十分讲究，花色品种繁多。

饮食上法国人爱吃面食，面包的种类很多，他们大都爱吃奶酪。作为举世皆知的世界三大烹饪王国之一，法餐注重色、形、味和营养，吃不同的菜要搭配不同的酒。

（3）鸢尾花是法国的国花。

2. 禁忌

（1）法国妇女虽然很爱美，爱打扮，爱鲜花，但不要随便把鲜艳的玫瑰花束送给只是工作伙伴的年轻女子，除非你有意向对方示爱。也不要随便送女性香水或化妆品，因为它有过分亲热和图谋不轨的嫌疑。忌给法国年长女性送康乃馨，他们认为康乃馨是不吉祥的花。也忌把黄色花送人，黄色花是不忠的象征。

（2）法国人不吃肥肉和宠物，不吃无鳞鱼和带刺骨的鱼。

（3）法国人不喜欢墨绿色，因为纳粹的军服是墨绿色。

（4）他们不喜欢黑桃图案和仙鹤图案。

3. 重要节日　新年 1 月 1 日；国庆节 7 月 14 日；停战节 11 月 11 日；万圣节 11 月 1 日；圣诞节 12 月 25 日。

（三）俄罗斯

俄罗斯位于欧亚大陆北部，地跨欧亚两大洲，是世界上面积最大的国家。俄罗斯是由 22 个自治共和国、46 个州、9 个边疆区、4 个自治区、1 个自治州、3 个联邦直辖市组成的联邦共和立宪制国家。

1. 生活习俗

（1）俄罗斯人性格豪放、开朗、喜欢谈笑，集体观念强。

（2）俄罗斯人日常以大列巴这种特色面包为主食，给客人献面包和盐，是殷勤招待客人的表现。

（3）在社交场合中，俄罗斯的男士十分注意自己的形象，准时赴约，仪表光洁，尊重女性。

（4）饮食上，俄罗斯人以面包、土豆、猪肉、蔬菜和牛奶为主要食物，咸而油腻。在午餐和晚餐时一定要喝汤，而且要求汤汁浓。俄罗斯人喜欢烈性酒，最喜欢喝高度烈性的伏特加。

（5）向日葵是俄罗斯的国花。

2. 禁忌

（1）与俄罗斯人交往时，说话做事都要坦诚相见，做生意时不能说他们小气，切忌在其背后议论第三者。

（2）俄罗斯人对左右比较讲究，他们认为左方站着凶神，右方站着保护神。所以遇到熟悉人时，不能用左手问好。

（3）俄罗斯人还认为，打碎镜子意味灵魂毁灭，会有不幸；而打碎碗、盘、碟或杯子，则意味着幸福、富贵，俄罗斯人忌讳将盐撒在地上或打翻盐罐，认为这是家庭不和的征兆，为摆脱不幸，他们习惯将撒在地上的盐拾起来撒在自己的头上。

（4）俄罗斯人喜欢数字 7，忌讳数字 13。

3. 重要节日　送冬节 2 月末 3 月初；桦树节俄历每年 6 月 24 日；十月革命节 11 月 7 日。

（四）德国

德意志联邦共和国，简称德国，是位于中欧的联邦议会共和制国家，是欧洲联盟中人口最多的国家，以德意志人为主体。大约一半的居民信奉基督教，其他大多信奉天主教。

1. 生活习惯　德国人最喜欢的鲜花是矢车菊，忌讳送玫瑰花，应邀到德国人家中做客时，通常以鲜花为礼物，送花时一定要拆去包装。德国人爱喝啤酒，慕尼黑是世界闻名的“啤酒之城”。德国人勤勉，纪律严明、法制观念极强、讲究信誉，时间观念很强，连约会时都可以做到分秒不差。

2. 禁忌　因为战争的原因，德国人对类似纳粹的标记和符号表现得极为反感。德国人很少吃鱼和海味，他们不喜欢味浓辛辣食品，不吃核桃。到德国人家中做客，不送葡萄酒。送葡萄酒，会被主人认为客人对他对酒的品位有怀疑。

3. 重要节日　啤酒节从每年 9 月最后一个星期到 10 月第一个星期，持续半个月；狂欢节从每年 11 月 11 日 11 时 11 分开始，持续数十天。

（五）意大利

意大利位于欧洲南部，全称意大利共和国，主要由南欧的亚平宁半岛及两个位于地中海中的岛屿西西里岛与萨丁岛所组成。大部分意大利人信奉天主教，天主教在意大利有着很大的影响，首都罗马城内的梵蒂冈是世界天主教中心。

1. 生活习惯　意大利的国花是雏菊和玫瑰花，意大利人性格豪爽，为人正直，见面时习惯行握手礼，熟人之间多以招手示意。意大利人喜欢吃米饭和面食，而且可将面食当菜肴。意大利人最喜欢的面食是通心粉、馄饨、葱卷。意大利通心粉有 80 多个品种，吃通心粉通常使用的餐具是叉和汤匙，一般是右手拿叉，左手拿匙，吃时应连盘子中的调味品合起来吃干净。

2. 禁忌　意大利人忌送菊花，菊花代表着悲伤。他们也忌把手帕、亚麻织品和丝织品送人，他们认为手帕是告别时擦眼泪用的，令人伤感。意大利人喜欢奇数，不喜欢偶数。意大利人忌讳数字 13 和星期五。他们更忌 13 个人同坐一桌，认为这是十分晦气的。

3. 重要节日　元旦 1 月 1 日；情人节 2 月 14 日；狂欢节（也称谢肉节）2 月至 3 月；复活节时间在春分月圆后的第一个礼拜天；国庆节 6 月 2 日。

五　非洲主要国家的习俗禁忌

（一）埃及

埃及，全称阿拉伯埃及共和国，地跨亚、非两洲，大部分位于非洲东北部，是人类文明的发源地之一。

1. 生活习俗

（1）埃及人乐观、正直、热情好客。他们常常以幽默的生活观来面对严酷的现实生活。

（2）饮食上，埃及人以面包为主食，喜欢羊肉、鸡肉、鸭肉、鸡蛋、豌豆、南瓜、茄子、胡萝卜、洋葱、土豆等。口味上，他们一般要求清淡、香、甜、不油腻。烤羊肉串和烤全羊是他们的最爱。在埃及，晚餐要日落以后和家人一起共享，所以在这段时间内，和埃及人约会是失礼的表现。

2. 禁忌

（1）在埃及，到人家中做客时，不要称赞埃及人家中的物品，否则会被认为你是在主动索要它。

（2）在埃及，到下午 3 ～ 5 点钟之间，人们都忌讳用针，商人也决不卖针，人们也不买针，即使有人愿意出 10 倍的价钱买针，店主也会婉言谢绝他。

（3）埃及人禁穿星星图案的衣服，星星图案的包装纸也是不受欢迎的。

（4）埃及人喜欢的数字是 3、5、7、9，不喜欢 13。

（5）埃及人在正式用餐时，忌讳交谈，否则会被认为是对神的亵渎行为。

（6）埃及人一般都遵守伊斯兰教教规，忌喝酒。

3. 重要节日　穆罕默德诞辰 伊历 3 月 12 日；西奈解放日 4 月 25 日；国庆节 7 月 23 日。

（二）南非

南非共和国简称南非。南非位于非洲大陆的最南端，其东、南、西三面被印度洋和大西洋环抱，有“彩虹之国”之誉。

1. 生活习俗　南非社交礼仪可以用“黑白分明”和“英式为主”来形容。受宗教、种族和习俗的制约，南非的白人和黑人所遵守的社交礼仪有很大不同，白人的社交礼仪特别是英式社交礼仪在南非最为普遍。

（1）在社交场合，南非人的见面礼节通常是握手礼，称交往对象为“先生”“小姐”或“夫人”。在黑人部落中，尤其是在农村，他们习惯把孔雀毛或鸵鸟毛作为礼物赠给贵宾，而客人则应该把这些珍贵的羽毛插在自己的头发上或帽子上表示喜爱。

（2）饮食上，南非的白人以西餐为主，经常吃面包、牛肉、鸡肉和鸡蛋，爱喝红茶和咖啡。而黑人的主食是玉米、薯类、豆类，喜欢吃牛肉、羊肉，喜欢吃熟食。南非著名的饮料是如宝茶。到南非的黑人家里做客，主人一般送上刚挤出的牛奶或羊奶，有时可能是自制的啤酒，客人一定要多喝，最好能一饮而尽。

2. 禁忌

（1）南非人不喜欢数字 13 和星期五。

（2）南非的黑人非常敬仰自己的祖先，他们忌讳外人评论自己的祖先。

（3）和南非人交谈，有四个忌讳的话题：一是为白人评功摆好；二是非议黑人的古老习俗；三是不要向生了男孩的家庭表示祝贺；四是评论部族或派别之间的关联或矛盾。

3. 重要节日　共和国日 5 月 31 日；青年节 6 月 16 日；开拓者节 9 月 5 日。

思考题

1. 我校有一名日本交换生，交换结束后这位日本同学就要回国，此时你要送给她一份礼物，应该注意些什么？

2. 到南非旅游乘坐电梯上行，发现没有 13 层，这因为什么？

3. 美国独立日的起源是什么？

第二节　握手、拥抱和贴面礼仪

● 案例导入

法国社会党党员罗雅尔到中国访问期间，来到北京一户普普通通家庭做客。临别前，女主人拿出一些有中国特色的小礼物作纪念送给她。作为感谢罗雅尔要和这位善良的女主人行法式贴面礼，但这一优雅的礼节却让女主人惊慌失措，两人尝试了好几次"贴面"都没成功。最后双方尴尬不已，到使在场者笑倒一片。

一　握手礼仪

人际交往中的礼节方式多种多样，最常见、使用最普遍的见面礼就是握手礼。握手是表达见面、告别、祝贺、安慰、鼓励等情感的礼节方式。美国著名盲聋女作家海伦·凯勒说："我接触的手有的能拒人千里之外，也有些人的手充满阳光，你会感到很温暖。"握手的力量、姿势和时间的长短往往能够表达出对握手对象的不同礼遇和态度，显露自己的个性，给人留下不同的印象，也可通过握手了解对方的个性，从而赢得交际的主动。

握手礼是欧美最常见的礼节，在世界许多国家都通行。行礼时双方相距约一步，上身稍前倾，伸右手，四指并齐，拇指与之分开，伸手相握。饭店客房服务中需注意，客人先伸手时，方能握之，不要一脚门里一脚门外与人握手，尤忌四人交叉握手。和初次见面的女人通常不握手，只行鞠躬礼。同男人握手越紧，表示友情越深，和女人握手则需轻些。亚洲部分如泰国、印度等信奉佛教的国家见面则不使用握手礼；中非部分黑人的见面礼节不是握手，而是自己的两手互相握住，在脸前摇动，表示问候。伊斯兰教徒每天做礼拜五次，礼拜五也不例外。礼节动作各地不一。例如，一部分阿拉伯地区的人见面，一般以左手贴在胸前、右手举在额前表示敬意。

二　拥抱礼

世界上有的国家或民族的人情感比较外露，因而乐于用拥抱来表达情感。在这些国家，拥抱是可以与握手相提并论的最重要的见面礼仪。其他地区的一些国家，特别是现代的上层社会中，也行有此礼。拥抱礼一般是见面、老友相逢或送别时，为了表示喜悦、感激或不舍的时候使用。

（一）拥抱礼的行礼场合

拥抱礼多用于官方或民间的迎送宾朋或祝贺致谢等场合。当代，许多国家的涉外迎送仪式中，多行此礼。

（二）拥抱礼的动作要领

两人在相距约 20 厘米处相对而立，各自左脚向前（向对方）迈半步，彼此都右臂偏上，左臂偏下，右手扶着对方的左后肩，左手扶着对方的右后腰。各自都按自己的方位，两人头部及上身都向左，即右脸相邻，礼节性的拥抱可到此完毕（图 12-1）。如果是为了表达较为亲近的情感，更为密切的关系，在保持原手位不变的情况下，双方还可以将头移向右边，先右边拥抱，再次向左拥抱，才算礼毕。作为公关礼仪的拥抱，双方身体并不贴得很紧，拥抱时间也很短，更不能用嘴去亲对方的面颊。

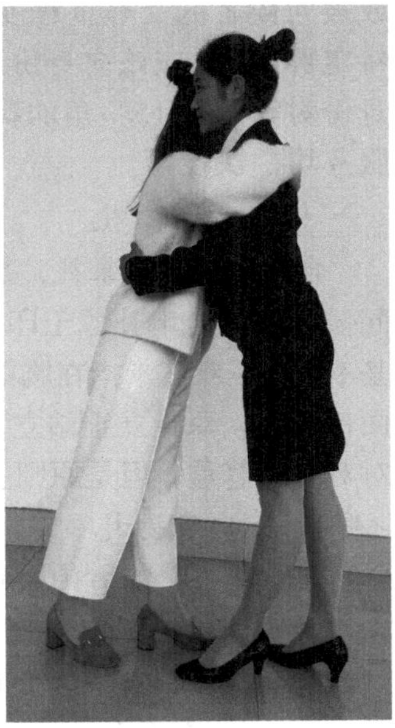

图 12-1 拥抱礼仪

三 贴面礼

贴面礼是源于法兰西民族的一种礼仪。相传古罗马时期严禁妇女喝酒，因此男子外出归来为了检查妻子是否饮过酒，便凑到妻子的嘴边闻一闻，这个动作沿袭下来逐渐成为夫妻见面时的第一道礼节。后来，这种礼节逐渐普及，范围扩大，终于演化成了今天的贴面礼。

（一）贴面礼的行礼场合

贴面礼一般在一天中第一次见面时，或分别、鼓励、安慰时会进行。行贴面礼一般只在熟人之间，或者虽不熟悉但希望对其表示强烈友好感情时会进行。多为女人之间或者男女之间进行贴面礼。男女之间行贴面礼，女士掌握主动权。如果女方主动把脖子伸出、脸颊偏过，男方才可以进行贴面。在法国南部和比利时的法语区或者是在特别热情的场合，男人之间偶尔也会进行贴面礼。

（二）贴面礼的动作要领

贴面礼一般情况下，先从右颊开始，只是在贴近脸颊附近的位置出“啧啧”声，声音越大表示对对方越热情。至于嘴唇是否真的碰到对方的脸需要看双方的关系，如果真的用嘴亲到脸颊上，说明行礼者的关系很亲密。除此之外有的地区是先从左颊开始，行礼时一定要分清楚对方的方向，否则会造成行礼不成，反而引起对方反感。行贴面礼的次数和方位没有在欧洲国家得到统一，为了避免在行礼时会出现各种尴尬气氛，我们要主动去了解主要国家贴面礼的规范，最好可以在行礼之前询问一下对方的贴面礼礼仪，确认之后再行礼。

（三）不宜行拥抱礼和贴面礼的情况

世界上有些国家和民族，人们交往中不能拥抱。在印度，亲朋好友见面时绝不拥抱，男女之间甚至连握手也不行。在芬兰，亲友见面时，距离靠得太近都不行。日本人不喜欢接触他人身体，行鞠躬礼作为见面礼。英国人性格内向，羞于在他人面前流露感情，在社交场合，很少行拥抱礼。欧洲人非常注重礼仪，他们不习惯与陌生人或初次交往的人行拥抱礼、亲吻礼、贴面礼等，所以初次与他们见面，还是以握手礼为宜。

四 其他礼节

（一）鞠躬礼

鞠躬礼是日本、韩国等东方国家常见的礼节仪式。鞠躬礼的行礼深度，因受礼者或被问候者的受尊重程度而定。下弯的幅度越大，表示尊重程度越大。基本原则：在特定群体中，应该向身份最高长者行45° 角的鞠躬礼；身份次之的行30° 角的鞠躬礼；身份对等的行15° 角的鞠躬礼。鞠躬的次数，可视环境和情况而定，一般社交、接待、服务均一次便可。

（二）合十礼

合十礼又称合掌礼，是泰国、缅甸、老挝、尼泊尔等东南亚与南亚的佛教国家的见面问候礼仪。合十礼源于印度，最初是佛教徒之间的见面礼，后来发展成全民性的拜礼。基本原则：双掌十指在胸前相对合，五指并拢向上，掌尖与鼻尖基本持平，双眼注视对方，面带微笑，双腿立正站立，上体前倾30° ～45° 。行礼时，一般双手举的越高，越表现对对方的尊重，但是原则上不能高于额头。

（三）亲吻礼

亲吻礼也是西方国家常用的礼仪之一，有时它单独使用，有时它与拥抱礼同时使用，在双方会面时，既拥抱又亲吻。不同的关系，行亲吻礼的亲吻部位也不同，一般为贴面颊或吻面颊。只有夫妻间行礼时才吻唇，吻唇不宜滥用，更不能当众进行。

（四）吻手礼

吻手礼是流行于欧美上层社会的一种礼节，它是男士向女士致意、问候的一种礼节。英、法两国尤其喜欢“吻手礼”。行礼时，要求男士走到已婚女士的面前，先欠身致意，然后用右手或双手轻轻抬起女士的右手，同时俯身象征性地接触一下女士的手背或手指，然后再将手轻轻松开。行吻手礼时，男士要稳重、自然，动作不要粗俗，更不能发出声音，如果女士不伸手，则不可强行使用吻手礼，吻手礼在室内施行为佳。

知识拓展

拥抱方式与性别有关。如果是同性之间拥抱，一般以亲密拥抱为主，如碰肩、高举双手相握、拍拍背这样的肢体接触，时间很快，大概维持1秒而已，如果是异性之间的拥抱，那就必须保持一定的距离，两者相距在20～30厘米。行礼时，男士只可以上身前倾，切记不要把下体靠近对方，接着用手臂轻轻搂抱女士肩头，不要用身体直接贴近女士的躯干。当你不愿意行拥抱礼时，你可以借助桌子、椅子这些障碍物，从而可以调整自己所在的空间位置；也可以转移对方注意力，告知对方你身体不适，如告诉对方你感冒了，不能把病毒传给对方。对方听后，同样不会强制要求行拥抱礼。

思 考 题

1. 握手礼的注意事项有哪些？
2. 在印度，人们见面行什么礼？
3. 什么情况下可以行拥抱礼？

第三节 鸡尾酒、舞会礼仪

● 案例导入

小李是一位讲究生活品质的帅小伙子，穿着很时尚。一天，他穿了件高档的羊绒大衣去参加公司举行的年会，当他来到会场时，见人们都已经在翩翩起舞，于是小李马上邀请一位正在休息的女士跳舞，那位女士却很礼貌地拒绝了他，接着小李又接连邀请了两位女士跳舞，均被婉言拒绝了。小李想不明白，自己如此优秀怎么会没有舞伴呢?

一 鸡尾酒会

鸡尾酒会发源于美国，已有200多年的历史，是国际上流行的一种招待客人的酒会。鸡尾酒的英文名为cocktail。

鸡尾酒会可以在午餐进行，开始时间一般是正午12时。业务上的餐前鸡尾酒会开始的时间较早，一般是上午11时30分。如果是晚间举行的话，一般开始于下午6时或6时30分。一般持续时间为1.5～2小时。酒会以酒水为主，略微准备些零食，酒会的形式较灵活，它不需要像宴会那样复杂和拘束，会场不设或少设座椅，仅置小桌或茶几方便宾客随意走动。

（一）鸡尾酒会酒品及餐食

鸡尾酒会上的酒品一般会分为两类，即含酒精的饮料和不含酒精的饮料。

1. 含酒精的饮料　一般来说，鸡尾酒会提供的酒精饮料可以是雪利酒、香槟酒、红葡萄酒和白葡萄酒，也可提供一种混合葡萄酒，以及各种烈性酒和开胃酒。而所谓鸡尾酒，主要由酒底（一般以蒸馏酒为主）和辅助材料（鸡蛋、冰块、糖等两种或两种以上材料）调制而成。鸡尾酒口味独特，调配色泽鲜明，每一种调配都有不同的故事。鸡尾酒调配的手法及调配后的效果，一要根据客人的口感喜好，二要根据调酒师的经验水平。

2. 不含酒精的饮料　在鸡尾酒会上还会准备至少一种不含酒精的饮料，如时令果汁、汽水、矿泉水、牛奶等。这些不含酒精的饮料一般可以起到替代含酒精饮料和作为调制酒品的配料的作用。

3. 点心　鸡尾酒会以酒水为主，食品从简，只有一些点心和开胃菜等，这些食品一般制作精美，味道可口。常见的食品有三明治、小蛋糕、切片面包和橄榄、烤制的风味小香肠等。如果自己是酒会的主人，应注意的是酒会的点心或开胃品一定要适合于用手拿着吃，避免给宾客用餐造成不便。

（二）鸡尾酒会准备工作

1. 根据主办人的要求与饭店的设计布置酒会标准等。准备好小方餐桌或小圆餐桌，数量要合适，在餐桌上铺好台布。准备好餐巾纸、杯、烟灰缸、牙签筒、鲜花、花瓶等，全部餐桌的摆设要配套一致。

2. 根据酒会通知单备足、备齐各类酒水饮品，布置好酒台，并且将各种调酒专用器具准备齐全。

3. 检查参加酒会服务人员的着装仪表，酒会开始前几分钟，服务员托带有酒水的托盘，站在宴会厅入口处，准备欢迎宾客并送上迎宾酒。

（三）酒会敬酒礼仪

由于鸡尾酒会是属于一种比较自由轻松的酒会，赴会者在衣着方面不用讲究太多。但若是场面隆重一些的时装发布会常伴有的鸡尾酒会，则前来参加鸡尾酒会的人员要身着礼服出席。

1. 一般情况下敬酒应以年龄大小、职位高低、宾主身份为序，敬酒前一定要充分考虑好敬酒的顺序，分明主次。即使与不熟悉的人在一起喝酒，也要先打听一下身份或是留意别人如何称呼，这一点心中要有数，避免出现尴尬或伤感情的局面。

2. 敬酒时一定要把握好敬酒的顺序。有求于某位客人在席上时，对他自然要倍加恭敬，但是要注意，如果在场有更高身份或年长的人，则不应只对能帮你忙的人毕恭毕敬，也要先给尊者长者敬酒，不然会使大家都很难为情。

3. 向距离较远的客人敬酒，可用举杯、点头和微笑的方式进行。

4. 敬酒时可以用拇指、无名指和小指牢牢握住杯脚下方，中指扶着杯脚，示指轻搭在杯脚与酒杯连接处。手指尽量伸直，显现手部优美曲线。

5. 鸡尾酒会一般不拘形式，可以允许客人迟到半小时，不算失礼；也可以允许客人早退。由于客人可以迟到 30 分钟之久，所以必须有专人负责留意门口。在宾客众多的场合，女主人应经常留意大门口，看有无客人到来，并上前欢迎他们，把他们介绍给他们可能会喜欢结识的朋友。

二 舞会礼仪

所谓的舞会，指的是“交谊舞”，又称“宫廷舞”，是一种国际性的社交活动舞蹈，基本形式有布鲁斯舞、慢华尔兹舞、狐步舞、快华尔兹舞、快步舞、伦巴舞、探戈舞七种。

（一）舞会前的准备

1. 确定时间、地址　舞会的时间最好是在晚上，一般以晚 7 点至晚 11 点为宜，时间控制在 3 小时左右。

2. 邀请客人　是舞会非常重要的一个内容，通常会请一两个主宾，然后围绕主宾请陪宾。但由于跳舞是一男一女共同完成的，因此舞会的男女比例应精心考虑，一般男士人数应略多于女士人数。同时，还要考虑宾客的年龄结构、是否熟悉、性格等。并且还应考虑到宾客是否会自己带舞伴。正规舞会邀请方式一般以发请柬为宜。

3. 音乐的选择　音乐在舞会中非常重要，可以分为伴奏式和播放式。如果是长时间的舞会，以伴奏式必须考虑两个乐队。播放式需要专门的音响师调音。这两种选择都需考虑客人喜好与舞会各阶段的和谐。

4. 舞会参加者的准备　男士在正式舞会中通常穿有传统服装系有白色领结的大燕尾服，但是现在通常穿黑色领结搭配小燕尾服。女士在选择舞会的衣着时应选择长款的礼服，不要穿过露、过透、过短、过紧的服装。女士穿裤子跳舞通常是不允许的，多为穿着白色衣裙，参加大型舞会时应着晚礼服。当穿无袖裙时可以戴长手套，但当开始跳舞或共进餐饮时需要脱掉。

（二）邀舞顺序

1. 第一支舞曲一般由主人夫妇、主宾夫妇共舞；接下来，男主人须依次按照礼宾顺序，邀请其他宾客的舞伴共舞。而其他男宾也可邀请女主人共舞。

2. 在正式舞会上，按舞会礼仪规范，人们除了要与自己同来的舞伴一起跳开始曲和结束曲，整个舞会共舞应以两次为限，两个人不能从开始一直跳到结束。男士可以酌情自择舞伴外，还须按照既定的顺序，邀请其他的一些舞伴共舞。

3. 在舞会中，男宾应至少邀请女主人跳一次。如果女主人还有女伴、女儿等，礼貌上也应一一邀舞。

4. 主动邀请受冷落的女士共舞。

（三）共舞礼仪

1. 步入舞池时，要尊重女伴，女在前，男在后，由女士选择具体会置；共舞时，一般男士领舞引导在先，女士配合在后。一曲终了，应立于原处，面向乐队或主持人鼓掌表示感谢，男士再将女伴送回原处。

2. 同性不共舞，异性共舞时，不管你与舞伴是何种关系，要与舞伴保持一定的距离，应该有 30 厘米左右间隔。共舞时舞姿要端正大方，右手轻扶舞伴后腰（略高于腰部），左手轻托舞伴右掌，双方肢体更不能在跳舞时贴面、贴胸、贴腹。

3. 共舞时，除交谈之外不要长时间紧盯着对方的双眼。若冲撞了别人，应及时礼貌向人道歉。

4. 共舞时，要按逆时针方向进行，不要旁若无人、横冲直撞。在双方共舞过程中，无论舞步有多么不合，都应坚持到底，一般不应中途离去。双方都礼貌下场是允许的。

5. 跳舞动作要与舞曲协调，不允许自我创作，乱跳一气。更不要以夸张、怪异、粗野，甚至用色情的舞蹈动作去吸引他人的注意。

（四）其他注意礼节

1. 舞会开始后，不应穿越舞池，而应绕道。

2. 舞间休息，不应向不熟悉的舞伴问长问短，闲聊不止。

3. 舞会结束后或中场退出，应向主人或重要“朋友”道别。有时还可以在一两天后以短信方式向主人道谢，这将是对主人莫大的回报。

4. 舞会结束后，男士一般应送自己的舞伴回家。

思 考 题

1. 握手礼的注意事项有哪些？

2. 在印度，人们见面时行什么礼？

3. 什么情况下可以行拥抱礼？

（鞠晓昱）

模块七

求职面试与日常工作礼仪篇

第十三章　求职面试与日常工作礼仪

● 案例导入

某公司登报招聘一名文职人员。三十多人前来应聘，有的高大帅气，有的背景人员推荐，不过让人大跌眼镜的是入选的竟然是一位外表平平、没有任何推荐人的小伙子。事后招聘经理解释原因：在等待面试时，旁边的残疾老人没人关注，只有这位小伙子立即起身让座，这表明他心地善良，知道体贴别人；进门面试前他先蹭掉脚上的泥土，进门后随手关门，这说明他很懂礼貌，做事很仔细、有条不紊；我故意放在地上的一本书所有的应试者都不屑一顾，只有他俯身捡起，放在桌上；当我和他交谈时，我发现他神态清爽，头发梳得整整齐齐，指甲修得干干净净，谈吐温文尔雅，思维十分敏捷。这些细节让他完胜其他应聘者。

想一想：在面试中，是什么使得这名小伙子脱颖而出？

● 案例导入

小明是市场营销专业大四学生，新年伊始，已进入大学最后实习阶段的他，和众多学友一样开始寻找工作。他选择了某外资企业的销售岗位。为了应聘成功，他利用招聘会前的一周时间，对该企业的产品做了市场调查，从市场份额、产品性能到竞争对手等各方面的情况都做了详细了解，并拿出了一份详实的市场调研报告。面试时对面试官提出的各种问题，小明礼貌而自信地给予回答，并不失时机地提出自己的调研方案，给面试官留下了良好的印象，最后他成功地击败了众多竞聘者而被录用。

想一想：用人单位最希望招聘到什么人才？小明的成功给了我们什么启示？

第一节　求职面试礼仪

无论你是刚走出校门的大、中专毕业生，还是待岗青年、准备跳槽的择业人员，寻找一份合适的工作，是摆在你面前的当务之急。如何才能求职成功呢？了解面试时必要的一些礼节是非常关键的。

一 面试前的准备

面试要取得好的成绩，必须做好充足的准备。面试前一般需要做好以下准备工作：信息搜集，自我定位，准备求职信，面试物件准备，心态准备，仪容、仪表准备。

（一）信息搜集、自我定位

1. 信息搜集　求职前，首先要全方位搜集信息，了解国家政策和社会需求，特别是招聘单位的情况，主要包括以下几个方面。

（1）招聘单位的总体信息：单位的性质、主要功能、组织结构、人员结构、主要领导、产品、效益、人均产值等。

（2）招聘单位的岗位需求：应聘的岗位职责、福利待遇、工作环境、人事政策和发展前景等。

（3）招聘单位对招聘人才的要求：招聘单位对应聘者的年龄、性别、职称、学历、专业或工作经验等有无特别要求。

2. 自我定位

（1）认清自己，准确定位：明确自身条件，分析自己的优劣势、兴趣爱好和价值观等，对自己有个正确的定位。不要眼高手低，也不能自卑。要对自己准确定位，主要通过两种途径：一是通过同学、朋友对自己的评价来客观认识自己；二是借助于职业能力倾向测验。目前较具权威性的是霍兰德职业适应性测验，主要考察你感兴趣的活动、你喜欢的职业、你的能力类型等方面，然后进行统计确定你的职业适应性。

（2）选择招聘单位：根据自身条件及了解的招聘单位情况，提前有针对性地选择招聘单位，以提高应聘效率。选择招聘单位时（特别是参加大型招聘会），在时间、条件允许的情况下，可以多选择几家，像高考填志愿一样，排出第一、第二、第三等多个选择，依次投递简历。不要在有多个选择时只选择一家，一旦被拒签，就惊慌失措、胡乱投递，影响到后面的应聘效果。

（二）求职信的准备

很多人找工作只投简历，但如果加上一封准备充分的求职信，可以大大提高求职成功率。求职信是求职过程中很重要的一环，它通过表述求职意向和对自身能力的概述，引起招聘官的重视，进而对你简历上所写的经历与业绩感兴趣，从而进一步建立起双方沟通的桥梁。

一般来说，打开自荐材料，首先看到的便是求职信，求职信无论在文体上还是内容上都必须给阅读者留下好印象，这样才能使你的求职信从一大堆求职信中脱颖而出。求职信的书写主要注意以下几点。

1. 内容言简意赅　求职信要短，内容以简洁为原则。一般招聘人员不会有时间看冗长的求职信，所以求职信应尽量在一页纸内完成，两页为上限。

2. 不要做简历的复制　求职信是为了吸引招聘人员继续阅读你的简历，与你的简历是相辅相成的。如果求职信是简单的简历复制，那就丧失了一次更好地介绍自己和弥补简历中未能展示自己能力的机会。

3. 求职信要有针对性　求职信的目的是引起招聘人员对你的兴趣，通常招聘人员对与其企业有关的信息是最敏感的，因此要了解应聘的公司和职位要求，在求职信中有针对性地表达出自己与招聘岗位相对应的能力和经验。

4. 注意文字措辞　求职信应避免有文字上的错误。一定要注意措辞和语言，切忌有错字、别字、病句及文理欠通顺的现象发生。否则，用人单位依据“文如其人”的说法，可能给对方留下不良的印象。

课堂活动

有人认为，已经有了求职简历，求职信就可有可无了，这种想法对不对？为什么？

（三）面试物件准备

面试前求职者应该提前准备好参加面试需要携带的东西，主要包括公文包、笔记本、身份证、毕业证书、学历证书、获奖证书影印件、近期照片、笔、多份打印好的简历及有关证明材料等 。

1. 公文包　求职时带上公文包会给人以专业人员的印象。公文包不要求很贵重，但应看上去大方典雅、内分多层，能平整地放下 A4 纸大小的文件。所有准备好的文件都应该按类别分别平整地放在公文包里，以备取用时方便快捷，给对方以办事认真仔细、考虑问题周全的印象。

2. 笔记本　在寄出简历的同时，应该把每个公司的招聘信息剪辑、编排，统一整理到一个求职记录本中，以便在收到企业面试通知时进行查询。当然这个求职记录本还应记录即将参加或已参加过的面试时间、地址、联系人和联系方法、面试过程的简单记录及跟进记录等。此本应随时带在身上，以便记录或查询。

3. 身份证、毕业证及各种证书　准备好身份证、毕业证及其他各类证书等文件的正本和复印件。如果面试时，公司人事主管提出要查看一些文件的正本而面试者又没有带的话，是非常尴尬和不礼貌的，这是面试礼仪中最应该避免的疏漏。如果有工作成果的证明、作品或者专利证明，务必带上，因为这是证明自己最好的“武器”。

4. 简历　是求职的“敲门砖”，是求职者与用人单位的第一次接触，其对于求职的重要性不言而喻。对于用人单位来说，一个招聘信息的发布可能会吸引上千份的求职简历，然而能得到他们眷顾的最多只有 20%。如何能成为这 20% 中的一员，一份好的简历功不可没。制作简历要认真准备，恪守原则，强化细节，如此才能给用人单位留下良好的第一印象。

（四）心态准备

良好的心态是成功应聘的基础。面试前几天要调整好自己的情绪，保持良好的精神状态。求职者一旦具备了良好心态，就会在面试时精神饱满、意气风发、充满自信。

1. 积极进取的心态　作为求职者应该具有积极进取的心态。要把每次面试都看成是千载难逢的好机会，在面试前要认真做准备、查阅资料，对每一个可能会问到的问题、细节都仔细思考一番。拥有这样心态的人，在面试时一定会正常发挥甚至超常发挥。

2. 充满自信的心态　每一位求职者都要充满自信，自信心会给求职者带来洒脱和豪情。对任何人来说，相信自己的实力，相信自己的水平，相信自己能够干出一番事业，才会热情地、努力地去投身到这个事业中去。自信是对自己的实力有充分的估计和坚定的信心，一个求职者只有坚信自己有实力、能胜任某项工作，才能表现出坚定的态度和从容不迫的风度，才能赢得面试官的信任和赏识。

3. 双向选择的心态　现在的就业方式主要是双向选择的就业方式。从用人单位的角度来看，求职者是在接受“审查”，他们在看其条件是否符合招聘要求。不过，换个角度来看，用人单位和面试官同时也在被求职者“审查”，求职者在看他们给出的条件能不能吸引自己。有了这种双向选择的心态，求职者在精神上就占了上风，面试时就能表现出一种不卑不亢的态度。

4. 输得起的心态　如果有了不怕挫折、不怕失败、输得起的心态，一个人的自信心就会自然而然地增强，面试时讲起话来也会铿锵有力、掷地有声。就算遇到比自己强的竞争者，也会抱着那种“一山更比一山高”的积极心态来对待。总之，经不起挫折、输不起的人才是真正的失败者。有了输得起心态的人，才会不惧失败、勇往直前，也终究会找到称心如意的工作。

5. 团队合作的心态　职场上，最重要的是合作精神、沟通能力。因为职场上不可能一个人完成所有的工作，需要彼此合作、相互包容，共同完成工作目标。如果一个人我行我素，唯我独尊，不能与同事好好合作，不仅会影响到公司的氛围，而且会降低工作效率，是面试官招聘人才的大忌。因此，一定要培养自己团队合作的意识，才能最终取得面试的成功。

（五）仪容、仪表准备

面试时，给面试官的第一印象最为重要，而第一印象最直接、最迅速的获得，则是通过一个人仪容仪表、气质风度等外在的形象。适宜的仪容仪表不仅能弥补自身条件的某些不足，还能突出自己的优势，使自己在众多面试者中脱颖而出。

1. 仪容的准备　仪容，通常是指人的外观、外貌。保持清洁是最基本、最简单、最普遍的美容。男士要注意面部的整洁，如眼部、鼻腔、口腔、胡须、指甲等，发型以短发为宜，并注意保持头发清洁。女士要适当的化淡妆，切勿浓妆艳抹，不宜喷洒过多的香水，发型应美观、大方，不能太夸张或另类。

当然除了外在的仪容美，通过努力学习，不断提高个人的文化、艺术素养和思想道德水准，培养出自己高雅的气质与美好的心灵，使自己秀外慧中、表里如一，是仪容美的最高境界。

2. 仪表的准备　面试者应注意自己的仪表形象，着装以庄重或素雅的服饰为宜，不要刻意追求时尚化，以简约大方、彰显个人气质和端庄为前提。男士着装应干净利落，现代大学生面试崇尚穿西装套装，着黑色皮鞋。注意无论天多热，男士都不要穿短裤、背心、拖鞋，那样会给人以不稳重的感觉；女士可以穿西装套装或套裙，避免佩戴过多饰品，饰品避免闪闪发光或与宗教有关，否则会使你的亲和力大打折扣。关于西装的注意事项在本书第五章中有详细介绍。面试中无论男士女士都不要戴帽子、手套或耳套，这些东西都是对人不尊重的表现。

课堂活动

根据上文，简述面试前应该做好哪些准备工作？

二 面试礼仪与技巧

面试礼仪是面试者呈现给招聘单位的“名片”，是一个人内在修养的外在表现，熟练掌握面试礼仪和技巧是取得良好面试效果、保证求职成功的关键。那么关于求职面试的礼仪技巧有哪些呢？

（一）面试礼仪

1. 准时赴约　参加面试要特别注意遵守时间，一般要提前 10 分钟左右到达，提前到达的优势为：一是稍微平静一下心态，整理一下服饰，然后以饱满的精神出现在面试官面前；二是表达求职的诚意，给用人单位以信任感。

2. 面试的举止礼仪

（1）敲门入室，自我介绍：面试者进入面试室，不管门是否关闭，都应先敲门进入，不要冒失地直接闯入，给人以鲁莽的印象；进门后先微笑环视所有面试官，主动打招呼问好致意，称呼要得体；然后对自己进行简短的介绍，要有针对性地介绍自己，这样会加深面试官的印象，给对方以立体感觉。

（2）接受名片：假如对方递送名片，应以双手接过来，并认真看一看，熟悉对方职衔，有不懂的字可以请教，然后将名片放入自己上衣兜里以示珍重，千万不要往裤袋里塞。

（3）入座：不要自己主动坐下，要等面试官请你坐时再入座；从座位的左侧入座，入座时要轻、要稳，女士入座前要先整理衣裙下摆。

（4）坐姿：在面试中，坐的姿态非常重要。女士可采用“自然式”“前后式”和“斜放式”坐姿；男士宜采用“标准式”坐姿。具体要求见第六章。

坐下时切忌跷二郎腿且不停地抖动，左顾右盼，满不在乎，会引起面试官的反感；另外不断揉搓手指，会显得你十分紧张，缺乏自信。

（5）递交物件：面试时主动把自己的简历递交给面试官，递交时要双手递上，简历一定要把正面（资料文字的正面）对着面试官。如果面试官需要其他证书，要能迅速地找出，并双手呈上。不要在需要递交证书时，手忙脚乱或找不到，让人感觉你做事没有条理、准备不足。

（6）举止：面试态度要热情，表现出对去对方单位工作的诚意；面试过程中始终面带真诚的笑容；交谈时要姿态端正、自然、放松，且忌做一些捂嘴、歪脖、抠鼻孔、掏耳朵之类的小动作。

3. 面试交谈的礼仪

（1）语言表达：面试过程中要讲普通话，并注意语气、语速、语调等方面的把握，文明及礼貌用语应得当。注意谈话技巧，讲话不要太直白，说话尽量多用敬语，如“很高兴和您见面，希望尽快得到您的面试反馈”“和您谈话学到了很多东西，非常希望能在贵公司就职”等，只短短的几句话，面试官会对你产生非常良好的印象，感觉求职者很有教养。

（2）面试中聆听的礼仪：要专注倾听，当主考人向你提问或介绍情况时，应该注视对方的双眼，对听到的信息有所反应，要不时地通过表情、手势、点头等必要的附和，向对方表示你在认真地倾听；如果巧妙地插入一两句话，效果则更好，如“原来如此”“你说的对”“是的”“没错”等；要善于通过主考官的谈话捕捉信息，认真地品味对方话语中的言外之意、弦外之音、微妙情感，细细咀嚼品味，以便正确判断他的真正意图。

（3）面试中交谈的礼仪：整个面试过程中，保持举止文雅大方，谈吐谦虚谨慎，态度积极热情；回答问题要面含微笑，口齿清楚，从容镇定，有问必答，答而真实，用真诚和坦诚征得对方的理解和认可；如果有两位以上面试官，回答谁的问题，你的目光就应注视谁，并适时地环顾其他面试官以示尊重；回答问题之前，应对自己要讲的话稍加思索，想好再说，尽量不要引经据典，要有针对性地回答，切勿信口开河、夸夸其谈、文不对题、话不及义；一般情况下不要打断面试官的问话或抢问抢答，否则会给人鲁莽、不礼貌的印象。

4. 面试结束的礼仪　不要以为面试结束了，就放松心情、不顾礼节了，实际上面试结束后的礼仪是很多用人单位考察人才的重要一环。

（1）离开的礼仪：面试结束后，面试者应一面徐徐起立，一面以眼神正视对方，做最后的“表白”，以突显自己的热忱；然后感谢面试官及公司给自己机会；离开办公室时，应该把刚才坐的椅子扶正至刚进门时的位置，再次致谢后出门，并随手关门。

（2）保持胜不骄、败不馁的心态：面试结束时，不论是否被顺利录取，都要正确对待。如果被顺利录取，不要得意忘形，要不卑不亢，准备好迎接新的挑战；如果求职失败，要给面试官显示出“依依不舍”的情绪，让面试官能够感受到你的情义，这样有可能会反败为胜；如果实在不行，也不可灰心丧气，要面带微笑，保持礼貌，不失体面和尊严地离开。

（3）总结经验教训：面试结束回来后，应该仔细记录整个面试经过，分析失误，总结经验教训，以新的姿态迎接下一次的面试。

（4）致谢：在面试结束后，最好给面试官写一封感谢信，将自己在面试时的情况、自己的信息、对工作的信心及期待机会等写在感谢信中，加深面试官的印象，增强他对你的好感。

总之，面试时要保持一颗健康、阳光的心态，以饱满的热情体现个人对工作岗位的认同，以素质和个人修养塑造个人魅力，这一点是最关键的因素。

课堂活动

面试过程，小张接到面试官给的名片很随意地装到自己的裤兜中，这样做对吗？应该怎么做？在回答面试官的问题时，他左顾右看，还频频打断面试官的话，急切地询问自己关心的问题，你感觉他被录取的可能性大吗？为什么？

（二）不同行业的面试

1. 公务员面试　公务员作为国家公职人员，要具备一定的形象气质。因此，公务员的面试，除了要遵循上面的礼仪与技巧，还有些特殊面试技巧，以表现出面试者干练、阳光、大方、自信、从容的精神面貌。

（1）面试的形式：公务员面试最常用的是结构化面试和无领导小组讨论两种形式。结构化面试，即按照事先制订好的面试提纲上的问题一一发问，并按照标准格式记录面试者的回答和对他的评价；无领导小组讨论，即采用情景模拟的方式对考生进行集体面试，通过给一组考生（一般是 5 ～ 7 人）一个与工作相关的问题，让考生们进行一定时间（一般是 1 小时左右）的讨论，来检测考生各方面的能力和素质，由此对考生做出综合评价。

在发言时要积极主动、审时度势，尽最大努力说服其他考生，发言要注意说话的技巧，言词要恳切可信，避免过于冗长，做到言简意赅。

（2）角色意识：回答问题时，不能再以一般群众的立场回答问题，而是以公务员身份、从社会事务管理者的角度去思考和分析问题，从积极、阳光的一面进行作答，以突出考生与这个职位有较高的匹配性。如果面试者对社会现象的某一方面（特别是政治问题）发表比较偏激的见解，会给考官留下一个愤青的印象，是公务员面试中的大忌。

（3）自信成熟，气势十足：公务员面试是在选拔基层的工作人员，弱不禁风显然是不行的，更多的是需要成熟干练、做事踏实的人员。一名优秀的公务员，必须是一个有自信的人，能够具有由内而外的气度，常常表现为行为举止的从容稳重、不卑不亢，谈吐仪态的大方得体，考试要选拔的也正是这样的人才。因此，公务员考试中，具备较强的自信心往往是成功的关键（图 13-1）。

图 13-1　公务员的形象

（4）措辞适当，逻辑清晰：多了解国家的时事政策，面试时要善于应用，如果措辞肤浅虚夸，像涉世未深的学生或缺乏政治素养的群众，会给考官一种随便的印象。谈话中不要使用外语和方言，注重礼仪，不要失礼、失态，注意说话的层次性和逻辑性，这是对公职人员的重要要求。

2. 企业面试　如果你想进入到心仪的企业中工作，在面试环节中表现出色，必然会吸引面试官的注意，那么你成功的概率就会很大。下面介绍企业面试中的一些特殊技巧。

（1）搜集信息，了解企业：首先要从各个渠道收集面试企业的信息。首先通过浏览企业的网页，或阅读有关的报道，具体、深入地了解企业所在的行业、行业所处的经济环境等信息，从而在面试中融会贯通；其次还要争取了解清楚面试官的姓名、在公司的职位和角色等。如果面试当天你能熟练地称呼面试官，并恰当地表达出你对企业的行业背景和发展前景的看法，必定会使面试官对你刮目相看。

（2）了解应聘的岗位要求：通过企业的招聘简章或网页，了解企业需求的岗位，根据自身条件、未来可能的工作方向，最终选择适合自己的岗位。应聘前汇总自身的学历、拥有的技能和知识优势、过去的经历经验，以保证适应应聘岗位的要求，从而在面试前树立自信，这样才能够在面试中始终保持足够的自信，夺取最终的胜利。

（3）有针对性地介绍自己：企业面试中，求职者往往被要求介绍自己。这是突出自己优势和特长、展现综合素质的好机会，千万不可千篇一律。自我介绍要突出与申请的职位相吻合的长处，最好用具体生动的实例来证明自己、说明问题，而不是泛泛而谈。适当讲述个人成功的经历和事例，讲述经历时，与面试职位紧密联系的经历优先说，其他工作经历后说。

（4）善于沟通，有团队协作精神：大多数面试官都希望找一位有创造力、性格良好，既能融入到团队与队友有效合作又能带动他人共同完成工作目标的人才。因此，面试中展现自己的语言交际能力和人际交往能力十分有价值，这既是团队协作中有效沟通的基础，又是受过良好教养和有竞争力的标志（图 13-2）。

图 13-2 企业管理人员的形象

3. 空乘人员面试 空乘人员是指在航空飞机上从事服务的人员，空乘人员必须品德高尚、热爱民航服务工作，具有良好的职业道德修养，有较强的安全保密意识和高度的工作责任心，做事认真严谨，思维敏捷，遇事灵活应变，有较好的团队意识和服务意识。空乘是个让人羡慕的职业，每年的招生、报考和面试都异常的火爆，要想取得面试的成功，一定要注意以下方面。

（1）服务意识：空乘人员是为旅客服务的，要有为他人服务的热情，这一点十分重要，一定要在空乘面试中表现出来。因此，面试回答问题时，要注意站在考官和客户的角度去分析问题，看待事情和处理问题都应以客户的利益为出发点，站在客户的立场去思考解决方法，然后结合各方面的关系，给出问题的最佳答案，最终取得较好的面试成绩。

（2）针对性展现优势：在空乘人员的面试中、招聘简章中都会对这个岗位提出一些基本条件，面试者在面试中就要针对这些条件把自己的优势充分展现出来。展示优势时，要诚实而不夸张，针对空乘职位的要求，充分表现自己有关的能力和才干。

（3）体现综合素质：在人际交往上，空乘人员要有较好的与人沟通的能力和亲和力，面试时要注意通过表情、肢体语言和交谈等引起面试官的感情共鸣，让面试官感受到你的亲和力；作为空乘人员，因为遇到的突发事件可能较多，所以要求面试人员有较强的心理承受能力，在面试过程中，面试官可能提出刁钻的问题考验你的承受能力，这时不要紧张，更不要反感、厌恶，要通过积极的心理暗示“考官看好我，所以考验我”，沉着冷静地展示良好的修养和风度；随着航空公司的国际化，还要求考生说得一口流利的英语甚至第二外语，同时还通过历史、地理、逻辑等内容考察考生的综合能力，这要求考生平时多学习、多读书，有真才实学。另外，由于飞机上的乘客受自身健康状况的影响，经常会发生健康方面的突发事件，因此具备医学、药学和护理学专业知识和技能的人员更受面试官的青睐。

（4）形象气质：空乘专业更看重考生的形象气质，要求仪表清秀，端庄大方，无口吃，体态匀称，动作协调，并有符合行业标准的身高。除此之外，考生的肤色要好，身上要无明显瘢痕、斑点，牙齿色质也要好且要排列整齐。在个人形象展示时候，站姿、走姿、蹲姿都要符合仪态礼仪（图 13-3）。

（5）自信而富有朝气：很多人以为空乘专业只追求漂亮，其实这是个误区，面试官对本色、自信、有朝气的面试者更加偏爱。因此，在空乘面试过程中，一定要体现出你的自信、朝气，这样才会给空乘面试官留下很好的印象。

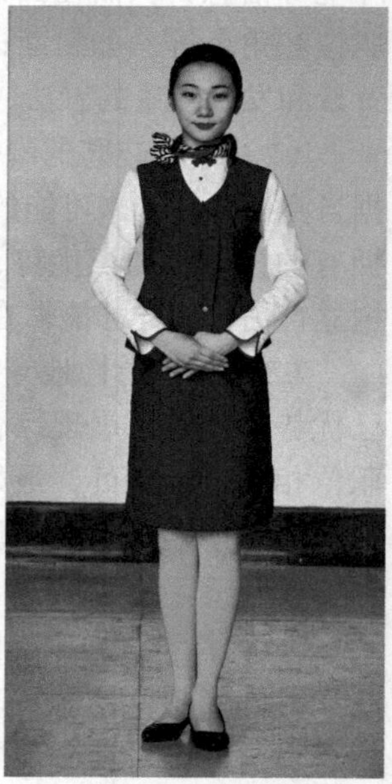

图 13-3 空乘人员的形象

作为一名合格的空乘人员，要从内心深处认同空乘这份职业，从内心深处树立服务意识、责任意识和仁爱意识。良好的风度需要长时间的培养和锻炼，空乘更需要在长期的飞行中培养自己的性格，提高自己的文化素质，加强自身的修养。

（6）空乘人员面试的基本流程：①初试：到报名地点后，先交报名表，分组进行面试，一般 10 个人一组进入考场，每个报考人员进行简单的自我介绍（姓名、年龄），然后走出考场等候下一步的面试通知，没得到再次面试通知的人员则被淘汰。② 复试：第二次面试由考官单独面试，面试内容包括英文对话及其他有关问题，内容比较详细。第二次面试通过后，在考场等候通知面试结果。有的航空公司可能还要安排第三次面试或者进行笔试的考试。③体检：参加体检后等待体检结果。④体检合格后一般还要进行公司有关领导参加的集体面试，面试中会对参加面试人员提出问题，内容大致和第二次基本相同，但是参加此次面试的人员会比较多，所以要求面试人员绝不能紧张，这是考验你的极好机会，是否成功可能就在此一举。⑤终审、录用并通知培训。

4. 护理人员面试　护士被称为白衣天使，她需要有爱心、细心、责任心及耐心，一名优秀的护士不仅需要了解诊疗护理常规、熟练掌握护理操作技能，而且要有很强的亲和力、沟通能力及语言表达能力。

（1）具有高度的责任心、良好的职业道德：守时是职业道德的一个基本要求，尤其是护理专业，时间观念更为重要。作为一名医护人员，特别是护士，将来是要负责患者的一切护理事宜，如输液、拔管等，对于时间观念的要求比较严格。因此，一定要准时到达面试地点，绝对不能迟到，要知道一旦走上工作岗位，所做的都是关系着患者生死的大事，来不得半点拖拉。

（2）专业素养：护理专业的面试相对于其他面试来讲，更加注重考察考生的专业知识储备、专业操作技能及相关的职业道德。因此，面试前要多了解一些消毒隔离和护理的常识；面试中可能被要求进行一些专业操作，技术要过关，如静脉注射时能一针见血，又如你给一个患者进行输液，突然出现了不良反应，你该如何应对等；心态方面，整个面试过程中要始终把自己当成是站在真正的患者面前，许多人文关怀的细节是不能省略的；另外，作为护理人员，要时刻牢记“无菌观念”，面试的时候切忌东摸西碰，以免给考官留下“不讲卫生”的坏印象。

（3）形象得体：作为医护人员，尤其要讲究个人形象，毕竟在患者的心里，护士就是白衣天使，因此不能有化浓妆、涂抹指甲油等与自身职业相悖的打扮。面试时最好准备一套适合护士穿着的衣服，同时举止要得体大方，说话音量上要有意识地放平和，言语要礼貌，使面试官能体会到春天般的温暖（图 13-4）。

图 13-4　护士的形象

（4）善于沟通，举止稳重：语言方面要做到吐字清晰、稳重大方、富有亲和力，因为护士这一个职业常常需要同患者沟通，良好的语言表达能力是同患者建立相互理解、信任、支持的护患关系的基本要求。面试等待时最好在指定区域落座，不要四处溜达，也不要来回走动以免显得急躁不安；浏览面试医院的简介材料、了解医院的大体情况，会对你的面试有所帮助。面试时要自信（护理人才的缺口比较大），不要紧张不安，因为护理的关键是沉稳，这样一旦遇到紧急情况才能冷静应对。面试是双向选择，面试时在适当时机可以问问科室的发展方向、和患者的沟通、与医生的配合、面试官对护士的期望等问题，可以使面试官感觉你有责任心而且善于沟通，加深对你的印象。

课堂活动

空姐和护士的面试有什么特点？应具备哪些素质才能符合行业要求？

思考题

1. 面试前最好做好哪些准备？
2. 面试前如何选择面试单位？
3. 面试申请时最好写封求职信，求职信书写的注意事项是什么？
4. 经过激烈笔试，您终于得到公务员面试的机会，接下来您应该如何准备面试？
5. 护理人员面试应注意什么技巧？

第二节 日常工作礼仪

职场礼仪，是指人们在职业场所中应当遵循的一系列礼仪规范。了解、掌握并恰当地应用职场礼仪有助于与人沟通和交流，在职场中赢得别人的尊重，能够完善和维护职场人的职业形象，使你在工作中左右逢源，事业蒸蒸日上。

一 办公环境礼仪

办公环境的好坏直接决定着公司的形象，体现了公司的整体精神及做事风格，要做成功的企业必须重视办公室的环境礼仪。

（一）公共办公区

不要在公共办公区吸烟、聊天、大声喧哗；禁止在办公家具和公共设施上乱写、乱画、乱贴，保持卫生间清洁；在指定区域内停放车辆；节约水电，饮水时，如不是接待来宾，应使用个人的水杯，减少一次性水杯的浪费；不得擅自带外来人员进入办公区，会谈和接待安排在洽谈区域；最后离开办公区的人员应关电灯、门窗及室内总闸。

（二）个人办公区

要保持办公桌清洁，非办公用品不外露，桌面码放整齐；当有事离开自己的办公座位时，应将座椅推回办公桌内；下班离开办公室前，应该关闭所用机器的电源，将台面的物品归位，锁好贵重物品和重要文件。

二 办公室人员礼仪

（一）仪表礼仪

头发要经常清洗，无异味，无头皮屑；指甲不能太长，应经常注意修剪，女性职员涂指甲油要尽量用无色指甲油；女性职员要化淡妆上岗，男士不能留胡须；口腔保持清洁，上班前不能喝酒或吃有异味食品；服装应整洁、大方、淡雅得体，不追求华丽，以体现精明强干为宜。

（二）举止礼仪

1. 坐姿　应尽量坐端正，把双腿平行放好，应给人以精神饱满、积极的印象。

2. 站姿　两脚脚跟着地，腰背挺直，使人看清你的面孔。两臂自然，不耸肩，身体重心在两脚中间。会见客户或出席仪式站立场合，分别采用交谈式和迎宾式站姿（详见第五章），不得把手交叉抱在胸前。

3. 握手　握手时用普通站姿，并目视对方眼睛，脊背挺直，不弯腰低头，大方热情，不卑不亢。握手的顺序一般讲究“尊者决定”，即待女士、职位高者伸出手之后，男士、职位低者方可伸手去呼应。男士同女士握手时，一般只轻握对方的手指部分，不宜握得太紧、太久。

4. 递交物件　递交物件时，如递文件等，要把正面、文字对着对方的方向递上去，如是钢笔，要把笔尖向自己，使对方容易接着；至于刀子或剪刀等利器，应把刀尖向着自己。

5. 语言交流　办公时间不大声笑谈，交流问题应起身走近，声音以不影响他人为宜；发表见解时，不要跟在别人身后人云亦云，要学会发出自己的声音，敢于说出自己的想法；不要把办公室当成诉说心事的地方，当你的生活出现个人危机如失恋、婚变之类，最好不要在办公室里随便找人倾诉，当然如果对老板、同事有看法，更不应该在办公室里向人袒露胸襟。

6. 出入办公室　进出办公室，应用手轻推、轻拉、轻关办公室的门；进他人的办公室一定要先敲门，敲门时一般用指关节有节奏地敲两三下即可，听到应答后再进入；进入房间后，如对方正在讲话，要稍等静候，不要中途插话，如有急事要打断说话，也要看准机会，而且要说“对不起，打断您们的谈话”。

7. 走廊　走通道、走廊时要放轻脚步；无论在自己的公司，还是被访问的公司，在通道和走廊里不能一边走一边大声说话，更不得唱歌或吹口哨等；在通道、走廊里遇到上司或客户要礼让，不能抢行。

8. 其他　当他人输入密码时自觉将视线移开；不翻看不属于自己负责范围内的材料及保密信息。

（三）开关门礼仪

1. 走在前面的人推开门后，如后面有人跟近，一定不要马上松手，应等对方能够将门扶住时才松手，以免门自动回关，伤到他人。

2. 如果前面有人为你撑开门时，应加快脚步，用手扶住门，并道谢；如果是过小的转门，不要两人挤在一起。

3. 乘坐电梯时如果里面人非常多，先上来的人，要主动往里走，为后面上来的人腾出地方；后上的人，要视电梯内人的多少而行，当超载铃声响起，最后上来的人主动下来等下一趟。如果最后上来的是年长者，年轻人要主动要求自己下电梯。

（四）办公室用餐礼仪

现代工作节奏很快，单位职工或公司员工，不可避免地会在办公室中用餐，办公室用餐要注意一些细节，以免破坏你的良好形象。

1. 时间不要太长　吃饭时间尽量缩短，以防他人即时进入工作，或有客人来访。

2. 就餐期间注意事项

（1）嘴里含有食物时，不要贸然讲话；他人嘴含食物时，最好等他咽完再对他讲话；由于大家围坐一堂，难免有人讲笑话，因此要防止大笑喷饭的情形发生。

（2）有强烈味道的食品，尽量不要带到办公室。即使你喜欢，也会有人不习惯的。而且其气味会弥散在办公室里，损害办公环境和公司形象。

（3）食物掉在地上，要马上捡起并扔掉。

3. 餐后

（1）用餐完毕，不要用手擦嘴，应用餐巾纸擦拭。

（2）餐后将桌面和地板打扫干净。

（3）及时将餐具洗干净，一次性餐具立刻扔掉，不要长时间摆在桌子或茶几上。如有突然事情耽搁，也应记得礼貌地请同事代劳。

（五）同事相处礼仪

1. 互相尊重，真诚合作　同事之间应相互尊重，公司内与同事相遇应点头行礼表示致意；在征得许可前不随便使用他人的物品，借东西要还，并表示感谢；同事之间要互帮互助，俗话说一个好汉三个帮，只有真诚合作才能共同进步。

2. 同甘共苦　同事有困难，应主动问询，对力所能及的事应尽力帮忙，这样才会增进双方之间的感情，使同事关系更加融洽。

3. 公平竞争　同事之间竞争是正常的，有助于同事成长，但是切记要公平竞争，不能在背后耍心眼，做损人不利己的事情。

4. 宽以待人　同事之间经常相处，有点摩擦在所难免。如果出现摩擦，应主动向对方道歉，征得对方的谅解；如有误会应主动解释清楚，不可小肚鸡肠、耿耿于怀。

课堂活动

将来如果你成为办公室的一员，平时应该对自己如何要求？

三　电话礼仪

由于工作的需要，我们经常会拨打和接听电话，所以维护好电话形象非常重要，因为它代表着整个公司的形象。

（一）接听电话

1. 接听电话前　听到电话铃响应该停止一切影响接听电话的动作，如嘴里吃东西或同事打闹嬉戏等，电话铃响三声之内必须接听。

2. 接听电话时　接到电话时首先要问候，问候时声音要有精神，如果接听电话晚了应该向客人道歉；然后自报家门，外线报哪个公司，内线报哪个部门；电话交谈时要配合肢体动作，如微笑、点头；讲话的声音不要过大，声调不要太高，话筒离口的距离不要过近，注意倾听，注意互动性原则，并不时地说“嗯”“是”“对”“好”之类的词语。

3. 转接或代听电话　如果需要转接电话，应该请客人等待并且尽快转接；如果是代听电话，应主动询问客人是否需要留言或转告。留言要准确记录，并重复确认留言。

（二）拨打电话

1. 拨打公务电话的时间和地点　尽量选择上班时间，力求避免对方通话高峰和业务繁忙的时间段打电话；不论与他人有多熟，最好不要在午息时或节假日打公务电话；即使客户已将家中的电话号码告诉你，也尽量不要往客户家里打电话。

2. 国际电话　力求搞清各地区时差及各国工作时间的差异，尽量在对方工作时间打电话。

3. 通话原则　打电话时，必须把握住通话的时间、内容和分寸，使得通话时间适宜、内容精炼、表现有礼。最忌讳打电话人东拉西扯、思路不清，或者一厢情愿地认为接电话的人有时间陪自己聊天，共煲“电话粥”。在通话的过程中，始终要注意待人以礼，举止和语言都要得体大度，尊重通话的对象，并照顾到通话环境中其他人的感受。

（三）挂电话

1. 挂电话时要询问客人是否还有其他事情，以示对客人的尊重，如若没事应感谢对方来电并道别。

2. 一般要等上级或客人挂电话后你再挂电话，同级别之间通话，一般由呼叫方先挂断电话。

3. 挂断电话时，一定要小心轻放，别让对方听到很响的搁机声。

四 会议礼仪

不管是参加自己单位还是其他单位的会议，都必须遵守会议礼仪。因为在这种高度聚焦的场合，稍有不慎，便会严重损坏自己和单位的形象。

（一）会议准备

大型会议要认真做好筹备工作，做好会务中的服务工作，如布置好会议场所，安排好会务座次、会议签到及发放资料等。

（二）参会人员礼仪

1. 人员形象　着装要庄重得体，表情要文雅可亲，举止要沉稳大方。

2. 会议前　准时到会，最好比规定时间提前到会场；进入会场后，不得大声喧哗，按规定位置就座；通信工具应调至无声状态，不可在会场里接打电话。

3. 会议期间　保持良好的精神状态和会场秩序，认真倾听，不要东倒西歪、打哈欠、胡乱涂画、低头睡觉、接打电话、来回走动或交头接耳，这是对发言者最起码的尊重；每个人发言结束的时候，应该鼓掌以示对他讲话的肯定和支持；发言要服从会议安排，在规定的时间内表达自己的观点；如果有急事需要汇报或找人，不要敲门打断会议，要悄悄进入会议室，将写好的字条交给有关人员。

五 接待礼仪

在工作中，我们经常需要接待来检查工作的上级领导和来参观考察或洽谈业务的客人，要做好接待工作，重要的是要以礼待客。

（一）接待布置

1. 地点安排　一般而言，在公务活动之中待客的常规地点主要有办公室、会客室、接待室等。接待一般的来访者可在自己的办公室进行，接待重要的客人可选择专门用来待客的会客室，接待身份极其尊贵的来宾，有时选择贵宾室。不管在哪个地点，一定要保持待客房间内空气清新、地面爽洁、墙壁无尘、窗明几净、用具干净，干净整洁的环境是给来访者最好的见面礼。

2. 时间安排　招待来宾的时间安排，主要涉及两个基本问题：一是来宾何时正式抵达；二是来宾要停留多久。一定预先了解对方正式抵达的时间和将要停留的时间，根据时间做出合理安排。

3. 专人迎宾　根据客人到达的时间，负责招待对方的有关人员须至少提前10分钟抵达双方约定的地点。必要之时，还应专门在约定地点的正门之外迎候来宾。

（二）待客礼仪

1. 引导入座　引导或陪同客人去接待地点时，工作人员要走在客人左前方数步远的位置，忌把背影留给客人。到达接待室后应将客人引至上座的位置上，引导就座时，长沙发优于单人沙发，沙发椅优于普通椅子，较高的座椅优于较低的座椅，距离门远的为最佳的座位。

2. 介绍礼仪　一般性公务活动，介绍人一般是秘书、接待、公关人员等专业人士，如果来了贵宾，由东道主方面职位最高者进行介绍。如果有好几位客人同时来访，就要按照职务的高低来介绍。介绍的顺序一般是把身份低、年纪轻的介绍给身份高、年纪大的，把男同志介绍给女同志。

3. 引领客人进出门礼仪

（1）开关门：应走到前边为客人开门，然后侧身请尊长或客人进入；如果陪同上级或客人走的是旋转式大门，应自己先迅速过去，在另一边等候。无论进出哪一类的门，接待人员在接待引领时，一定要"口""手"并用，即运用手势要规范，同时要说如"您请""请走这边""请各位小心"等提示语。

（2）电梯礼仪：随客人到达电梯门前，按下电梯按钮，电梯门开后，若电梯内有专人管理，请客人先进入电梯，自己随后进入电梯，到达楼层时，自己先走出电梯，待客人走出后，为客人引路。若电梯内无专人管理，当电梯门开后，自己先行进入电梯，一手按开门按钮，请客人们进入电梯，按下要去的楼层按钮。行进中如有其他人员进入，可主动询问要去几楼，帮忙按下。到达目的楼层，一手按住开门按钮，另一手做出请出的动作，可说："到了，您先请！"客人走出电梯后，自己立刻步出电梯，热诚地引导行进的方向。

4. 送客礼仪　一般情况之下，不论宾主双方会晤的具体时间有无约定，告辞均须由客人首先提出。当来宾提出告辞时，主人通常应对其热情挽留，若来宾执意离去，主人可在对方率先起身后起身相送。

六 外出礼仪

（一）临时外出

需要离开办公室时应向主管上级请示，告知因何事外出、用时多少、联系方式；若上级主管不在，应向同事交代清楚。

（二）出差

1. 个人出差　应与主管领导经常保持联系，一般应每天保持联系；如遇到住处变动、手机不通、E-mail 无法联系时，应及时告诉公司，并提供其他联系方式。

2. 与领导出差　与领导外出，要做好基本的协助工作，如物品拎取、上下车辆、预订酒店、手续办理及出入电梯等。如果外出就餐，应请领导先点菜，即使领导让你做主，点好菜单后也要请领导过目同意后再下单。陪领导外出期间，谈论的话题或与其他人谈话的内容，除领导明确表示传达外，一概不应随意透漏。

知识拓展

相信很多人都想知道自己是否面试成功了，但是怎样才能看出自己面试成功了呢？这从面试官的表现会寻到蛛丝马迹，下面就是暗示你面试成功的几个小细节。

1. 面试官“极力”对你推销公司或应聘职位　当面试官想聘某个人时，会花额外的时间谈论这个职位及公司的优势，并且会详尽地向你描绘许多充满诱惑力的工作角色或企业文化。

2. 面试官“卖力”回答“最后一问”　每当面试进行到尾声时，面试官会把最后提问的机会留给应聘者，而当面试官对某位应聘者非常感兴趣的时候，自然会尽其所能地回答应聘者提出的问题，并不断核实自己对问题的回答内容能否让应聘者感到满意。

3. 面试官告诉你明确的下回面试时间　通常一些企业会进行多轮面试，当面试官对应试者感兴趣的时候，会明确地告诉你下次面试时间，而不是含糊其辞或不确定。

4. 面试官询问你的时间安排　当面试官对某位面试者特别感兴趣时，会担心其他雇主抢先挖走这位求职者。为此，面试官会尽量保证求职者的时间安排，避免时间上的冲突。例如，面试官会对求职者说：“你有没有要遵守的时间安排呢？”及“如果我们的时间安排和你的有冲突，请告诉我，我看能否调整时间。”

5. 面试超过时限　如果面试官对某个应试者不是特别感兴趣，那么会寻找机会结束面试。所以如果你的面试时间超时，那么就是一个很好的征兆。

6. 面试结束后向你的推荐人核实情况　如果面试官给你的推荐人打电话，向推荐人核实你的情况，那么你成功的概率极高。如果面试官对一位面试者不感兴趣是不会去做这些额外功的。

思　考　题

1. 每次下班时电梯是最忙碌的，作为公司的员工，如何注意电梯礼仪？

2. 办公室用餐礼仪有哪些？

3. 办公室接听和拨打电话时应注意哪些事项？

4. 出差要做好哪几方面工作？

（马　丽　高秀蕊）

模块八

特定行业礼仪篇

第十四章 服务礼仪

● 案例导入

刘女士起初购买A品牌轿车是因为汽车的外形、品牌和良好的操控性，但在决定购买这款车之前，她在A品牌轿车与另外一个B品牌的轿车之间犹豫，反复比对，两款车各有优势，然而在分别去了A品牌轿车4S店和B品牌轿车4S店之后，她内心有了明确的答案。

她先去了B品牌轿车4S店，在对一款热销车咨询时，销售人员回答："这个车没货了，要想买就得加价2万元提车。"刘女士问："是否可以预定？"，销售人员淡然地说："不接受预定。"销售人员这种冷漠的态度令她非常失望。

随后她又去了A品牌轿车4S店，销售人员不厌其烦地为她介绍车的性能、特点，使她感受到了热情、友好、温暖和殷勤的接待。期间有工作人员还为她端上一杯咖啡，当咖啡端上来时，她完全震惊了：在咖啡上面居然用可可粉喷洒了一个A品牌的徽标，这样的服务细节足以让她对未来的服务充满信心。在充分了解了车辆的性能、价格，并且在销售人员邀请试驾之后，她迅速决定购买A品牌轿车。

案例点评：这个案例充分说明了不同的服务礼仪，带给客户的感受是完全不同的，在产品质量相差不多的情况下，服务质量的优劣很大程度上决定着客户的去留。

第一节 服务意识

服务意识是每一位服务行业的员工都必须具有的一项品质。它是自觉主动做好服务工作的一种观念和愿望，是服务人员的一种本能和习惯，是发自服务人员内心的对客户的友善和帮助，服务意识是可以通过培养、教育和训练而形成的。

服务行业的工作（如银行、酒店、房地产、商场、汽车4S店及列车、飞机上的服务工作等），是一项非常重要且广泛的经济活动，通过直接为消费者提供服务来创造经济效益和社会价值。服务行业作为一个"窗口行业"，其职业特点是对从业人员有更高、更严格的礼仪要求。对于企业来说，产品、技术、营销策略等都很容易被竞争对手模仿，然而代表公司形象的服务和每位服务人员所表现出来的服务思想、意识、行为是不可模仿的。现代企业的核心竞争力开始由商品向服务转变。要想成为一流的企业，必须具备一流的服务。作为服务载体的服务人员，正是企业形象的“代言人”。他们服务水平的高低不仅体现了个人的素质，还展现了企业的形象。

怎样留住顾客，减少顾客的流失，实现企业的可持续发展，是每一个企业的服务人员首先要考虑的核心问题。要解决这个问题，首先要了解顾客为什么会流失？产生顾客流失的主要因素有哪些？然后再来解决顾客流失的问题。

一 顾客的流失

根据市场调查显示：一个企业平均每年有 10% ～ 30% 的顾客流失。因为服务人员不了解顾客的需求，不能为他们提供满意的服务，造成的流失高达 68%。只有 32% 的顾客流失是因为对手的价格更低廉、朋友口碑推荐或自然改变偏好而造成的。

有研究显示：一个投诉对服务不满的顾客背后有 25 个不满的顾客，也就是说这其中还有 24 人不满但并不投诉，一个不满的顾客会把他糟糕的经历告诉 10 ～ 20 人。

开发一位新顾客的成本是维持一位老顾客的 5 ～ 6 倍。

流失一位老顾客的损失需要争取 10 位新顾客才能得到弥补。

开发一位顾客需要很长时间，而流失一位顾客可能只是 1 分钟的事情。

几乎每个企业都有客户的流失，虽然会不断地有新客户补充进来，但是维系老客户的成本要远远低于开发新客户的成本。

做到让顾客满意的公司，年平均增长业绩为 12%，市场占有率增加 6%；服务品质低劣的公司，年业绩增长率为 1%，市场占有率下降 2%。

企业必须注重客户的培养，让普通的客户在享受公司服务的同时，产生对此服务的依恋，只有这样才有可能让其转变成为忠诚的客户。

（一）顾客流失的分类

顾客流失可以是与企业发生一次交易互动关系的新顾客的流失；可以是与企业长期发生交易互动关系的老顾客的流失；可以是中间顾客（代理商、经销商、批发商和零售商）的流失，也可以是最终顾客的流失。不论是哪一类顾客，由于种种原因，随时随地都存在着离开企业的可能性。通常而言，老顾客的流失率小于新顾客的流失率；中间顾客的流失率小于最终顾客的流失率；老年人的流失率小于青年人的流失率；男性的流失率小于女性的流失率。

（二）顾客流失的原因

1. 主观原因　顾客不满意是导致顾客流失的根本原因。这种不满意主要表现在以下几个方面。

（1）产品因素：如产品质量低劣或不稳定，品种单一或不全，样式单调或陈旧，产品附加值低，价格缺乏弹性，产品销售渠道不畅，广告宣传虚假，售后服务滞后，投诉处理效率低，产品缺乏创新等。此类因素约占到所有因素的 19%。

（2）服务质量因素：是顾客流失的重要因素，如服务环境脏，服务秩序乱，服务态度差，服务人员对顾客的需求漠不关心，服务效率低，服务设施落后，服务流程繁琐，服务项目不全，服务环节欠缺，服务数量不足，服务渠道不畅，服务缺乏个性化与创新化等。此类因素约占到所有因素的 68%。

（3）企业和员工形象因素：如对企业的生产环境形象、企业标识、企业精神、企业文化、企业责任、企业信誉等的不满，以及员工的仪表不整、言行不一、缺乏诚意与尊重、缺乏责任心、知识面窄、能力不强、整体素质差等。

2. 客观原因

（1）顾客因素：如顾客往往对产品或服务期望太高，而实际的消费体验比较差，所以心理不平衡，产生了不满情绪。由于不满，顾客流失掉了。

（2）竞争者因素：竞争者通过正当手段或不正当手段建立了某种竞争优势，挖走了或吸引走了本企业的顾客。此类因素约占到所有因素的 5%。

（3）社会因素：如社会政治、经济、法律、科技、教育、文化等方面的政策对顾客的购买心理与购买行为的影响。

（4）其他因素：如住址搬迁、死亡、季节、时令、自然灾害等因素而使顾客流失。此类因素约占到所有因素的 4%。

通过上述的分析，我们了解到在这诸多的顾客流失因素中，最主要的因素是服务质量，所以如何通过提高服务质量来解决顾客的流失是关键问题。

二 解决顾客流失的措施

了解顾客的需求是解决顾客流失的重要前提，提供令顾客难忘的服务是留住顾客的重要措施。

（一）了解顾客的需求

要想走进顾客，请先像顾客那样去思考。服务人员在服务过程中首先要学会换位思考，站在顾客的角度，了解顾客的需求。了解顾客需求的方法：观察、询问、聆听、思考。

1. 观察　通过观察顾客的服饰、举止、对商品类别的关注度，对顾客有一个初步的了解。

2. 询问　服务人员在进行询问时，不宜有太多的提问，提问的问题应该与此次服务相关，通过提问让顾客说出自己真正的需求。

3. 聆听　要用心去听，不要打断顾客的话，要听出重点，在适当的时候给予正面的回应。

4. 思考　根据观察、询问和聆听到的内容，站在顾客的角度来思考，正确判断出顾客需求的信息。

（二）提供令顾客难忘的服务

根据实际工作的需求，我们把对顾客的服务分为四个层次。

1. 基本的服务　如一位顾客来到商店里，买了 200 元的商品，付款后买方与卖方钱货两清、互不相欠，这时顾客的基本物质价值得到了满足，这就是基本服务。

2. 满意的服务　顾客来到店里不仅购买了商品，还享受到了店家良好的服务。例如，顾客去商店购物，商店的服务人员对顾客殷勤的问候、详尽的讲解、礼貌的态度、热情的招待，让顾客不仅得到了物质上的满足，还得到了精神上的满足，这就是满意的服务。

3. 超值的服务　企业提供的附加值服务，顾客在消费的过程中，可以提供也可以不提供，但是提供后顾客会更加满意。

4. 难忘的服务　顾客根本就没有想到的，远远超出他预料的，令他感动的服务，如 A 品牌轿车 4S 店咖啡上 A 品牌的徽标。

在这四个服务层次中，服务标准线应该是满意的服务，在服务中不仅要让顾客得到物质上的满足，也应该得到精神上的、内心的满足。让顾客在服务中感受到最高层次的服务，能够令他产生感动，进而产生依恋。美国资深营销专家吉尔·格里芬在其《忠诚的顾客》一书中写到："依恋始终是忠诚的先决条件。"因此，了解顾客，设身处地地去换位思考，能够从不同的层面、不同的方位充分地考虑到顾客的需求，让每一位顾客享受到唯一的、特别的、人性化的服务，这样他们的精神上和内心上也就会获得极大的满足，从而产生对你的依恋，进而成为你的忠诚顾客。也只有这样才能真正地解决企业顾客流失的问题。

（三）首问负责制

随着现代社会的发展与进步和人民生活水平的提高，要求服务行业提供更多、更好、更优质的服务，所以要求服务行业做到企业品牌战略化、服务管理精细化，但是现在的很多企业中，还存在着岗位职责淡漠、服务意识缺乏的现象，不利于企业品牌的建立。因此，首问负责制是帮助企业创立品牌的一个举措，有其必要性和重要性。通过在企业中推行首问负责制，有利于强化岗位责任意识、提高员工服务意识、提升公司的品牌形象。

1. 什么是首问负责制　首问负责制是指顾客进入公司、银行、酒店等企业时咨询的第一个服务人员要对顾客负责到底。首问负责制要求被询问的第一个服务人员是第一责任人，应全程对客户负责，尽自己所能给顾客提供最佳的和满意的服务，直至问题最终解决或给予明确答复。

2. 首问负责制内容　根据顾客的需要，依据管理程序，及时办理顾客所需要办理的事务；热情接待，引导顾客到所需要办理的部门；负责解释没能达成目标的原因。

3. 首问负责制要求

（1）顾客提出的咨询、投诉等任何问题，无论是否属于本人的服务范围，被首问人员都要主动热情、以礼相待，不能以任何借口推诿、拒绝、搪塞顾客或拖延处理时间。

（2）认真办理，讲究效率。凡顾客提出的事情，属于本人服务职责范围内的，一律在本部门解决。首问负责人能立即答复的，要立即答复顾客并认真做好解释工作。由于客观原因不能立即答复的，或不属于本人职责范围内的问题，在处理时应做到向顾客说明原因，以取得顾客的谅解。

（3）若顾客提出的事情比较复杂、本人无法解决或涉及其他部门无法解决时，应及时报告相关职能部门以协调解决。

（四）卓越的服务跟进

服务的后续跟进工作是一个最容易被忽略的工作，同时也是最富有潜力和建设性的长期工作。发展个人或公司的品牌，不是一两个星期、一两个活动就可以做好的。

美国有名的布道士穆迪说了这样一句话："大部分的人高估了他们一年内能完成多少事情，可是也低估了他们三年后能做多少事情。"机会不会立刻就有，但如果你长期将自己摆在对方的面前，那么就等于你将自己摆在了机会的最前面。

查普曼博士的《爱的五种语言》一书告诉我们，每个人都有一个情绪的收爱箱，负责收纳各种关爱的信息，这种信息有可能是接受的礼物、被肯定的言辞、同在一起的关注、服务的行动、身体的接触。如果我们感知到对方收爱箱的特色，并依据这种特色而跟进，就可以更好地增进彼此的关系。

1. 跟进的时机　为顾客提供有效的服务之后，或顾客购买了产品之后，第二天要主动电话跟进，了解顾客的想法、询问是否需要提供进一步的服务、增进感情等。

2. 如何有效地保持跟进　在认识新顾客时，与对方聊天所了解到的信息（他的个人爱好、家人的爱好、家人生日等），回去后可以把这些信息详细地记录、整理并归纳。如果必要的话可以在日历上标明这些特别的日期。跟进工作就此开始。

（1）及时发短信或邮件：在见面之后，给对方发一条短信或是邮件表示很高兴认识他。

（2）分享你的生活经验及兴趣：随时将你的生活经验、兴趣和发现记录下来，只要愿意与他人分享，就能在你的跟进工作中发挥功能。一旦成为一种思维方式和行为习惯，就成了你后天的第二本性。

● 案例赏析

有一位朋友说起过这样一件事：他有一位香港的客户，喜欢收藏中国古代的刺绣，在北京当地的市场闲逛时，遇到这样的东西，就会用手机拍下来，发给他的客户，问他是否有兴趣购买，如果有，朋友就会帮他买下来邮递给他。

（3）转发信息或文章给对此有兴趣的朋友：每一次看到一段有用或有趣的文章，就把它复印下来或搜索链接，转发给对这些信息可能有兴趣的朋友。如果在跟别人聊天时，提起一本书，那么回家后，就把这本书寄给对方，附上小卡片，“上周我们一起聊起这本书，在此特别奉上，希望您喜欢。”这些小动作不是为了刻意向对方示好，而是一个很自然地保持联络的方式。这样做的收获就是：常常将你的名字或所在的公司摆在他的面前，在他需要类似的人或公司合作时，会第一个想到你，因为你的这些小动作会使他感觉到你很关心他。

（4）送对方小礼物：如果对方非常喜欢喝咖啡，当你看到一款设计很独特的咖啡杯，就买下来送给对方；或者对方对收集邮票很感兴趣，若有什么新出版的邮票，也可以买来送上。

（5）留意对方喜欢或可能感兴趣的东西，发现有售，立即打电话给他。

3. 与合作伙伴的跟进技巧　所谓“跟进”说到底就是关心他人，把他人放在自己生活中的重要位置。在今天的市场环境下，维护好强大的合作关系，开拓广泛的人际网络无疑是非常关键的。

试想一下，如果你在生活中总能给别人带去有趣或有益的信息，这一定可以帮助你在对方的心目中建立一个积极的形象。同样的道理，也可以应用到我们与合作伙伴的专业沟通中，前提是你要多想想对方想要知道什么、需要什么信息。

在合作过程中，我们需要把合作伙伴分成几种情况来区别对待：①有兴趣购买的客户；②考虑、犹豫的客户；③近期不买的客户；④肯定不买的客户；⑤已经报过价没有信息回馈的客户。

课堂活动

小组讨论在与以上五种合作伙伴的跟进工作中，你会采取怎样的方式（可以分为五组，分别进行讨论）。

（1）有兴趣购买的客户：这类客户要积极的电话跟进、沟通，取得客户的信任后，尽快将客户过渡到下一阶段。

（2）考虑、犹豫的客户：对待此类客户主要采取沟通和联络的方式，千万不要电话接通后立即向客户营销产品。要多了解客户的需求、兴趣，拉进与客户的距离。通过几次电话沟通，将客户区分为有兴趣购买、近期不买、肯定不买的类型，从而区别对待。

（3）近期不买的客户：我们要以建立良好关系为目标，千万不要放弃此类客户。要与客户沟通，记录客户预计购买此类产品的时间等信息，同时要与客户保持联络渠道的畅通，使客户允许公司定期地将一些产品的功能介绍等宣传资料邮寄给客户或电话通知客户，同时在客户需要的时候可以与公司或与本人联系。

（4）肯定不买的客户：此类客户一般态度比较强硬，在沟通中，一定要攻克客户的心理防线，然后了解客户不购买的原因。如果有产品功能方面的问题，一定要为客户做好解释，并将客户希望扩展的功能记录，集中汇总提供给业务开发部门，以便改良产品或开发新产品。

（5）已经报过价没有信息回馈的客户：对于此类客户可以利用QQ、微信交流，也可以电话跟踪沟通。主要询问一下客户对产品的售后服务、产品质量、使用细则等还有什么不明白的地方。不过价格是客户一直关心的最大问题，为了打消客户合作的顾虑，可以着重介绍一下产品的优点、与同行产品的不同之处、优惠政策等，要让客户觉得物有所值。在沟通价格时建议在言语上暗示一些伸缩性，但一定要强调回报，如“如果你能够现款提货，我可以在价格上给予5%的优惠待遇”或“如果你的定货量比较大的话，在价格方面我可以给你下调3%”——这样既可以让客户对我们的产品有更进一步的了解，在价格方面也有一定的回旋余地。切记更好的服务、更高的产品质量才是赢得客户的法宝。

第二节　服务人员的礼仪

服务人员的礼仪，简称服务礼仪，是指服务行业的从业人员在从业过程中必须遵守的礼仪规范，如银行、酒店、房地产、商场、汽车4S店、交通运输（列车和飞机）等行业的服务人员，在为顾客的服务过程中所表现出来的精神面貌、态度、仪容、仪表、仪态及沟通方式和技巧。

一　仪容、仪表、仪态

服务人员在工作过程中，其外在形象不仅代表了本人的精神面貌，更反映了企业的整体面貌，是给服务对象留下美好印象的第一个关键因素。服务人员在工作过程中，其个人形象的修饰不能随性而为，而是应当遵循一定的规定，符合统一的要求和限制标准。

对服务人员的形象修饰主要包括仪容、仪表、仪态三个方面的要求（具体要求参见第四章、第五章和第六章）。

二 微笑

微笑，是服务人员为顾客服务的“最高境界”。第四章中空姐的第十二次微笑，就充分说明了服务人员微笑的重要性（图 14-1）。

美国希尔顿酒店的成功秘诀，就是服务人员在任何情况下都能保持“微笑”。他们每天都问的一句话就是：“今天你微笑了吗？”，而不是“今天你服务了几个客人？”

面对服务人员的微笑，顾客能感受到服务人员传递过来的友好和温暖的信息，让人产生安定、亲切、温馨的感觉。真正的微笑是心与心的契合。它首先需要一颗豁达、友善、懂得感恩的心作为基础。服务场合，需要的是打动人心的温暖的微笑。真诚的、职业化的微笑，可以打开别人的心扉，消除隔阂，令人如沐春风。作为服务人员，要时刻提醒自己：“面对顾客，我微笑了吗？”

图 14-1 服务人员的微笑

三 沟通礼仪

服务人员在服务工作中除了具有大方得体的仪容、仪表和仪态之外，还应具备与顾客良好沟通的能力和技巧。通过与顾客有效的沟通，一方面可以有效地向顾客介绍、展示我们的产品和服务；另一方面可以了解到顾客的真实诉求。

在与顾客的沟通过程中要做到礼貌待人，规范自己的一言一行。俗话说：“言为心声。”只有采用礼貌、规范的文明用语，才能把信息简洁、准确地传递给服务对象，让对方感受到一种严谨规范的工作态度及律己敬人的职业精神，从而形成良好的沟通渠道。

（一）规范的语言

1. 优美的声音　服务人员在服务时，声音优美能使说出的话更有魅力，增强交流效果。声音的塑造需要从语音、语气、语速、音量四个方面进行训练。

（1）标准的语音：在服务过程中要使用普通话，这是服务人员都必须要遵守的一条规则。咬字要清晰，发音要标准。

（2）亲切的语气：语气是谈话人在交谈中对事情所持的态度，是交谈者感情的流露。不同的语气往往被认为有不同的言外之意。这就要求服务人员在服务过程中表现出的语气是和蔼、亲切、热情和有耐心的。

（3）适中的语速：有研究表明，就一般正常人的接受能力来说，说话的语速在每分钟 180 ～ 200 个字。过快或过慢都会让顾客听起来吃力。过快会让人有急躁、不耐烦、咄咄逼人的感觉；过慢会给人拖拉、有气无力、萎靡不振的感觉。

（4）适度的音量：服务人员在与顾客对话的时候，音量尽量控制在顾客能听清楚的范围内。过高会显得态度粗暴、恶劣；过低又会显得有气无力、沉闷不堪；而附耳低语，又会给人太过亲密或轻浮的感觉。

2. 委婉的语言、热情的态度　语言要委婉，不要生硬，尤其是在向顾客解释问题时，态度一定要热情，不要让顾客产生敷衍的感觉。

3. 简练明确的语言　顾客的时间宝贵，服务人员说话要简单明了，避免啰嗦，一句话能说清楚的不用两句话。

（二）礼貌用语

恰当地使用礼貌用语会提升语言品质。同样的话语只要在前面加个“请”字，顾客受尊重的感觉就会油然而生。例如，说：“上楼，左转”和“请上楼，左转”两句话都是引路，但是顾客听后的心里感受是不尽相同的。

1. 常用的尊称　礼貌用语的同时，必须配合称呼。作为服务人员，称呼要亲切、彬彬有礼，而且要准确恰当、规范适度，这样才能体现出对顾客的尊重和热情，并且这也是和顾客进行良好沟通的开始。最常用的有“您”“先生”“女士”“小姐”“太太”等。

2. 基本礼貌用语

（1）问候语：用于见面时的问候，如“您好”“早上好”。

（2）告别语：用于分别时的告辞或送别，如“再见”“晚安”。

（3）答谢语：应用的范围很广，有些表示向对方的感谢，如“非常感谢”“劳您费心”。有些表示向对方的应答，如“不必客气”“这是我应该做的”。

（4）请托语：常用在向他人请求，如“请问”“拜托您帮我个忙”。

（5）道歉语：做了不当的或不对的事，应该立即向对方道歉，如“对不起，实在抱歉”。

（6）征询语：当要为他人服务时常用征询语，如“需要我帮忙吗”“我能为您做些什么吗”。

（7）慰问语：表示对他人的关切，如他人劳累后，可说“您辛苦了”“望您早日康复”。

（8）祝贺语：当他人取得成果或有喜事，如“恭喜”“祝您节日愉快”。

（9）礼赞语：对人或事表示称颂、赞美，如“太好了”“美极了”“讲得真对”。

3. 常用情景礼貌用语　礼貌用语应该通俗易懂，是大家约定俗成的语言，并且符合实际需要。下面这些在不同场景曾被广为使用的礼貌用语，服务人员可以根据具体服务情况灵活地选择使用。

与人相见说“您好”，问人姓氏说“贵姓”，问人住址说“府上”；
仰慕已久说“久仰”，长期未见说“久违”，求人帮忙说“劳驾”；
向人询问说“请问”，请人协助说“费心”，请人解答说“请教”；
求人办事说“拜托”，麻烦别人说“打扰”，求人方便说“借光”；
请改文章说“斧正”，接受好意说“领情”，求人指点说“赐教”；

得人帮助说“谢谢” 祝人健康说“保重” 向人祝贺说“恭喜”；
老人年龄说“高寿” 身体不适说“欠安” 看望别人说“拜访”；
请人接受说“笑纳” 送人照片说“惠存” 欢迎购买说“惠顾”；
希望照顾说“关照” 赞人见解说“高见” 归还物品说“奉还”；
请人赴约说“赏光” 对方来信说“惠书” 自己住家说“寒舍”；
需要考虑说“斟酌” 无法满足说“抱歉” 请人谅解说“包涵”；
言行不妥说“对不起” 慰问他人说“辛苦” 迎接客人说“欢迎”；
宾客来到说“光临” 等候别人说“恭候” 没能迎接说“失迎”；
客人入座说“请坐” 陪伴朋友说“奉陪” 临分别时说“再见”；
中途先走说“失陪” 请人勿送说“留步” 送人远行说“平安”。

值得注意的是：服务人员在与顾客沟通时，不仅要使用礼貌、优美的语言，还要配合正确的表情和动作。例如，宾客到餐厅用餐，服务人员虽然说了句“您好！欢迎光临”，但面无表情、眼中无神，机械性地重复着礼貌的话语，让顾客丝毫感受不到服务的诚意与热情。

（三）倾听

在与顾客交谈过程中，“倾听”是每一位沟通高手都应该具备的习惯和技巧。

用“心”倾听——做个智慧的服务人员。乔·吉拉德被人誉为是世界上最伟大的营销人员。他曾说过：“世界上有两种力量非常伟大，其一是倾听，其二是微笑。倾听，你倾听对方越久，对方就越愿意接近你。

对服务人员而言，善听比善说更重要。认真倾听可以让顾客感受到被认可、被重视。当顾客在说话时，服务人员左顾右盼、心不在焉，顾客会有一种被忽视、被拒绝的失落感。一位优秀的服务人员善于倾听，可以听出顾客的需求和渴望，可以听出顾客的抱怨和不满，还可以听出顾客所没有说出来的需求。倾听是最好的服务方法之一。服务人员应不断地修炼倾听的能力。

1. 倾听时的姿势和态度　在与顾客沟通时，为了营造良好的沟通氛围，服务人员应面带笑容，注视着对方的眼睛，显示出你的真诚，身体略微前倾，并配合着适当的点头。点头表达着对顾客的肯定和认可，是对顾客一直说下去的一种鼓励。所以说倾听时的姿势很重要，它显示出了服务人员内心的一种态度。

倾听可以帮助服务人员获得更多的信息，保持良好的沟通氛围，并且让谈话顺利地继续下去。

2. 倾听时应注意的事项

（1）不打断顾客的谈话：在与顾客沟通的过程中，有些服务人员总是觉得自己比对方懂得多，在这方面很专业，急于发言，打断对方的讲话，这是非常没有礼貌的表现。要知道，服务时的谈话是为了和顾客沟通信息、彼此联络感情，而不是辩论比赛，总要争个胜负。服务人员在听顾客谈话时，不要自以为是，要将对方的谈话听完、听懂，保持虚心的态度。

（2）避免使用转折词：当与顾客谈话时，服务人员不打断、不纠正顾客。顾客永远是正确的，在面对与自己意见或想法不同的人时，不仅要试着去理解顾客的想法，还要试着去理解他有这样想法的原因。

要学会做一个弹性沟通者，假如顾客说错了，在谈话间隙，可以尝试将“但是”换成“也”进行沟通。

课堂活动

比较两组对话：

（1）“您说的很有道理，但是……”

——他是指你说的没道理。

（2）若把“但是”换成“也”，这么说：

“您说的有道理，我这里也有一个很好的主意，不妨我们再议一议，如何？”

“我同意你的观点，同时也……”

——为自己的看法另开一条不会遭到抗拒的途径。

（3）重复顾客的话，并做出反馈：服务人员在听顾客说话时，不能只是被动地接受信息，还应该主动地予以反馈、做出会心的呼应。在顾客说话时，我们应该轻松自如、神情专注、表情自然。当顾客讲到要点时，我们要点头或不时地发出表示听懂或赞同的声音，或有意识地重复某句我们认为很重要的话，让顾客感到我们在专心听他讲话。在重复顾客的讲话时，也可以通过提问的方式进行确认，如“如果我没有理解错的话，您更喜欢 A 方案？”提问不但可以保证我们正确地理解顾客，也会使对方通过提问看出我们对他的谈话很重视，会有一种心理上的满足感，话题也会谈得更广、更深，从而更多地暴露他们内心的真实想法，有助于我们找到解决问题的方法。

（四）同理心的表达

情景 1：春季某商店新进了许多衣服，刘女士来到了 A 展厅前，她本想随便逛逛，没有打算买衣服。这时服务人员微笑着说：“欢迎光临！请问您想买件什么衣服？”这样的询问在刘女士听来像是在驱赶不打算购买者，于是刘女士匆匆地走了。

情景 2：王女士怀着与刘女士同样的想法来到了 B 展厅，一位服务员立刻热情地迎上来说：“欢迎光临！最近我们新进了许多最新款式的春装，您可以随便看看。”王女士听了，心里很踏实地仔细观看了每一件衣服，最后真的有一件很满意的衣服，她心满意足地买下了。

想一想：以上两位服务人员的问话，哪一位服务人员是用了同理心进行问话？

（五）私人问题五不问

服务人员在为顾客服务的过程中，要避免谈及私人问题，做到私人问题“五不问”，即不问年龄、不问婚姻、不问收入、不问健康状态、不问个人经历。

四 及时周到的服务

服务人员的语言讲究时效性，在适当的时间用适当的语言表达起来是最有效的，所以服务要做到“四到”“六声”。“四到”：眼到、口到、手到、心到。“六声”：顾客来时有迎声；服务之前有提醒声；顾客召唤有回声；服务不周有道歉声；顾客帮忙或表扬时有致谢声；顾客走时有送声。

1. 顾客来时有迎声　这是迎宾时非常重要的礼节，在顾客到来时有热情的欢迎声，是创造“首轮效应”（又称首因效应）的关键之一。一句“您好，欢迎光临”，会使顾客有种被重视和被服务的感觉。

2. 服务之前有提醒声　在为顾客服务时，提前提醒是十分必要的。例如，在餐馆上砂锅菜肴时，就要在顾客用餐前加以提醒：“菜肴比较烫，用餐时请小心。”这种提醒是非常具有关怀感的，顾客也会感谢的。

3. 顾客召唤有回声　当听到顾客呼唤时，无论是不是自己负责服务的顾客，无论手边是不是有工作，都应该予以回应。顾客在接受服务过程中最易投诉的现象就是招呼不理。因此，当顾客呼唤时要有回应声。

4. 服务不周有道歉声　顾客并不是对所有的服务过失都不能原谅，在服务过程中，有时是服务人员的无心之失，这时及时的道歉是最为重要的事情。对于顾客而言，他们最不能原谅的是那些犯了错误还推脱责任无视顾客伤害的事情。

5. 顾客帮忙或表扬时有致谢声　对于顾客的帮忙、配合要表示感谢。顾客并无帮助的义务，如果他们提供了帮助就要及时感谢。这样也会鼓励更多的顾客愿意配合服务人员，共同营造轻松愉快的服务氛围。另外，必要的时候，服务人员也可以以公司的名义向顾客表示感谢。

6. 顾客走时有送声　注重顾客离开时的感受，避免“过河拆桥”，避免“单程车票”，营造好始终如一的“末轮效应”。顾客在离开时，要礼貌道别，不能让顾客感觉到只有来时有热情的欢迎，走时无人搭理。服务不是只为了一次而已，顾客也不可能只会光顾一次，为了让服务有善始善终的连贯性，最后的道别也是很重要的（图 14-2）。

图 14-2　空姐迎客、送客的 30° 鞠躬

第三节　投诉的处理

对于服务人员来说，在工作的过程中会与各种各样的顾客打交道，难免会因为这样或者那样的原因而使顾客产生异议。如果这些异议不能得到及时而恰当的处理，很有可能会由此产生冲突，给双方都带来不悦。尽管这种现象是个别的，但它却会损害企业的形象。一次失败的处置，会使之前的 100 次满意毫无价值。处理投诉要注意以下几点。

一　单独与顾客沟通

当顾客情绪比较激动时，为了避免事态影响的扩大，应请顾客借一步说话。一般来说，顾客在公众面前和嘈杂的环境下情绪更容易激动。受环境和他人的影响，糟糕的情绪更容易升级，进而造成更加恶劣的影响。所以应将其带到僻静之处进行解决。

二 安抚顾客的情绪

当顾客在没有完全叙述完事情的经过时，请不要中途打断对方，做一些辩解，否则只会更大地刺激顾客的不满情绪。应该让顾客把要说的话及要表达的情绪都充分地发泄出来。顾客尽情地发泄不满情绪之后会有一种较为放松的感觉，心情上也能逐渐地平静下来。

三 有效地倾听

在处理投诉的过程中，要做有效地倾听。

1. 当顾客说出他们心中的抱怨时，要认真倾听，站在对方的立场，并对他们的感受表示同情。

2. 善于使用鼓励性的言辞，然后做眼神的交流，或是赞许地点头。

3. 善于确认自己所理解的，是否是对方的意思。

4. 在倾听的过程中不要急于下结论，避免使用情绪性的言辞。

要知道，即使是喜欢挑剔或者是脾气最火爆的顾客，也常常会在一个具有忍耐心和同情心的倾听者面前，让态度变得缓和起来。当顾客正火冒三丈地倾吐自己的抱怨与不满的时候，倾听者应当保持足够的耐心去听，而且只是认真地倾听顾客的谈话，不要做任何的反驳，否则只会让顾客更加坚持自己的观点，使事情更加难以处理。

四 确认问题的所在

在与顾客沟通的过程中，我们不仅要听，还要认真地做好记录，了解并还原事情的每一个细节，确认问题的症结所在。如果对于抱怨的内容不是十分了解，可以在顾客将事情说完之后再请问对方。在询问的过程中不要让顾客产生被质问的感觉，而应以婉转的方式请对方提供情况，例如："很抱歉，有一个地方我还不是很了解，是不是可以再向您请教有关的问题。"在对方说明时，随时以"我懂了"之类的回应来表示对问题的了解状况。

五 真诚致歉

无论怎样，只要顾客感到了不愉快，不论责任是否在于我们，都应该诚心诚意地向顾客道歉，并对顾客提出的问题表示感谢。这样可以让顾客感觉受到了重视。表达歉意时态度要真诚，而且必须是建立在凝神倾听了解的基础上。如果道歉与顾客的投诉根本就不是一回事，这样的道歉不但无助于平息顾客的愤怒情绪，反而会使顾客认为是在敷衍而变得更加不满。

六 给出解决方案

在给出解决方案时不要责怪出现错误的同事，或是责怪公司的规章制度，要就事论事。不要在顾客面前踢皮球、转移错误，要以解决问题的心态来解决问题，尽快提出解决方案。问题解决得好，顾客感到满意，下次自然还会光顾；如果敷衍了事，顾客更加不满，或许以后就不再光临了。

七 征求顾客的意见

给出解决方案后，要及时征求顾客意见。当得到顾客的认同后，立即实施，以免因为等待再次引发顾客的不满。对一时解决不了的问题要随时告知顾客事情的进展情况。有些事情可能处理起来比较缓慢，要及时告知对方事情的进展，这样对方会觉得我们很重视他，避免顾客误解已把他搁置一旁而使事态进一步扩大。

八 持续跟进服务

在解决投诉的时候要留下顾客的联系方式，并持续跟进顾客为其服务。避免让顾客有前热后冷的感觉，让顾客始终感受到企业负责任的态度。

知识拓展

顾客需求的一些关键因素见表 14-1。

表 14-1 顾客需求的一些关键因素

序号	因素	序号	因素
1	物美价廉的感觉	7	提供售前售后服务
2	优雅的礼仪	8	站在顾客的立场想问题
3	温馨的环境	9	能被认同与接受
4	方便	10	倾听
5	商品具有吸引力	11	全心全意处理顾客的问题
6	提供完整的选择	12	有处理顾客抱怨的渠道

思考题

1. 什么是服务意识？在现代高速发展的社会、经济背景下，你作为服务人员应具备什么样的服务意识？
2. 服务人员都需要具备哪些礼仪素质？
3. 怎样才能做好首问负责制？
4. 遇到顾客投诉时，你应该怎样做？

（高绍卿）

第十五章　护理礼仪

● 案例导入

刘青，女性，18岁，某高校护理专业大学一年级新生，善良、有爱心，从小立志当一名医务人员，为患者解除痛苦。现在梦想成真，刘青暗下决心：一定要认真学习各种知识，尽快成长为一名合格的白衣天使。

想一想： 1. 护士除了具备专业知识以外，还应遵守哪些职业礼仪？

2. 在校期间，如何培养自己的护理职业礼仪？

第一节　护士的仪容和仪表

一　护士的仪容礼仪

（一）护士的微笑

护士所从事的职业是一项特殊而神圣的职业，她们每天面对的服务对象是特殊的人群——患者，患者无论是生理上还是心理上都比常人更需要关怀，更需要温暖。护士的一个微笑、一句温暖的问候，都是一袭春风，试想如果患者每天都沐浴在春风里，他们的身心会得到怎样的洗礼和治愈？因此，微笑是护士最美丽的仪容，护士的微笑应该是真诚的、充满爱意的，只有真诚和充满爱意的微笑才能打动人心（图15-1）。

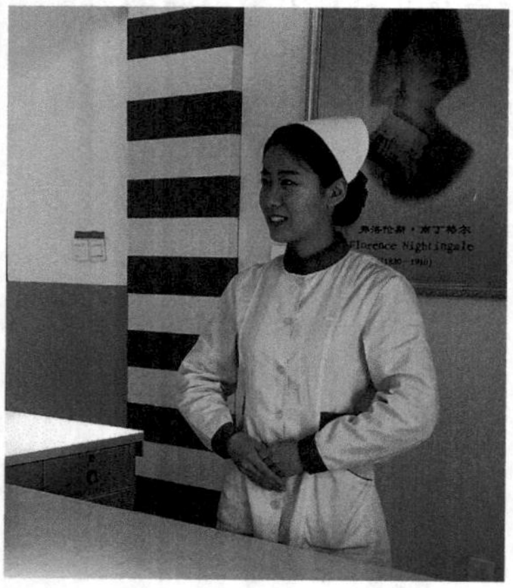

图15-1　护士的微笑

（二）仪容要求

护士被称为“白衣天使”，是美的化身。在护理工作中，端庄整洁、干净素雅的仪容给人以健康、富有生机的美感，同时也体现出护士庄重严谨、得体大方的职业风貌，展示出护士爱岗敬业、踏实工作的精神，会激发患者对美好事物的积极追求和恢复健康的强烈欲望。

1. 护士的头发应符合要求（详见“护士帽佩戴要求”中的燕帽佩戴）。

2. 护士的指甲要经常修剪，不能留长指甲及涂染指甲，指甲长度不能长过指肉 1 毫米（从手心看）。

3. 护士不应佩戴戒指、耳环、手镯、手链、脚链等饰物，以免影响护士的整体美和增加交叉感染的机会。一般不戴手表，可以在左胸前佩戴胸表。

4. 护士要求淡妆上岗，但不应涂抹有浓烈刺激味的香水或化妆品，以免对患者产生不良刺激，甚至诱发哮喘等过敏性疾病。

5. 护士工作时不应佩戴墨镜等。

二 护士的着装礼仪

在医疗卫生行业中，护士的着装不仅反映自身的职业形象，还代表了所在单位的精神面貌及其规范化程度。

（一）护士工作着装的基本原则

1. 在工作岗位上应穿护士服　护士服不仅是护理专业的体现，更是护理职业的基本要求。护士身着护士服，除了表示对患者的尊重，还便于患者辨识护士，同时使护士产生一种职业自豪感、责任感和崇敬感，有利于护士发扬敬业精神，为患者提供优质护理服务。

2. 护士服要整齐清洁　护士服的整齐和清洁代表着护士的尊严和责任，显示护理职业的特殊性。它统一规范的样式，体现了护士严格的纪律和严谨的工作作风。因此，护士服应干净平整、大方合体，给人以整洁、干净、利落、明亮的美感。

3. 穿护士服要佩戴工作牌　护士身穿护士服时应在左胸上方佩戴标明姓名、职称、职务、科室的工作牌。工作牌应整洁干净，佩戴端正，不被遮挡，以促进护士积极、主动地为患者服务，并认真约束自己的言行，同时方便患者辨认、问询和监督。

4. 力求简约端庄　护士应以端庄的仪表、整洁的服饰，给患者留下美好的第一印象，以便取得患者的信任和配合。

（二）护士着装的具体要求

1. 护士帽佩戴要求

（1）燕帽：是护士职业的象征，像圣洁的光环，代表着护士的纯洁和美丽。护士佩戴燕帽时，头发应前不遮眉、后不及领、侧不掩耳。如果是长发，要将长发盘起，用发网套好。短发不超过耳下 3 厘米，否则也要盘起或戴发网。两鬓头发放于耳后，不可披散于面颊。燕帽应平整无折，戴正戴稳，高低适中，距前额发际 4 ～ 5 厘米，用发卡固定于帽后（图 15-2）。但是，由于燕帽存在不易清洗、易滋生细菌、易脱落等弊端，所以目前已有部分医院实行护士脱帽上岗。

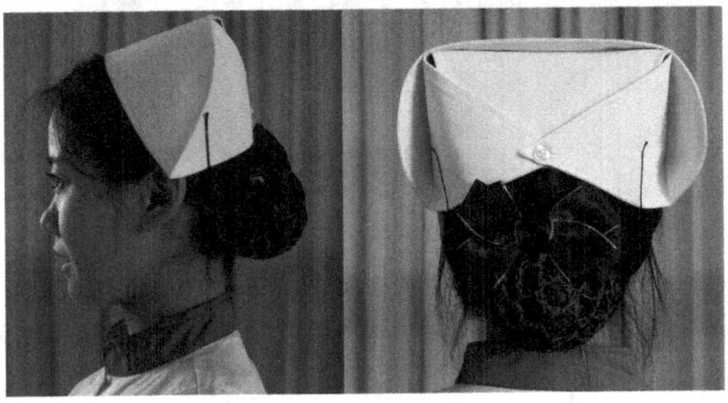

图 15-2　燕帽的戴法

（2）圆帽：手术室、传染病房、ICU 等特殊科室工作的护士要求戴圆帽，以确保头发不从帽里滑脱出来，以免影响无菌操作和隔离防护。要求将头发全部遮在帽子里面，前不露刘海，后不露发际，不戴头饰；帽缝放在后面，边缘平整，帽顶饱满（图 15-3）。男护士不论在什么科室工作均戴圆帽。

2. 口罩佩戴要求　口罩可以保护护士和患者，避免相互传染，防止飞沫污染无菌物品、伤口或清洁物品。口罩应完全遮盖口鼻，松紧要适宜，以吸气时口罩内形成负压为宜（图 15-4）。如果口罩过松，污染的空气可以从鼻翼两侧和周围空隙进出，起不到防护作用。口罩应每天清洗或更换，以保持清洁。禁止将口罩扯到颌下或吊在耳朵上，在可以不戴口罩的场所与人讲话时要摘下口罩，避免长时间戴着口罩与人讲话。

图 15-3　圆帽戴法

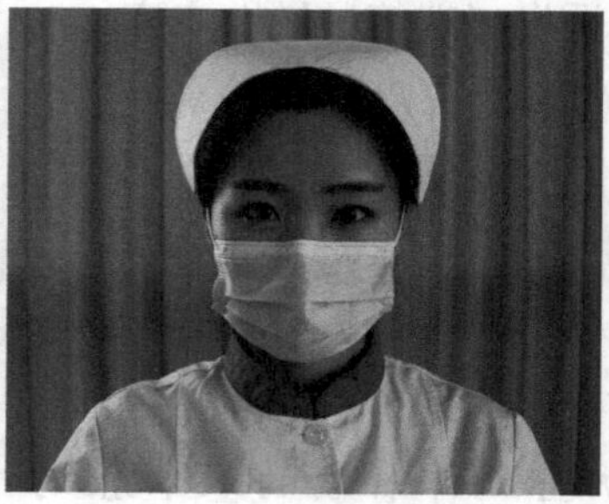

图 15-4　口罩戴法

3. 护士服着装要求　护士服的款式有连衣裙式和分体式，分冬装和夏装。护士服一般为白色，象征着纯洁、高雅，给人以端庄、神圣之感。根据不同科室的特点，可以选用不同的色彩，如妇产科、儿科选用粉红色或小碎花的护士服，温馨柔和；手术室选用墨绿色护士服，可以缓解医务人员视觉疲劳，还可以使患者联想到生命、青春、希望；急诊科选用深蓝色护士服，给人以宁静的感觉，减轻患者的恐惧感。

护士服要求长短适宜、穿着合体、操作活动自如，衣长至膝，袖长至腕，腰部宽松、腰带平整，衣扣扣齐，内衣的领边、袖边和裙边均不露在护士服外。护士裤的长度为站立时裤脚前面能碰到鞋面，后面能垂直遮住 1 厘米鞋帮。护士服上禁止粘贴胶布，衣兜内忌塞鼓满。不得穿护士服进入餐厅或其他公共场所。

图 15-5　护士鞋

4. 护士鞋袜穿着要求　护士鞋以白色或乳白色低跟、软底、防滑、大小合适的鞋为宜（图 15-5）。这样既可以防止发出声响，又可以使脚部舒适、减轻疲劳。袜子以浅色、肉色为宜。穿连衣裙式护士服时，长袜口不应露在裙摆以下。

第二节　护理工作中的举止礼仪

护士优雅的举止不仅可以塑造良好的个人形象，增强自信心，也会给患者带来美感、亲切感和信任感。护士在工作中要始终把握科学、协调、节力、优美的基本原则，做到站姿挺拔、坐姿端庄、走姿平稳、蹲姿优雅、手姿得体，表现出连贯有序、舒展大方、干净利索、规范娴熟的动作美，既不能过猛过急，也不能松懈懒散。

一 站姿

护士站姿应挺拔、舒展、充满朝气。女护士站立时，脚姿一般采用“丁”字形或“V”字形，手姿分为脐式（迎宾式，图15-6）和腹式（交谈式，图15-7）。脐式（迎宾式）站姿一般用于迎接兄弟单位参观、上级领导检查和护士站的护士迎接患者或患者家属咨询时使用。腹式（交谈式）站姿主要用于与患者及其家属交谈、与兄弟单位人员交谈或与上级领导交谈时使用。男护士站姿采用两脚平行分开，与肩同宽的站立姿势（图15-8）。站姿要求详见第六章“仪态礼仪”。

图15-6　女护士迎宾式站姿

图15-7　女护士交谈式站姿

图15-8　男护士站姿

二 坐姿

护士在日常工作中坐着的机会很少，多数是在忙碌中。但是当外出参加会议或学习，或者参加座谈会时，护士的坐姿应端庄、稳重、自然、大方，不应流露出倦怠、疲劳、懒散的姿态。在不同的工作环境中，护士可采用以下几种坐姿：自然式（正坐，图15-9）、双腿斜放式（图15-10）、前后式（图15-11）、斜搭式（图15-12）四种坐姿。坐姿要求详见第六章“仪态礼仪”。

图15-9　自然式（正坐）坐姿

图15-10　双腿斜放式坐姿

图15-11　前后式坐姿

图15-12　斜搭式坐姿

三 行姿

护士的行姿应轻盈、敏捷、优美、匀速（图 15-13），巡视病房、做护理操作时，应柔步无声、轻盈稳健；抢救患者、处理急诊时，应采用快步走，禁忌跑步前行，以免引起患者的不安全感。行姿要求详见第六章“仪态礼仪”。

四 蹲姿

护士在工作或行走过程中，如果物品掉到地上，应采用得体的高低式蹲姿捡起地上的物品，或与患儿交谈时也要采用高低式蹲姿（图 15-14），而不宜采用弯腰翘臀式蹲姿。蹲姿要求详见第六章“仪态礼仪”。

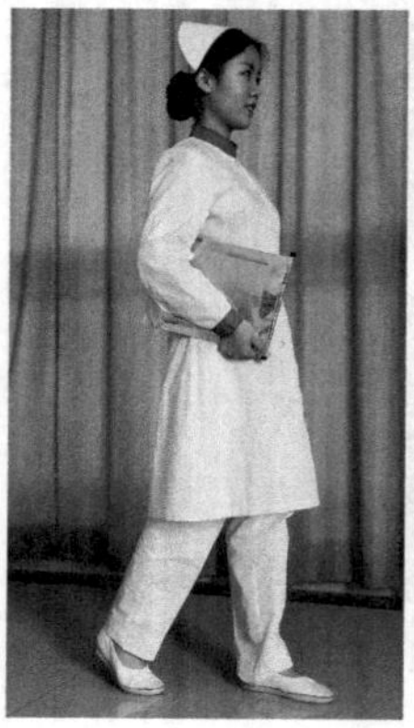

图 15-13　女护士的行姿（持病历夹）

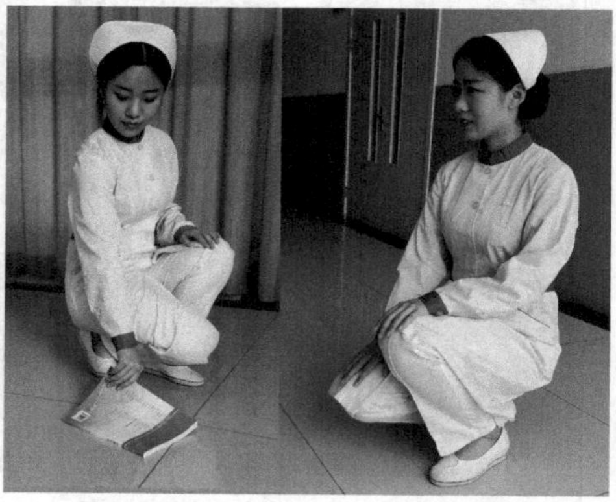

图 15-14　高低式蹲姿（捡东西、与患儿交谈）

五 手姿

正确、优美的手姿可以表达护士职业礼仪的素养。护理工作中常用的手姿：横摆式（“里面请”，图 15-15）、屈臂式（“这边请”，图 15-16）、直臂式（“楼上请”，图 15-17）、斜式（“请坐”“请注意台阶”，图 15-18）、双臂横摆式（“领导里面请”，常用于领导检查工作时，图 15-19）。手姿详见第六章“仪态礼仪”。

图 15-15　横摆式（“里面请”）

图 15-16　屈臂式（“这边请”）

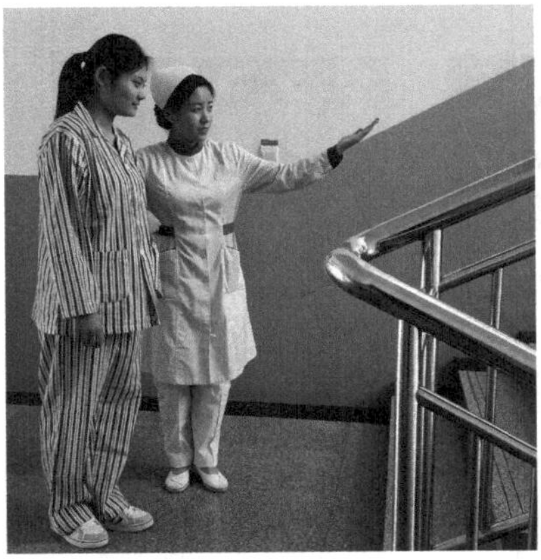

图 15-17 直臂式（“楼上请”）

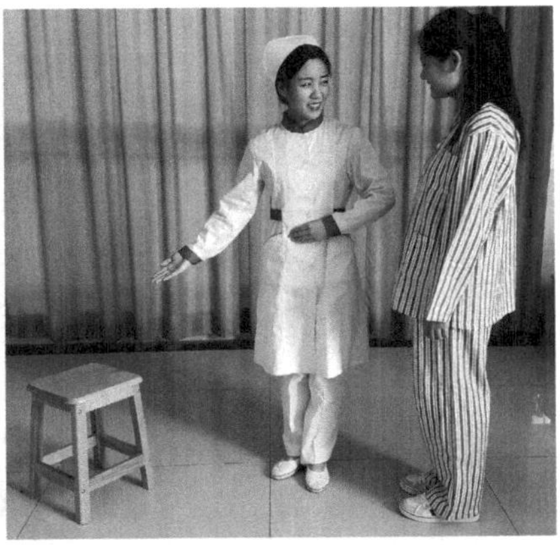

图 15-18 斜式（“请坐”“请注意台阶”）

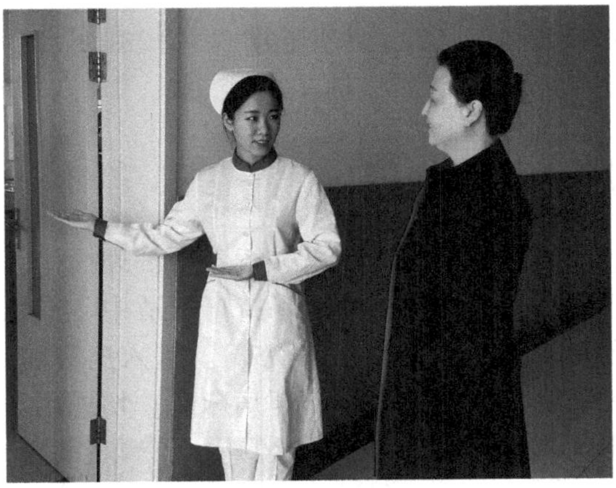

图 15-19 双臂横摆式（“领导里面请”）

六 端治疗盘

治疗盘在护理工作中使用较频繁，端治疗盘要求做到节力、平稳。护士在站立姿态的基础上，上臂贴近躯干，肘关节呈 90°；四指自然分开托住两侧盘底；拇指置于盘缘中部，不可触及盘的内面；盘缘距躯干 2 ～ 3 厘米，不可触及护士服；保持治疗盘平稳，不可倾斜（图 15-20、图 15-21）。进出病房时可用肩部轻轻将门推开或关闭，不可用脚踢门。

七 持病历夹

病历夹用于保存医疗护理文件，在护理工作中经常使用。护士在站姿或走姿的基础上，左手握住病历夹的边缘中部，将病历夹放在前臂内侧，手臂靠近腰部（图 15-22）；翻阅病历夹时，右手拇指、示指从病历夹缺口处滑至边缘，向上轻轻翻开（图 15-23）。行走时，左手握病历夹右缘上端，夹在腰部和肘关节之间，病历夹前缘略上翘，右手自然摆动（图 15-13）。

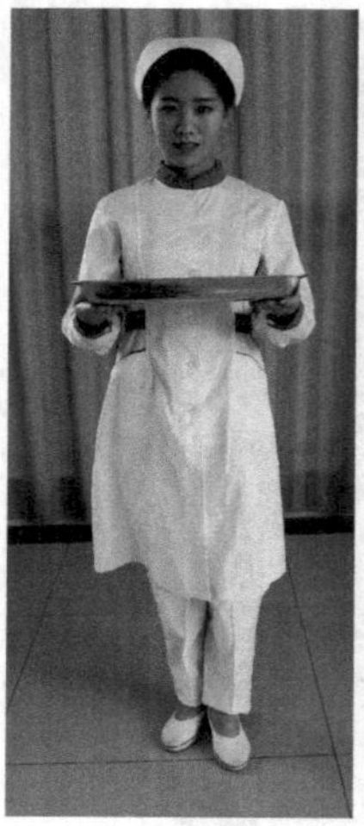

图 15-20　端治疗盘（正面）

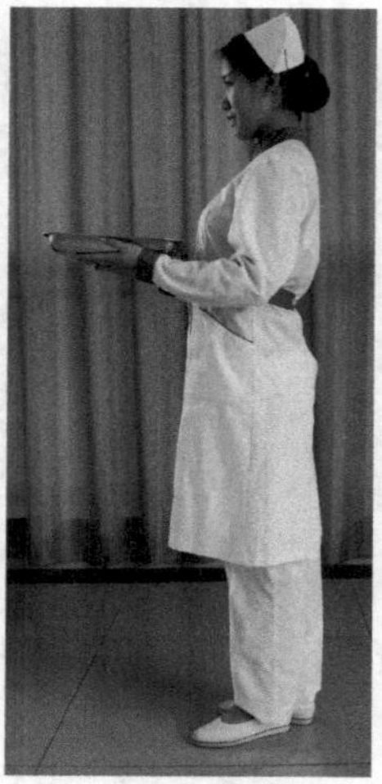

图 15-21　端治疗盘（侧面）

图 15-22　持病历夹（站立）

八 推治疗车

在临床护理工作中，护士需要推治疗车进行各项护理操作。推车时护士位于车后，两手扶车把，身体略前倾，两臂均匀用力，保持车速适中、平稳；不可一手拽着车把，一手随意推着或拉着车走（图 15-24、图 15-25）。进入病房前先将车停稳，用手轻推开门后，推车入室；入室后，关上门再推车至病床旁；切忌用车撞门。

图 15-23　持病历夹（翻阅）

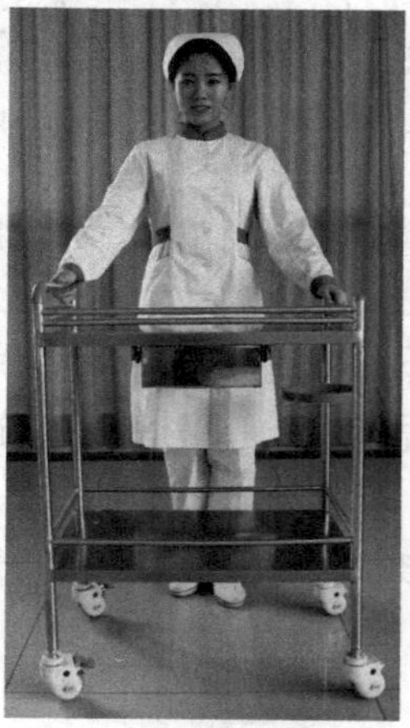

图 15-24　推治疗车（正面）

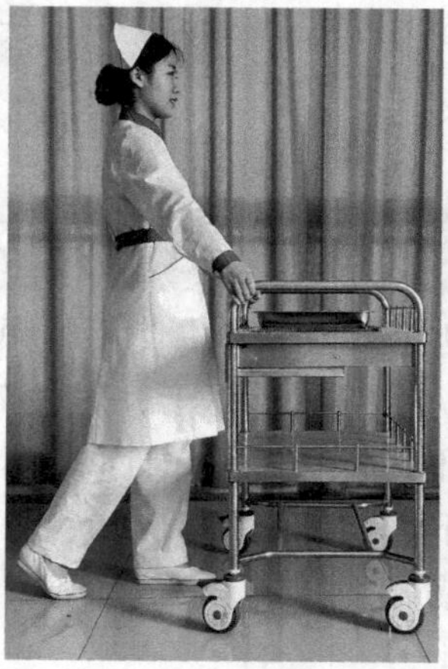

图 15-25　推治疗车（侧面）

另外，护士在送别患者出院时、送别上级领导时，常常用到握手礼或挥手礼；在感谢患者、家属的配合或向患者、家属致歉时，常常用到鞠躬礼。具体做法详见第六章“仪态礼仪”。

第三节　护理工作中的言谈礼仪

医学之父希波克拉底曾经说过：“医生有三件法宝：第一是语言，第二是药物，第三是手术刀。”《福冈宣言》中也指出：“所有医生必须学会交流的技能，缺乏这方面的技能应该看作与技术不够一样，是无能的表现。”由此可见言谈在医疗护理工作中的重要性。

一　护士言谈的技巧

在护理工作中，护士通过与患者的言谈采集病史、收集资料、核对信息，以及进行心理护理、健康教育等。针对患者的不同特点进行有效的护患沟通，可以帮助患者树立战胜疾病的信心，起到药物所不能发挥的作用。

（一）运用得体的称呼语

合适、得体的称呼是良好沟通的开始，能给患者留下良好的第一印象，有利于取得患者的信任。护士应该根据患者身份、职业、年龄等具体情况选择患者喜欢的称谓，避免直呼其名，更不可用床号代替称谓。

（二）讲究提问的技巧

1.“开放式”提问　即在广泛的领域内引出广泛答复的提问，如“您今天感觉怎么样？”“有什么不舒服吗？”等问题，这类提问无法以“是”或“否”等简单字句答复。由于开放式提问不限定答复的范围，患者可以畅所欲言，从而更加主动、自由地表达自己，便于护士全面了解患者的病情，尽可能充分地收集患者的健康资料。但该提问方式耗时较多。

2.“封闭式”提问　即在一定范围内引出肯定或否定答复的提问，如“您头疼吗？”，一般情况下患者不需要太多的思考过程和时间即能给予答复，方便护士对关键信息的核实。该提问方式效率高、省时，但信息量小。提问时，避免误导患者，如：“您患的是……病，应该有……症状，您是不是觉得有这些症状？”

护患交谈过程中可以根据谈话内容酌情交替使用这两种方式，尽量多使用“开放式”提问，适时辅以“封闭式”提问，以便获得尽量多的信息，同时又能把握谈话的时间和方向。

（三）语言表达简洁明确

医患沟通要求护士语言表达清楚、准确、简洁、有条理，避免措辞不当、思维混乱或者重点不突出。向患者解释、交代问题或进行健康教育时，要充分考虑对方的接受和理解能力，用通俗化语言表达，尽量避免使用专业术语，以免引起患者的不安和误解。对于涉及患者的诊断、治疗、病情和预后等方面的问题，护士必须使用科学严谨、有事实依据的语言，切不可随便乱说或不懂装懂。

（四）体现对患者的尊重

1. 尊重患者的人格　不能因疾病而训斥、侮辱、歧视患者，更不能因疾病而否定患者的人格。为患者进行治疗护理时避免使用命令式、质问式、不耐烦的、埋怨的、责怪的和生硬的语气；患者不配合治疗时，给予耐心的安慰和正面的诱导。

2. 尊重患者的隐私　医务人员收集资料时，不应打探与其治疗、护理无关的信息，如患者的个人隐私或者个人生理缺陷。若因病情需要了解相关信息，应以尊重患者的态度，选择安静、有保护的房间进行交谈，所得信息不可泄露给他人，更不能作为话题与无关人员谈及。

另外，在给患者进行医疗或护理过程中，因检查或处置需要暴露患者的躯体时，应让其他无关人员回避，尽量减少暴露的时间和区域。男护士给女患者检查时需要第三人在场。

（五）体现对患者的关爱

患者因为疾病的原因入院治疗，更需要护士精神上的呵护。俗话说："良言一句三冬暖"，护士在和患者沟通时，必须态度诚恳、平易近人、神情专注、语气温和、声音要轻，配合相应的表情和手势，做到和颜悦色、恳切悦耳。不要随便中断患者的谈话，适时用一些简单的语言如"是的"或点头微笑等肢体语言表示理解和鼓励，使患者感受到护士的关爱。同时，对患者陈述不清楚、不完整的内容要及时进行核实，引导患者说出有用的疾病信息，避免谈话偏离正题。

（六）忌用伤害性语言

护士的语言对患者具有一定的权威性和暗示性，所以护士要注意有技巧地使用保护性语言，运用亲切、理解、温暖和关怀的话语，安慰患者身体、心理上的创伤，引导患者正确对待疾病，减轻对疾病的恐惧感，发挥语言的治疗作用。避免因语言不当引起的不良心理刺激，如"怎么拖到这么晚才来看病？""你知道这病的后果有多么严重吗？"。不良的心理刺激会加重患者的焦虑，不利于病情的恢复，甚至加重患者的病情。

（七）恰当使用体态语言

体态语言是护士常用的一种表达方式。护士的表情、动作及与患者之间的空间距离，都传递着很多的信息。有时候，紧握危重患者的手，操作后为患者整理衣物，就寝前为患者掖一下被子，疼痛难忍时拍拍患者的肩膀，都会给患者带来安慰和温暖。例如，很多患者进入手术室后，往往存在恐惧、紧张、焦虑等情绪，如果护士面带微笑，用关切的目光注视着患者，轻握着患者的手，即使一句话不说，也可以让患者感觉温暖和安慰，从而缓解焦虑。

二 护患交谈中的常用语言

（一）解释性语言

解释性语言是指当患者提出问题需要解答时，护士采用的一种语言表达方式。患者由于生理上的痛苦和心理上的不适，非常希望从医务人员那里获得有关疾病的更多信息，以减轻自己的心理压力。因此，当患者或家属提出各种问题时，护士应给予恰如其分的解释。例如，进行护理操作前，向患者或家属解释操作的目的、患者应做的准备，并简单介绍操作方法及操作过程中可能会出现的感受，从而减轻患者的紧张焦虑，更好地配合护理操作。

（二）指导性语言

指导性语言是指当患者不具备医学知识或者医学知识不全面时，护士采用的一种语言表达方式。护士通过指导性语言将疾病和保健相关知识传授给患者，使其更好地配合医护人员的工作，从而达到康复的目的。例如，在护理操作中，护士应该一边操作一边指导患者配合的方法，如深呼吸、放松等。通过语言指导，可以减轻患者的紧张、恐惧心理，给患者以真情地劝导、真诚地抚慰。

（三）鼓励性语言

鼓励性语言是指护士通过交流，帮助患者增强信心的一种语言表达方式。护士温和、礼貌、体贴的鼓励性语言，可以增强患者战胜疾病的信心，帮助患者打消顾虑、稳定情绪，更加积极地配合治疗和护理。例如，对新入院的患者说："我们经常治疗您这种疾病，有很丰富的经验，比您病重的患者都治好了，请您相信我们一定会竭尽全力的，我们一起努力！"对病情中期的患者说："俗话说'病来如山倒，病去如抽丝'，治病总有个过程，您在一天天的康复，一定要坚持！"对即将出院的患者说："出院后要注意休息，坚持正确的生活方式，身体一定会越来越好的！"

（四）安慰性语言

安慰性语言是一种使人心情安适的语言表达方式。例如，很多患者知道自己患癌症后精神崩溃，表现出极度悲观、失望的情绪，甚至丧失了生活下去的勇气。此时护士安慰性的语言可以稳定患者的情绪，帮助患者树立战胜疾病的信心，有利于疾病的治疗和康复。护士使用安慰性语言时态度要诚恳，设身处地地为患者考虑，对患者的关心要恰如其分，避免过分做作。

（五）劝说性语言

劝说性语言是指患者行为不当时，护士对其采用的一种语言表达方式。例如，一位患冠状动脉粥样硬化的患者喜欢高脂肪饮食、吸烟、性情急躁，护士可以采用劝说性语言，向患者解释不良生活方式的危害及对疾病治疗的影响，动之以情、晓之以理，劝说患者采取健康的生活方式。

（六）疏导性语言

疏导性语言主要用于心理疾病的患者。当患者遇到心理上的问题，通过护士的疏导，让患者倾吐心中的苦闷和忧郁，把心里话说出来后会感觉心情舒畅和轻松，是治疗心理障碍的一种有效手段。

第四节　护理工作礼仪

护理工作礼仪是护士在进行医疗护理工作中所遵循的行为标准，是个人素质、修养、行为、气质的综合反映。护士在工作中表现出来的言谈举止、音容笑貌、人文素养，都会对护理工作产生一定的影响。因此，护士除了要有扎实的专业知识和娴熟的护理技能外，还要有高尚的职业情操和良好的礼仪修养。只有这样，才能针对患者的不同特点，按照各部门护理工作礼仪要求，熟练运用整体护理知识和技能，及时为患者提供全方位的优质护理服务。

一　不同工作场所的工作礼仪

（一）门诊护理工作礼仪

门诊是医院的窗口，是患者和医务人员接触的第一线，代表着医院的整体形象。门诊医护人员的言谈举止和服务质量直接决定着患者对医院的印象和口碑。门诊具有就诊人员多、病种杂、环节多、流动性大、就诊时间短、患者要求多、投诉多、风险大等特点，因此更需要加强护士的礼仪修养。

1. 接诊礼仪　护士应该着装得体、衣帽整齐、淡妆上岗、面带微笑、举止端庄。接诊患者时，语言文明、礼貌、规范，语气柔和，表达准确，语速适中，表情自然大方，态度和蔼、亲切、热情、诚恳，给患者留下整洁、文明、大方的感觉。一句热情、温暖的话语，一种文雅、优美的姿态，一个自然、亲切的表情，都可以拉近患者与护士之间的距离，消除患者对医院的陌生感和恐惧感，使患者安心就诊、放心治疗。例如，护士导诊时，见到患者可以主动热情迎上，说：“您好，请问有什么事需要我帮忙的吗？”耐心回答患者及家属的询问，详细讲解就医流程等。

2. 护理操作中的礼仪　门诊护士在为患者进行护理操作时，除了操作要规范、娴熟，还应该将礼仪融于护理操作的每个环节。以真诚友善的态度、礼貌规范的语言、优雅大方的举止及时为患者提供优质的护理服务，既有利于促进患者的康复，又有利于塑造医院良好的形象。

（1）操作前：护士应衣着整洁、仪容大方、步履轻快、姿态美观、举止得体。认真询问患者的基本信息，用简单明了、通俗易懂的语言，礼貌、耐心、细致地向患者介绍本次操作的目的、方法、过程及患者需要的准备、患者可能出现的感觉等，充分尊重患者的知情权，征得患者的同意，以取得其配合。

（2）操作中：操作娴熟、行为规范、动作轻柔、干脆利索、态度严肃认真，表情自然大方、和蔼亲切。操作过程中随时询问患者的感受，为患者缓解不适；用安慰性语言转移患者的注意力，用鼓励性语言增强患者的信心；保护好患者的隐私。适时对患者进行指导，语言通俗易懂，音调适中，避免命令式语言，对患者的配合给予肯定和鼓励，让患者感觉亲切、被尊重，从而消除患者的紧张、恐惧心理，建立患者的信任感，让患者更好地接受治疗和护理。

（3）操作后：操作结束后，协助患者取舒适卧位，整理好床单位。对患者的合作和支持表示感谢，询问患者感受，交代相关注意事项，对于操作治疗带来的不适给予安慰。门诊患者治疗结束后，把患者送到诊室门外，叮嘱患者注意保重身体、按时复查等事项。

（二）急诊护理工作礼仪

急诊科是诊治急症患者的场所，患者具有起病急、病情重、变化快、需紧急抢救处理等特点，患者和家属往往伴有焦虑、恐惧等情绪，对医务人员寄予厚望。因此，急诊科护士除了具备扎实全面的专业知识、精湛的护理技能、高尚的职业道德、良好的身心素质，礼仪修养也至关重要。

1. 接诊礼仪　急诊护士应态度温和礼貌，仪表端庄大方，举止稳重，语言简单明确。患者就诊后，护士尽快运用所学的知识及积累的经验，争分夺秒地对患者进行病情判断，在第一时间内进行各项必要的处理措施，确保患者抢救顺利实施。

2. 急诊救护礼仪　护士应沉着冷静，动作敏捷，忙而不乱，沉稳果断，从容不迫地与其他医务人员密切配合、团结协作、互相尊重，齐心协力救治患者。以更加关爱的心情、更加礼貌的态度、更加准确的判断、更加果断的救治树立患者及家属的信心，使他们主动配合医护人员。在进行一些暴露性操作时，要保护好患者的隐私，做到忙中守节、急不失礼。救治的同时做好患者及家属的心理疏导工作，综合运用各种沟通技巧，艺术地对患者及家属解释病情和治疗情况，从而缓解患者和家属高度紧张、焦虑、恐惧的心理。

（三）病区护理工作礼仪

病区是住院患者接受诊疗、护理及休养的场所。护士良好的护理礼仪可以为患者创造一个安心、舒适的休养环境，满足患者治疗的需要，从而促进疾病的恢复。

1. 患者入院时的护理礼仪　当医生经过诊断，判断患者需要住院治疗时，患者往往心理紧张、神情沮丧、焦虑不安，护士应以热情礼貌、关怀体贴、耐心细致、善解人意的言行帮助患者办理各项手续，增加患者对医院的信任程度及对治疗的信心和决心。护送患者前往病区时，主动和患者交流，耐心细致地解答患者和家属的疑问。

2. 患者住院期间的护理礼仪　患者住院期间的护理礼仪实施情况直接影响患者的治疗和护理效果。病区护士要做到“八个一”，即一张真诚的笑脸、一个亲切的问候、一张整洁的病床、一壶新鲜的开水、一次耐心细致的入院介绍、一次准确规范的健康评估、一次用药宣教、做好第一次治疗。查房、治疗、护理时先亲切地称呼和问候患者，希望患者配合时说“请您……”，得到患者配合后说“谢谢您”。为患者作入院介绍时，多使用“为了您的健康，请……”“希望您……”等客套语句，避免使用“禁止”“不准”等祈使句。当患者有需求时，要快速及时、安全、准确地给予回复，不可以用呼叫器代替巡视。做护理操作时动作娴熟、技术规范，让患者感觉到温暖，产生舒适、信任、放心的感觉，从而更好地配合治疗。

3. 患者出院时的护理礼仪　当患者痊愈准备出院时，护士真诚地对患者的康复表示祝贺，感谢患者住院期间对护理工作的配合，并征求患者的建议。同时对患者进行详细的出院指导，协助患者及家属办理出院手续。患者离院时，将患者护送到病区门口，嘱咐患者保重身体，挥手告别。

（四）手术室护理工作礼仪

手术作为一种创伤性治疗手段，往往引起患者焦虑、恐惧等不良心理反应。护士要关心、尊重患者，用精湛的操作技术和得体的言行，减轻患者的不良心理反应，获取患者术中的积极配合，确保手术顺利。

1. 术前的护理工作礼仪　术前，护士要做好患者的心理疏导工作，有针对性地向患者说明手术中可能出现的感受，解释术中需要配合的注意事项，鼓励患者积极应对，消除患者的不安情绪。护士进行心理疏导时，时间要适宜，内容要精炼，态度要严肃认真，语言要通俗易懂、简明清楚，杜绝说一些引起患者不安的话，也不要详细讲解手术过程，以免增加患者的心理负担。多使用“开放式”提问等技巧，鼓励患者说出他们的疑问和顾虑，尽可能减轻或消除手术引起的心理负担。

2. 术中的护理工作礼仪　患者进入手术室后，护士应以高度的责任心、耐心和细心照顾手术患者，告诉患者：“整个手术过程我都会陪着您，有什么需要和不适，及时告诉我，我会尽力帮助您。”切忌让患者赤身裸体躺在手术台上等待。手术时，医护人员应全神贯注、严肃认真、举止从容，术中言谈应慎重，不要在患者面前暴露任何负面信息，不能讲一些容易造成患者误会的话语，如“完了”“糟了”等，以免给患者带来不良的心理负担。

3. 术后的护理工作礼仪　术后要密切观察患者的病情变化，耐心询问患者的感受，了解患者的需求，以促进患者早日康复。

二 对待不同患者的工作礼仪

护士在工作中会遇到不同的患者，要根据患者的特点区别对待，无论在称呼、语气和行为举止上都应有所不同。

（一）对待老年患者的礼仪

由于老年人的生理功能进行性减退、各器官功能退化，引起感知觉、记忆力、思维能力、情绪等发生了改变。因此，护士在护理老年患者时，要耐心细致、态度和蔼、动作轻柔，多使用敬语。说话时速度要慢、声音要大，一句话表达一个意思，患者没有理解的多重复几次。老年患者说话时，护士要耐心倾听，不时地点头以表示认真在听。交谈中多使用商量的口吻，表示对他们的尊重，从而让其愉快地接受治疗和护理。针对老人孤独、寂寞、害怕死亡等心理特点，护士应多陪伴患者，多讲授疾病相关的知识，做好患者的健康教育，让患者安心养病、服从治疗，树立康复的信心。

（二）对待儿童的礼仪

儿童年龄小，好奇心强、求知欲强、接受能力强、模仿能力强，但是由于年龄小，不能精确地对病情进行描述。所以护士要多观察患儿的体态语，从而初步判断病情变化。如患儿由活泼好动转变为不爱运动、无精打采、双目失神、对亲人的依赖性增强，说明病情进一步加剧。

护士在与患儿交谈时，应面带微笑、态度和蔼可亲，说话发音清晰、语言柔和、语调婉转、通俗易懂，尽量使用蹲姿、坐姿，以平行的视线与患儿交谈。说话时多采用商量的语气，让患儿对护士产生信任，减少其对医院和医务人员的恐惧。给患儿治疗、护理时，多使用鼓励性语言，如患儿配合较好，表扬其“很棒”“很坚强”，也可以用孩子们喜欢的动画片中的人物激励他们，让其更好地配合治疗。

（三）对待孕产妇的礼仪

孕产妇需要经历妊娠、分娩、哺乳，其生理、心理体验有别于其他女性患者。无论在待产室、产房还是病室，护士都应该在语言上、举止上表现出对孕产妇的极大关怀，突出孕产妇的中心地位。

妊娠期检查、产前检查时，医院的环境会让孕妇产生陌生感和恐惧感。护士要充分考虑到孕妇的自尊，拉好窗帘、围帘，提供隐蔽的环境；检查时动作轻柔、注意保暖、耐心细致。待产时，分娩镇痛或剖宫产术会让产妇心理脆弱，需要护士和家人的关怀与安慰。阵痛时，护士可以用力握住产妇的手，抚摸其腹部，为其擦干汗水，给予心理上的安慰。接生过程中，多以鼓励和积极的话语为主，切不可发现一些不良征兆或苗头就随口说出，引起产妇的疑虑，加重其精神负担。

知识拓展

《生命时报》曾做过一项4731人参与的“患者最不喜欢医生说哪些话”的调查，排名前三位的是：“跟你说了你也不懂”“想不想治？想治就回去准备钱吧”“我推荐的药你不吃，后果自负”。

思 考 题

1. 护士在工作岗位上应如何着装？
2. 护士言谈的技巧有哪些？
3. 急诊护士接诊礼仪的具体要求有哪些？

（刘　云）

主要参考文献

杜喜亮 . 2010. 学生社交与礼仪 . 济南：山东人民出版社

付春雨 . 2014. 商务礼仪 . 郑州：郑州大学出版社

惠亚爱，李小鹏 . 2015. 沟通与礼仪 . 北京：人民邮电出版社

纪亚飞 . 2016. 服务礼仪标准培训 . 北京：中国纺织出版社

金正昆，刘桦 . 2013. 现代礼仪 . 第 3 版 . 北京：北京师范大学出版社

李晓阳 . 2011. 护理礼仪 . 第 2 版 . 北京：高等教育出版社

秦东华 . 2014. 护理礼仪与人际沟通 . 北京：人民卫生出版社

孙祺奇 . 2014. 面试礼仪 . 北京：中国经济出版社

王俊 . 2013. 社交礼仪小百科 . 郑州：河南人民出版社

位汶军，卫艳萍 . 2012. 护理礼仪与形体 . 西安：西安交通大学出版社

谢红霞 . 2011. 沟通技巧 . 北京：中国人民大学出版社

岳丰竹 . 2014. 商学院的社交课 . 北京：中国铁道出版社

张丽 . 2013. 实用医药商务礼仪 . 第 2 版 . 北京：中国医药科技出版社

赵国琴 . 2013. 护理礼仪 . 北京：科学出版社

赵喜婧，姚喜宁 . 2015. 社交与礼仪 . 北京：高等教育出版社

周思敏 . 2012. 你的礼仪价值百万（精华版）. 北京：中国纺织出版社